DEVENEZ MILLIONNAIRE

GRÂCE AU MARKETING DE RÉSEAU

Catalogage avant publication de la Bibliothèque nationale du Canada

Thomassin, Raymond

   Devenez millionnaire grâce au marketing de réseau

   (Collection Affaires)

   ISBN: 2-7640-0872-4

   1. Vente pyramidale. 2. Succès dans les affaires. I. Titre. II. Collection: Collection Affaires (Éditions Quebecor).

HF5415.126.T46 2004   658.8'72   C2004-940443-1

LES ÉDITIONS QUEBECOR
7, chemin Bates
Outremont (Québec)
H2V 4V7
Tél.: (514) 270-1746
www.quebecoreditions.com

© 2004, Les Éditions Quebecor
Bibliothèque nationale du Québec
Bibliothèque nationale du Canada

Éditeur: Jacques Simard
Conception de la couverture: Bernard Langlois
Photo de la couverture: Matt Zumbo/The Image Bank
Correction d'épreuves: Jocelyne Cormier
Infographie: Composition Monika, Québec

Nous reconnaissons l'aide financière du gouvernement du Canada par
l'entremise du Programme d'Aide au Développement de l'Industrie de
l'Édition pour nos activités d'édition.

Gouvernement du Québec – Programme de crédit d'impôt pour l'édition de livres – Gestion SODEC.

RAYMOND THOMASSIN

DEVENEZ MILLIONNAIRE

GRÂCE AU MARKETING DE RÉSEAU

LES ÉDITIONS
Quebecor
QUEBECOR MEDIA

AVANT-PROPOS

Cet ouvrage est un rêve que je caresse depuis de nombreuses années; pourtant, par manque de temps, je l'avais mis de côté. Dernièrement, encouragé par mon épouse et mes amis, j'ai tout repris en main. Comme le domaine du marketing de réseau permet de nombreuses rencontres, j'ai déniché quelqu'un qui m'aiderait à mettre ce projet sur pied. Je tiens donc à remercier Jacinthe Pelletier pour toutes les heures consacrées à la rédaction et à la réalisation de ce projet. Merci également à tous ceux et à toutes celles qui ont participé de près ou de loin à la mise en marche de ce rêve si précieux à mes yeux. J'espère sincèrement que ce livre vous aidera dans votre réussite professionnelle et financière. N'hésitez surtout pas à l'ouvrir aussi souvent que vous en ressentirez le besoin, car cela contribuera certainement à votre succès.

Bonne lecture!

INTRODUCTION

Réussite et argent, voilà bien deux choses que chacun d'entre nous voudrait posséder. Plusieurs en rêvent, quelques-uns y parviennent, mais la majorité des gens n'osent plus y penser. Pourtant, le rêve, les buts et les objectifs sont les éléments essentiels à la réussite. Quand on sait que plus de la moitié de la population n'a pas d'objectif, on ne se demande plus pourquoi les gens se plaignent de la pauvreté. La réussite est accessible à tous ceux qui veulent réussir, voilà ce que cet ouvrage vous dévoile.

Que vous soyez débutant ou non, ce livre est pour vous. De fait, il vous mène pas à pas vers la réussite et le perfectionnement. Lisez-le en entier, n'omettez aucune partie sous prétexte de connaissances déjà acquises, car même si vous croyez tout savoir, un rafraîchissement est toujours de mise. Certaines parties peuvent vous sembler insolites, mais rassurez-vous, chacune a son importance dans votre cheminement. De plus, un autre point de vue sur un sujet donné peut vous amener à remettre en cause votre propre vision du sujet.

Tout le monde sait que toute réussite commence par l'accomplissement et la réussite de soi; le marketing de réseau ne fait pas exception à la règle. Se perfectionner n'est pas facile, il suffit d'avoir un guide de bonne conduite, de morale et, surtout, des objectifs. N'oubliez jamais qu'un objectif est source de motivation, que la motivation amène la recherche d'éléments de perfectionnement et que le perfectionnement est la voie vers la réussite.

LE DÉVELOPPEMENT PERSONNEL

L'IMPORTANCE DES OBJECTIFS

Vendre du rêve est-il vraiment l'intention des leaders de marketing de réseau? Non, le rêve est la première étape de la réussite. Dans la société de demain, le rêve est nécessaire à l'individu, car il est la matière première de ses actions. Le marketing de réseau est l'une des premières industries à fonctionner sur le modèle de demain. Pour atteindre la réussite, les distributeurs doivent tous décider quelle réussite ils veulent effectivement atteindre. Ils doivent avoir des projets et, pour y parvenir, ils doivent écouter leurs rêves. Les leaders ont le devoir d'aider les personnes qu'ils ont parrainées à trouver chacune ses rêves et ses objectifs. Le rêve permet aussi de surmonter plus facilement les phases de doute. On ne surmonte les difficultés que lorsque l'envie d'atteindre ses objectifs est plus grande que ses doutes.

Nourrir votre esprit avec des livres, des cassettes audionumériques ou vidéo sera une initiative qui vous gardera branché sur vos objectifs. Ainsi, il est indispensable de s'entourer de gens qui travaillent à l'atteinte de leurs objectifs et à la réalisation de leurs rêves, puisque cela vous aidera à mieux vous préparer à poursuivre les vôtres. Et si vous éprouvez quelques difficultés, appelez votre entourage immédiat pour lui demander de l'aide; il est là pour vous et souhaite vous voir réussir. Il vous permettra de vous rapprocher de vos objectifs et de renforcer vos convictions.

Puis, posez-vous la question suivante: Quelle échéance me suis-je fixée d'abord pour moi-même, puis pour la réussite de cette remarquable occasion d'affaires? Deux mois? Six mois? Un an? Cinq ans?

Connaissez-vous la réponse? Vous devriez l'écrire. Par exemple: «Je travaille dans cette entreprise à long terme.» C'est simple, vous savez que c'est une entreprise à long terme parce que l'entreprise, c'est vous et que vous ne vous laisserez pas tomber vous-même. La clé, vous la tenez en main. Bien entendu, vous rencontrerez des gens à qui le succès semble venir bien rapidement, mais rappelez-vous qu'ils ont certainement dû y consacrer des efforts à un certain moment. Chaque être humain a sa propre vie et, selon l'expérience de chacun, l'apprentissage sera plus ou moins long dans une entreprise de marketing de réseau. Si vous souhaitez apprendre à devenir un entrepreneur et atteindre un style de vie auquel la plupart des gens ne font que rêver, suivez les étapes décrites dans cet ouvrage et vous remporterez un succès qui dépassera vos espoirs les plus ambitieux. Vous n'avez pas été mis sur terre pour perdre votre vie à la gagner. Votre vie a de la valeur et vous avez mieux à faire que travailler sans arrêt.

Ce qu'il y a de beau dans le rêve, c'est que nous pouvons le réaliser. Notre imagination ne veut pas nous torturer, elle veut nous aider et ce qu'elle nous propose est toujours à la mesure de nos capacités. La raison pour laquelle tous les rêves sont différents est que les capacités de chacun sont différentes. N'imposons pas de limites à nos rêves et laissons-les s'exprimer librement en nous. Un objectif cesse d'être un rêve le jour où nous prenons la décision de le réaliser. Plus l'objectif est profondément ancré dans l'esprit de celui qui veut l'atteindre, plus il a de chances de se voir réaliser.

Si nous voulons aller dans une direction, il nous appartient de le décider et de tout mettre en œuvre pour y parvenir. Nous devons à Freud la découverte de la tripartie de l'esprit: la première est le conscient, qui nous aide à réfléchir au quotidien; la deuxième est l'inconscient, qui est notamment responsable des rêves qui peuplent notre sommeil; la troisième est le subconscient, qui assure la transition entre le conscient et l'inconscient.

Nous devons prendre conscience que, d'une part, vivre sans aucun but est sinistre et que le rêve nous permet de trouver de multiples sens à notre vie. D'autre part, nous devons reconnaître que le bonheur est en nous, dans notre vie quotidienne, dans l'amour que nous donnons à nos proches et dans les bons moments passés ensemble.

Nous savons maintenant que nous laisser pénétrer seulement par de l'information positive est essentiel au succès, alors lisez des livres qui vous inspirent et faites-les connaître aux autres[1]. Ces lectures vous aideront à aller au-delà de vos limites et vous permettront de réaliser l'impossible. Vous fixer des buts fait partie du processus d'adaptation à une nouvelle réalité; pour cela, il faut d'abord modifier vos perceptions personnelles. Pour réaliser graduellement vos rêves, commencez par les visualiser longtemps avant qu'ils se matérialisent. Dites-vous d'abord: «C'est possible», même si rien ne se produit immédiatement. Conjuguez votre vie au futur et visualisez vos buts comme déjà atteints; laissez un sentiment positif vous envahir, comme si tous vos objectifs étaient sur le point de se réaliser.

Partager ses rêves. Ce qui fait la richesse de ce métier, c'est qu'on est autonome mais qu'on n'est pas seul. La valeur de la libre entreprise est conjuguée avec la valeur de l'entraide, on fait partie d'un groupe qui partage ses valeurs. Lorsqu'on réussit, on n'est pas seul dans la réussite. La plupart des sociétés de marketing de réseau ont instauré des reconnaissances qui couronnent cette réussite et qui permettent aux distributeurs débutants de s'imaginer être à leur tour reconnus. Un homme a réussi quand il se lève le matin, se couche le soir et, entre les deux, fait ce qui lui plaît. La réussite des uns dépend de la réussite des autres.

LES DÉCLARATIONS

Pour vous rapprocher de vos buts, utilisez d'abord des déclarations. Une déclaration consiste à répéter avec conviction un but

---

1.   Voir à ce sujet les lectures suggérées à la page 289.

formulé par écrit comme si nous l'avions déjà atteint. Elle a le pouvoir de transformer nos buts en résultats concrets.

Répétez vos déclarations chaque jour, tentez de vous les représenter en train de se matérialiser. «Je suis puissant, car je suis responsable des résultats de mes décisions et de mes actions. J'apprécie chaque aspect de l'existence, car mon enthousiasme suscite du plaisir, de la joie et de la nouveauté. Je me sens soutenu, car je travaille avec une équipe de gens à l'esprit positif qui partagent les mêmes valeurs que moi. Les gens m'écoutent quand je parle, car j'ai quelque chose d'important à dire. Je réussis à transmettre clairement ma vision des affaires aux autres pour les intéresser à se joindre à moi et à profiter de cette occasion. Grâce à la haute estime que j'ai de moi-même, je ressens énormément de satisfaction chaque fois que j'atteins un de mes buts. Je crois en moi et je sais que je peux gagner de 1 000 $ à 5 000 $, et même, un jour, avec de la persévérance, atteindre jusqu'à 50 000 $ par mois. Je suis fier de bâtir une dynastie en recrutant des douzaines de gens enthousiastes qui m'imiteront et qui auront très bientôt autant de succès que moi.»

Nous nous rapprochons chaque jour de nos buts. Il faut retenir les mots magiques: «Observer les gagnants.» Quel autre moyen pourrait nous permettre de mettre sur pied une entreprise déjà rentable après un an ou deux en ne nous endettant presque pas et en permettant de nous créer un revenu de plus de 100 000 $ par année en travaillant à la maison? Plutôt que de céder à la dépression, observons les gens autour de nous et comprenons que nous aussi pouvons réussir. Gardons l'œil sur les gagnants et croyons en nous-mêmes.

LES BUTS ET LES OBJECTIFS

Le marketing de réseau et la réussite. Une des motivations les plus souvent recherchées par les distributeurs qui décident de démarrer leur activité de marketing de réseau est la réussite. Ils visualisent leurs rêves, fixent leurs objectifs et choisissent d'utiliser le marketing de réseau comme véhicule pour les amener là où ils ont décidé. Lorsqu'on parle de marketing de réseau, on prend très souvent en exemple les distributeurs qui sont parvenus à gagner des sommes importantes et qui ont atteint les positions de reconnaissance les plus élevées. Il est certain que tout le monde ne gagne pas la même chose en marketing de réseau ; il y a des distributeurs qui font réellement fortune et d'autres qui ont des résultats financiers moins spectaculaires.

Ces différences se comprennent aisément. L'expérience, la volonté ou les talents sont des paramètres qui influencent nos résultats ; c'est le cas dans tous les métiers. Il vaut mieux prendre exemple sur les personnes qui ont réussi dans un domaine que sur celles qui n'ont rien fait. Le marketing de réseau se prête tout naturellement au travail en couple ou même en famille lorsque les enfants ont grandi ou qu'ils sont en âge de travailler. Puisque c'est un travail, il permet donc de remplir la case professionnelle de la roue de la vie et de travailler au sein de notre cercle d'amis et de connaissances.

Lorsque vous invitez les gens à faire partie de votre entreprise, vous devez d'abord les aider à établir leurs buts et leurs objectifs. Tant que vous ne les connaissez pas, vous ne pourrez leur démontrer que votre entreprise peut satisfaire leurs désirs profonds.

La liberté et le pouvoir inhérents au marketing de réseau peuvent combler tous les buts. Il faut donc savoir les utiliser chacun à sa façon pour satisfaire son propre but. Voilà la première étape du succès dans cette entreprise.

Dans un sens, atteindre un but est une forme de reconnaissance qui vous indique que vous êtes en voie de devenir la personne que vous voulez devenir. Définissez votre objectif avec toute la clarté, la précision et l'amour dont vous êtes capable. Allez-y maintenant. La puissance que vous ressentirez quand vous toucherez à votre objectif réel est indescriptible. Elle est la passion, et cette passion est la clé de votre pouvoir personnel.

Vous vous souvenez du discours du président Kennedy où il affirmait de façon surprenante que quelqu'un marcherait sur la Lune au cours des dix années suivantes ? Vous vous souvenez de la détermination inébranlable de Gandhi à libérer son peuple ? Pensez-y un instant. Qu'est-ce qui a poussé les gens à accomplir ces choses toujours plus grandes ? Je crois qu'il s'agit de leur passion.

Il est impossible de s'engager dans quelque chose qui n'est pas totalement congru avec notre objectif de vie. Tant que quelqu'un n'est pas engagé, il y a toujours de l'hésitation, une possibilité de reculer ou de l'inefficacité. Tout ce que vous pouvez faire, tout ce que vous rêvez de faire, faites-le. L'audace a du génie, de la puissance et de la magie. Les buts sont des étapes, un voyage de mille kilomètres qui débute par un premier pas. Ce premier pas, ainsi que tous ceux qui suivront, représente vos buts. Ces derniers vous garderont sur la bonne voie dans la quête de votre objectif de vie et rendront votre cheminement plus agréable et plus satisfaisant.

Rappelez-vous que si vous ne mettez pas vos engagements par écrit, il y a peu de chance que vous les respectiez. Pourquoi ? Parce que l'encre la plus pâle vaut mieux que la mémoire la plus fidèle.

Quand vous aurez maîtrisé l'art d'enseigner, vous pourrez enseigner le succès à toute votre organisation. À ce moment-là, l'argent affluera dans votre vie et dans votre compte de banque. En passant, voici une petite information utile sur l'argent : il n'est qu'un symbole du pouvoir d'achat ; en lui-même, il n'est rien. Donc, quand vous travaillez avec vos buts, ne vous concentrez pas sur l'argent, dirigez plutôt votre attention sur ce que vous voulez avoir, faire et être, par exemple : « Quand j'aurai atteint ce but, qu'est-ce que cela m'apportera ? » Continuez de vous poser des questions jusqu'à ce que vous trouviez l'essence et le pourquoi de ce but.

La meilleure façon d'atteindre un but consiste à visualiser activement les fruits récoltés à sa réalisation. Fermez vos yeux et essayez de faire apparaître une Mercedes dans votre entrée de garage. C'est impossible, n'est-ce pas ? Vous pouvez cependant sentir tout de suite le plaisir d'avoir cette Mercedes. En étant en contact avec votre objectif de vie et en étant convaincu que le marketing de réseau est totalement congru avec votre objectif, vous aurez libéré votre passion et, avec le feu de la passion, tout est possible. Le marketing de réseau est le véhicule idéal qui vous permettra d'avoir tout ce que vous désirez dans la vie.

Quand vous saurez cela, vous pourrez utiliser ce feu pour illuminer votre vie ainsi que celle de milliers d'autres personnes.

En reprogrammant notre subconscient, nous lui donnons un champ d'action beaucoup plus large qu'en travaillant pour quelqu'un d'autre. Il va nous dicter les actions qui vont nous permettre d'atteindre les résultats, et la rémunération sera conséquente à nos actions. Celles-ci seront ce qui constitue la vie quotidienne d'un distributeur : la vente, le parrainage et l'animation du réseau qu'il a construit. Mais lorsque nous sommes capables de réussir et d'aider les autres à atteindre leurs objectifs, nous acquérons ce charisme, cette aura qui distingue les leaders des suiveurs.

La réussite et la réalisation de nos buts et de nos rêves sont des processus de perfectionnement de soi qui consistent à nous faire devenir de meilleurs êtres humains, représentants et bâtisseurs de réseau. Tout cela est à notre portée, mais souvent nous manquons d'imagination.

Dans le cadre d'une étude d'une durée de vingt ans, on a demandé à cent finissants d'une prestigieuse université s'ils avaient déjà pris le temps de consigner leurs objectifs de vie. Seulement quatre étudiants sur cent l'avaient fait. Vingt ans plus tard, on a posé, à ces mêmes étudiants, des questions sur leur vie depuis la fin de leurs études. Voici les résultats probants de cette étude. Les quatre étudiants qui avaient pris le temps de noter leurs objectifs semblaient voir la vie de façon très optimiste : leur vie familiale était saine et ils jouissaient d'une bonne santé, leur vie semblait aussi animée d'un véritable sens spirituel et, plus important encore, ils étaient plus à l'aise financièrement que tous les autres. Conclusion : il vaut vraiment la peine de se fixer des objectifs.

Mais pourquoi ? Comment est-ce possible ? Voici un autre exemple. Monsieur Earl Nightingale[2], qui est décédé récemment, a aidé plus de gens à réussir que quiconque. Il y a plusieurs années, il a enregistré une cassette audio intitulée *Le*

---

2. Monsieur Earl Nightingale est un auteur d'ouvrages sur la réussite et plus particulièrement sur la pensée positive. C'est un maître à penser.

secret le plus étrange. Sur celle-ci, il enseignait ce que plusieurs leaders religieux avaient prôné par le passé, mais en termes différents. Son secret n'en était pas vraiment un puisqu'on le répète depuis des milliers d'années : on devient ce que l'on pense. Si vous pensez réussite, vous réussirez ; si vous pensez échec, vous échouerez ; si vous pensez santé, bonheur et prospérité, vous aurez santé, bonheur et prospérité ; si vous pensez amour, altruisme et empathie, c'est ce que vous aurez. Earl croyait comme moi que l'on crée ce à quoi l'on pense.

Vous vous demandez peut-être : «Dois-je vraiment me fixer des objectifs pour réussir ?» La réponse est oui. «Y a-t-il vraiment des avantages et quels sont-ils afin que je puisse mieux me motiver à réaliser ces objectifs ?» Il y a à coup sûr des avantages car, en se fixant des objectifs, on améliore son image personnelle, on acquiert de l'assurance, on peut se bâtir, se renforcer de l'intérieur et faire de soi une personne plus solide. Cela permet aussi de lutter contre le découragement. Dans la vie, on est souvent confronté à des petits obstacles qui nous détournent du chemin de la réussite, mais en ayant des objectifs à poursuivre, on ne permet pas que cela arrive.

Votre vie est dotée d'un chemin à suivre, a une structure, une direction. Vous fixer des objectifs vous aidera à visualiser ce que vous attendez vraiment de la vie ; ainsi, vous saurez quelles mesures vous devez adopter, sur quoi vous devez travailler et quelle direction prendre. Donc, en visualisant, vous agissez, et en agissant, vous commencez à concrétiser les changements que vous voulez voir dans votre vie.

Le fait de vous fixer des objectifs vous oblige à établir vos priorités, à être précis et vous indique le chemin à suivre. De plus, cela définit la réalité et la distingue des rêves sans lendemain. Vous disposez désormais de projets concrets, vous ne rêvez plus éveillé. Être proactif plutôt que réactif signifie que vous travaillez aux changements escomptés ou à ce que vous voulez acquérir dans la vie plutôt que de travailler en représailles aux changements survenus dans votre vie.

L'autre grand avantage à se fixer des objectifs est que vous vous servez de critères pour prendre des décisions. Je crois que les êtres humains sont plus motivés lorsqu'ils ont un engagement, un travail, une tâche ou un but à respecter. Par contre, il est difficile de se motiver quand rien ne pointe à l'horizon. Nous, les êtres humains, sommes des mécaniques destinées à poursuivre des objectifs; nous avons besoin de buts.

Je caresse ce rêve, je le réalise. Pour réaliser vos objectifs, vous devez vous doter d'un plan et, pour cela, vous devez découvrir ce qui vous importe vraiment. Vous devez vous fixer des priorités et avoir un ardent désir de ce que vous comptez faire dans quatre domaines de votre vie: la carrière, la famille, les convictions spirituelles et le bien-être physique.

Assoyez-vous tout seul, confortablement, et prenez un bloc-notes. Commencez par écrire ce que vous voudriez voir arriver dans votre vie. Pendant que vous écrivez, n'essayez pas de justifier vos désirs. Par exemple, si vous comptez gagner 50 000 $ par année, notez-le de façon détaillée.

Vos objectifs ne sont pas des promesses que vous vous faites, mais des engagements envers vous-même. Votre bien-être physique est important, car c'est votre organisme qui vous mènera vers votre objectif. Si vous voulez perdre du poids, notez-le: je perds quelques kilos d'ici telle date, ou encore, je vais améliorer ma condition physique, adopter de meilleures habitudes alimentaires. N'oubliez pas les quatre objectifs, ne les confiez à personne, pas même à vos proches, laissez-les déterminer leurs propres objectifs. Ce sont vos propres objectifs, ne cherchez pas l'approbation ni l'acceptation des autres, car c'est votre vie, votre voyage. En consignant vos objectifs par écrit, vous vous dotez d'une carte routière qui représente votre désir de progresser maintenant et plus tard.

Une fois un objectif atteint, assoyez-vous et respirez un peu. Félicitez-vous. Vous avez fait quelque chose que 96 % des habitants de ce pays ne font jamais; ils attendent peu de la vie et c'est ce qu'elle leur donne. Vous faites partie des 4 % qui ont noté leurs objectifs de vie.

En plus de les noter, vous devez classer ces buts par ordre de priorité. Certains seront extrêmement importants pour vous; d'autres devront être atteints à court, à moyen et à long termes.

Pour cela, vous devez vous doter d'un plan en vue de leur réalisation. Supposons que vous voulez gravir un échelon dans votre organisation, que vous faudra-t-il pour y parvenir? Ou, plus important encore, quelles sont les améliorations personnelles qui vous seront nécessaires pour réussir?

Les déclarations, la visualisation et l'autosuggestion fonctionnent. D'abord, notez votre objectif de manière positive. Par exemple: «Dans mon entreprise, j'aurai atteint tel échelon à telle date.» Il est important de noter l'objectif le plus précisément possible et les délais que vous vous accordez pour le réaliser. Surtout, n'oubliez pas de vous fixer une date de départ. Par ailleurs, il est essentiel de dresser la liste de ce qui vous empêche de réaliser vos objectifs; par exemple: «J'ai du mal à prendre rendez-vous au téléphone, je suis timide, embarrassé, etc.» Soyez honnête, ce n'est pas le moment de vous raconter des histoires. N'oubliez pas, un problème défini est un problème déjà à demi résolu. Le problème de la plupart des gens qui tentent de réaliser des objectifs est qu'ils ne reconnaissent pas ce qui les empêche de réussir.

Les objectifs et les rêves sont le début et l'accomplissement de la vie de tous. Ils sont pourtant distincts. Ainsi, il est possible à une personne de rêver sans pour autant avoir d'objectifs précis; par contre, il est impossible d'avoir un objectif si aucun rêve n'est présent. Ce que je veux dire, c'est que le rêve suscite l'objectif, que le premier est cause du second et que ce sont les sentiments en cause dans le rêve qui détermineront l'objectif. Donc, avant de vous fixer des objectifs, «écoutez» attentivement vos rêves véritables et laissez-moi le soin de vous montrer comment les réaliser.

LA DÉTERMINATION ET LA PERSÉVÉRANCE

Le résultat le plus important du marketing de réseau ne correspond pas à l'indépendance financière ni à la liberté de temps, mais plutôt au développement personnel. Nous avons été témoins de la transformation de plusieurs de nos recrues en leaders uniquement grâce à leur détermination. Plutôt que de tenir pour eux des réunions de recrutement, nous les avons encouragés à organiser les leurs.

Les obstacles que les gens doivent surmonter proviennent souvent de l'intérieur. Si votre associé manque de confiance, conseillez-lui de se demander : « Et si j'en étais capable ? » Envisager toutes les possibilités offertes permet d'élargir la conscience, rehausse l'estime de soi et augmente les chances de réussite. Les meilleurs entraîneurs sont ceux qui rappellent à leurs joueurs leurs habiletés. Faire peu d'efforts suffit rarement à produire des résultats. Concentrez-vous sur les résultats finaux, soyez fier de chacune de vos réalisations et ne laissez pas le rejet, les abandons, les voleurs de rêves ou le désespoir vous détourner de vos buts. Vous êtes entièrement maître de votre état d'esprit et, par conséquent, de votre avenir.

Mais il peut y avoir des moments dans la vie où vous vous sentez seul contre le monde entier. Des gens qui, jusqu'à présent, vous faisaient confiance se montrent un peu sceptiques et peuvent même refuser de vous appuyer ; vous n'obtenez pas les résultats escomptés et vous essayez de vous occuper des affaires courantes tout en continuant à échafauder votre rêve. Que faites-vous ? Vous abandonnez ? N'y pensez même pas, c'est hors de question. Le travail récompense pleinement la personne qui refuse d'abandonner. Les plus beaux trésors sur terre sont les rêves et les possibilités que nous trouvons au plus profond de nous-mêmes et qui attendent que nous les découvrons, et pour la plupart d'entre nous, c'est une question d'à peine quelques jours.

Pour moi, le défi se situait entièrement entre mes deux oreilles ; soit dit en passant, c'est toujours le cas pour tout le monde ! Mes premières difficultés étaient entièrement d'ordre philosophique. Bien sûr je peux le faire, n'importe qui peut le faire, mais j'étais hanté et harcelé par des questions telles que : « Dois-je le faire ? Est-ce juste ? Dois-je faire cela de ma vie ? » En considérant la possibilité de gagner plus en un mois qu'un cardiologue en un an, ne semblait-il pas raisonnable d'investir une ou deux années dans l'étude du marketing de réseau en comparaison aux douze années pour devenir un médecin spécialiste ?

Vous devez quitter votre zone de confort et travailler où la lumière n'est pas aussi brillante et où l'ambiance n'est pas aussi agréable. La belle vie que vous mènerez bientôt exige d'abord que vous en payiez le prix pendant un an. Nous possédons tous une force intérieure qui nous soutient aussi longtemps que nous nous concentrons sur nos objectifs. J'enseigne à mes associés à ne jamais abandonner. Quoi qu'il arrive, je répète à chacun : « Tant que tu t'accroches et que tu continues à rencontrer des gens, tu te rapproches du bout du tunnel, ne le perds jamais de vue. » Les grandes tragédies de la vie ne sont pas la mort, mais ce qui meurt en nous alors que nous sommes toujours vivants. Plus un individu est doué pour réussir, plus d'obstacles il devra surmonter, car c'est avec le feu qu'on affine l'art. Comment pourrions-nous aspirer à devenir des leaders si nos convictions n'étaient jamais mises à l'épreuve ?

Réussir, c'est si simple. Simple, mais pas facile. Si c'était facile, tout le monde le ferait. Suivez-moi bien. Vous êtes magnifique au-delà de vos espérances les plus ambitieuses ; personne ne vous ressemble et ne vous ressemblera jamais. Au fil des ans, conscient du regard des autres, vous cachez votre beauté parce que vous avez appris à suivre la file. Qu'arrive-t-il si vous permettez à votre personnalité de rayonner tel un phare pour l'humanité et que des gens viennent des kilomètres à la ronde pour voir briller cette lumière dans leur vie ? C'est vous qui motivez les gens à se joindre à vous.

VOTRE ATTITUDE DÉTERMINE VOTRE ALTITUDE

Plus j'avance dans la vie, plus je me rends compte de l'effet de l'attitude sur l'existence. L'attitude importe plus que les faits, les antécédents, les études universitaires, les circonstances actuelles, les échecs, les réussites, les paroles et les actions des autres.

Chose remarquable : nous pouvons choisir chaque jour l'attitude que nous adopterons. Puisque nous ne pouvons modifier le passé, changer les agissements des gens, échapper à l'inévitable, nous pouvons seulement jouer la carte qu'il nous reste : celle de l'attitude. Je suis convaincu que la vie quotidienne se compose de 10 % d'événements et de 90 % de réactions à ceux-ci. Croyez et continuez. Le secret de la survie consiste tout simplement à ne jamais abandonner, et la seule façon d'éviter le découragement est de garder la foi.

Le message peut être transmis à la perfection, mais en vérité, nous achetons avec le cœur. Prenez racine, des racines profondes qui vous permettront de rester debout quand le vent de la négativité soufflera sur vous. Dans notre monde, on a essayé de nous faire croire qu'il fallait devenir parfait. Vous êtes-vous jamais demandé à quelle définition de la perfection vous tentez de répondre? Réfléchissez à ceci quelques minutes. Dans la nature, au cœur de la forêt, chacun, avec ses imperfections, est aussi beau et important. Dans cette entreprise de marketing de réseau, nous avons la liberté d'être nous-mêmes, de briller comme jamais auparavant, car elle célèbre le fait que chacun est unique.

Comment vous préparerez-vous à traverser les périodes difficiles, celles que vous allez sûrement connaître? Eh bien, il faudra travailler plus fort sur vous-même, y mettre plus d'énergie que sur n'importe quoi d'autre, et le reste suivra naturellement. Tout d'abord, réfléchissez à votre vie. Un dicton veut que «le lieu où vous habitez soit le reflet de vous-même». Vos actions quotidiennes sont-elles conformes à vos aspirations? De deux choses l'une, soit elles vous rapprochent de vos objectifs, soit elles vous en éloignent. Alors, quelle direction avez-vous prise?

Chaque jour, des milliers de messages nous assaillent. C'est une triste vérité, mais à l'heure actuelle, nous sommes surtout exposés à des éléments négatifs. Comment réussir à transformer tout ça? En changeant nos habitudes? Si vos dernières lectures étaient des romans ou des magazines sportifs, pourquoi ne liriez-vous pas plutôt des ouvrages tels que *Réfléchissez et devenez riche*, *Le plus grand vendeur du monde* et *Comment se faire des amis*[3]? Qu'arriverait-il si vous passiez la moitié moins de temps devant la télévision? Essayez de vous imaginer ne pas la regarder du tout durant un an et, à la place, écouter des

---

3. Les références complètes des ouvrages cités dans cet ouvrage se trouvent en bibliographie à la page 291.

cassettes inspirantes et motivantes. Que se passerait-il? Vous vous faites déjà une petite idée?

La croissance et le développement personnel ont toujours été les véritables avantages de notre industrie. La plupart des gens parviennent à développer leur leadership en rencontrant quelques clients potentiels dans leur foyer durant des séances de recrutement de nouveaux distributeurs.

L'intégrité importe plus que la richesse et il ne faut jamais faire des affaires avec quelqu'un qui ne vous inspire pas confiance après une simple poignée de main. Si vous voulez transformer les autres, vous devez d'abord vous transformer vous-même et, après cette transformation, vous constaterez la modification de leur comportement. Quand vient le temps de réaliser des choses, l'hérédité, la chance et les circonstances sont des facteurs bien moins importants que votre propre vision de ce que vous croyez être capable d'accomplir. Grâce au marketing de réseau, le cercle vicieux est désormais brisé. Cela peut sembler ironique, mais les recrues qui demandent le moins d'attention sont celles qui obtiennent le plus de succès, tandis que celles qui gémissent, se plaignent et se lamentent abandonneront après quelques mois. Les gagnants se passent très bien d'un gérant ou d'un sauveur.

Dans la société d'hier, la réussite était souvent liée au travail. Nous avions des loisirs en dehors du travail qui pouvaient contribuer à enrichir la vie, mais qui n'entraient pas en ligne de compte dans le bilan de la réussite. Le système éducatif nous préparait à cette forme de réussite en nous obligeant à suivre des horaires, en accumulant des connaissances et en subissant l'autorité des professeurs. Ces années d'études menaient à l'obtention d'un diplôme qui nous permettait de figurer dans l'organigramme des entreprises selon le diplôme obtenu, et le salaire dépendait du type d'études suivies. À cette époque, la voie de la réussite débutait à l'école et, si nous faisions de brillantes études, nous partions sur de bonnes bases.

L'essentiel me paraît être maintenant d'éveiller la curiosité, le goût, l'amour et la passion. Il n'est de bonnes pédagogies qui ne commencent par éveiller le désir d'apprendre. Il importe donc que notre système éducatif évolue, et pour cela il faut que les parents et l'école donnent à l'enfant le goût d'apprendre et la passion de découvrir les choses nouvelles qu'il rencontrera tout au long de sa vie.

Dire oui à l'argent, même si la réussite professionnelle n'est plus la réussite la plus importante. L'argent demeure l'élément indispensable à notre vie, c'est lui qui nous permet d'assurer notre subsistance quotidienne et de réaliser nos projets, qui mesure le travail accompli, qui permet de faire travailler d'autres personnes pouvant nous fournir de nombreux services et qui nous donne la liberté de choisir la manière dont nous allons vivre.

Voici une affirmation positive : Mon travail est utile à la société et je mérite l'argent qu'il me procure. Notre subconscient enregistrera cette affirmation et nous dictera les actions nécessaires à l'aboutissement de ce projet. Ce qui importe, c'est la passion, la joie, l'envie de réaliser des choses et d'aider les autres, ainsi que la foi en nos capacités. Tout travail est destiné à apporter un service à quelqu'un d'autre. L'argent que nous recevons est le signe que nous avons rendu service à quelqu'un.

Ce qui attire les gens dans le marketing de réseau, c'est la possibilité de réaliser des gains vraiment importants. Cependant, la plupart des leaders qui ont atteint leurs objectifs n'étaient pas animés par cette seule motivation ; heureusement, car elle est insuffisante. Pour réussir dans le marketing de réseau, il faut être animé du désir de voir réussir les gens que nous avons parrainés bien plus que du désir de réussir au détriment des autres. Nous ne contrôlons pas les distributeurs parrainés ; nous n'avons aucun pouvoir sur eux. En revanche, nous devons être des guides enthousiastes et disponibles s'ils décident de se lancer avec nous.

LA VISUALISATION

La visualisation, la foi inébranlable, l'éducation et la connaissance sont des environnements de soutien. Selon moi, la passion est une foi inébranlable, un engagement total qui ressemble à l'amour inconditionnel pour la vie, alors que passion et objectif sont intimement liés.

Une image vaut mille mots, dit-on. Je dirais plutôt qu'une image vaut au moins un million de mots. Il faut habituer notre esprit à visualiser le résultat de ce que nous désirons obtenir dans la vie. Nous devons développer notre habileté à utiliser les images qui canalisent notre énergie créatrice afin de concrétiser nos aspirations. Une carte aux trésors est un collage d'images qui stimulent la visualisation. Celui-ci est composé d'images de ce que vous voulez avoir, faire et être. Chaque soir avant de vous endormir, chaque matin en vous réveillant, visualisez vos buts sur votre carte aux trésors. Représentez-vous votre nouvelle voiture maintenant, en voyage maintenant, avec la satisfaction de ce que vous désirez maintenant. C'est l'outil idéal pour représenter votre succès dans votre organisation de marketing de réseau. Investissez le plus possible dans le développement de votre esprit, ainsi personne ne pourra voler vos avoirs.

Dans les douze prochains mois, que voulez-vous avoir, devenir et faire grâce à ce merveilleux véhicule qu'est le marketing de réseau? Écrivez tout ce qui vous passe par la tête, puis relisez et choisissez les cinq éléments les plus importants. Faites cet exercice tout de suite.

La confiance vient de la compétence; c'est pourquoi vous devez développer votre confiance en vous-même et, pour ce faire, vous devez avoir une confiance absolue en cette industrie, en votre produit et en votre entreprise. Afin d'acquérir cette confiance, vous devez utiliser les produits, tous les produits sans exception. Faites l'expérience de ce qu'ils apportent, assistez à toutes les réunions possibles, à toutes les soirées d'information et à toutes les activités de la compagnie. Vous côtoierez ainsi continuellement des hommes et des femmes qui connaissent déjà le succès avec ces produits par le biais du marketing de réseau.

Afin de réussir, choisissez la compagnie où le taux de réussite est le plus élevé, puisqu'il est impossible de voler comme un aigle si vous vous entourez de dindons. Côtoyez donc des gens qui partagent votre manière de penser, mangez bien, faites tout en votre pouvoir pour vous retrouver en compagnie de grands, habillez-vous pour le succès (c'est-à-dire portez toujours un

habit et une cravate ou votre plus chic tailleur), ayez l'air professionnel. Ayez l'air de quelqu'un qui a du succès et vous vous
sentirez de même. Joignez-vous à l'organisation d'affaires de
l'industrie (l'Association internationale du marketing à paliers
multiples), abonnez-vous aux meilleures publications de l'entreprise, lisez les meilleurs livres, écoutez les meilleures cassettes,
entourez-vous de gens positifs, pleins d'énergie et qui ont du
succès.

LES CROYANCES

Je vous ai déjà dit que 90 % du succès se trouve dans le pourquoi. Souvenez-vous, l'audace a du génie, de la puissance et de
la magie. Quand vous comprendrez pourquoi la formation est si
importante et comment entamer votre propre programme de
formation, vous aurez fait le premier pas dans l'élaboration
d'une entreprise de marketing de réseau croissante, dynamique
et remplie de succès vous assurant ainsi l'indépendance financière. Éliminez les «VC» ou vieilles croyances.

Les croyances sont le point de départ de la formation. Quel
est votre plus grand défi lorsque vous montez une grande entreprise de marketing de réseau florissante? C'est la recherche
constante de nouveaux moyens de modifier les systèmes de
croyances des gens avec qui vous travaillez et d'affermir leur
estime de soi, et cela commence par vous-même. Quand vous
inspirez les gens, vous allumez une flamme à l'intérieur d'eux, et
c'est ainsi qu'ils voient leur potentiel. La motivation excite les
gens, mais elle ne dure pas parce qu'elle ne concorde pas toujours avec leur système de croyances. Par contre, l'inspiration
vient de l'intérieur. C'est la différence entre donner un poisson à
quelqu'un et lui apprendre à pêcher.

Quand vous inspirez les gens, vous changez leur système
de croyances et vous les aidez à changer leur vie. N'ayez pas
peur de répéter encore et encore les points importants, car c'est
la meilleure manière de vous assurer que vos confrères les comprennent et les assimilent. Il n'est pas question de tout enseigner
sur le produit ou l'occasion d'affaires, mais d'aider les gens à
devenir plus efficaces, à partager leur enthousiasme pour le

produit et l'occasion d'affaires. Quand vous êtes en contact avec votre objectif et quand vous réalisez que le marketing de réseau est le véhicule parfait, vous manifestez cet objectif, vous débordez d'enthousiasme.

Une des clés de l'enthousiasme est la conviction. En plus de croire en soi et en l'industrie, vos nouveaux distributeurs doivent croire au produit et à l'occasion d'affaires. Le marketing de réseau vous permet de gagner de l'argent tout en apprenant et d'apprendre par la pratique en étant payé.

L'ENTHOUSIASME

Dans le marketing de réseau, le produit et le service que vous offrez sont rois et maîtres. Objectif, passion et enthousiasme sont des qualités qui rendent irrésistibles les gens qui les possèdent. Imaginez un instant qu'une de vos amies ait découvert un produit qui a changé sa vie. Elle est transformée, elle a rajeuni de dix ans, elle est rayonnante, pleine d'énergie et débordante de joie de vivre. « Que s'est-il passé ? » lui demandez-vous. Et elle vous raconte une histoire, un labeur d'amour. « Raymond, c'est incroyable, je suis tellement excitée, je vais exploser si je ne partage pas ceci avec toi. Tu te souviens de tous les régimes amaigrissants exotiques que j'ai suivis ? Un n'attendait pas l'autre. Et quand je perdais du poids, je le reprenais tout de suite. Mes vêtements ne me faisaient plus, j'étais laide et je me sentais très mal. Tout cela a changé. J'ai perdu 5 kilos en un mois, il y a de cela trois mois, et je ne les ai toujours pas repris. Je suis plus svelte que lorsque j'étais à l'université. J'ai rarement faim parce que je mange toute la nourriture que je veux. Je me sens belle. Qu'en penses-tu ? Comment me trouves-tu ? Tu sais, Raymond, ça ne m'a rien coûté. Même que le mois passé on m'a payé 600 $. Et tu sais comment je fais ? Je parle à des gens comme toi, c'est tout, et je fais assez d'argent pour me payer une nouvelle auto. Viens voir. »

Le marketing de réseau est franchement un labeur d'amour. C'est un système qui, selon moi, reflète l'ordre naturel des choses. En effet, il est si naturel de partager ce qui nous a été donné et si naturel d'être récompensé pour l'avoir partagé. C'est un bon exemple de partage inhérent au marketing de réseau.

Sans produits exceptionnels, il n'y aurait pas d'entreprises de marketing de réseau.

L'avantage d'une entreprise de marketing de réseau, c'est que les meilleurs produits améliorent ou transforment la vie des gens pour le mieux. Dans la salle de cours, nous découvrons collectivement les bienfaits, les résultats dont les gens jouiront en utilisant les produits ou les services. Les gens veulent d'abord savoir ce que votre produit ou service fera pour eux ; s'il contient tel ou tel ingrédient, cela risque d'être très intéressant et de contribuer à la qualité du produit de façon très significative. En fait, les clients potentiels veulent savoir quelles transformations ce produit opérera dans leur vie.

Orientez-vous uniquement sur les bienfaits, voilà sur quoi il faut vous concentrer. Formez des équipes où une personne pose les questions courantes et l'autre y répond, vous verrez l'énergie s'intensifier. Travailler ainsi permet aux gens de maîtriser leurs connaissances et de canaliser leur enthousiasme efficacement. Si vous préparez adéquatement vos nouveaux distributeurs à répondre à ces questions, ils seront prêts à affronter le monde. Cela minimisera leur sentiment de rejet et de découragement durant les premières semaines au sein de l'entreprise. Si vous agissez ainsi, le taux d'attrition de votre réseau diminuera considérablement et vos ventes monteront en flèche.

N'oubliez pas votre compagnie. Voici une notion qui est peut-être plus vraie pour le marketing de réseau que pour une entreprise conventionnelle. Un bon produit vient d'une bonne compagnie À la tête de toute grande compagnie de marketing de réseau se trouvent des gens exceptionnels qui concentrent leur énergie, leur créativité et leur soutien à faciliter votre tâche et votre réussite.

Faites le lien entre les gens les plus susceptibles d'utiliser les produits et les bienfaits que vous avez énumérés précédemment. À partir de cet exercice, votre groupe de distributeurs pourront générer une liste impressionnante de clients potentiels, plus qu'ils ne l'auraient pu auparavant.

L'ÉNERGIE

L'énergie est le dénominateur commun de tous ceux qui réussissent. En tant que clients potentiels ou bâtisseurs dans le marketing de réseau, nous devons aussi posséder ce niveau gagnant d'énergie.

Je suggère que nous commencions à prendre soin de nous-mêmes, donc par un bon programme d'alimentation et d'exercices. Pensez à la marche, au jogging, au tennis, au cyclisme et à la natation. Les gagnants font ce que les perdants refusent de faire : un effort de plus, par exemple en travaillant une heure ou deux de plus le soir.

Les bâtisseurs de réseau doivent être en très bonne condition physique pour réaliser et atteindre leurs rêves, leurs plans et leurs objectifs. Il est très difficile de réaliser nos objectifs lorsque nous n'avons pas beaucoup d'énergie. Comment avoir plus d'énergie ? En faisant plus d'exercices et en améliorant notre alimentation. Notre but n'est pas de devenir des athlètes, mais des êtres humains qui réussissent. Prenons soin de ce taxi qui nous fera traverser la vie, car c'est le seul que nous aurons jamais. Nous voulons avoir la meilleure qualité de vie qui soit et ce serait bien triste d'atteindre nos buts, de gagner la liberté et les richesses de la vie sans pouvoir jouir d'une bonne santé. Qu'il s'agisse du monde animal, sportif ou du travail, l'énergie est toujours la clé de la réussite.

Perfectionnez-vous afin de devenir le meilleur être humain possible, et ce, étape par étape, dans tous les aspects de votre vie : carrière, famille, vie spirituelle ou perfectionnement physique. Ainsi, vous vous distinguerez et l'on voudra s'associer et travailler avec vous. N'ayez pas peur de multiplier vos efforts dans cette direction.

Nous savons tous que, pour atteindre ce niveau de 75 à 125 bâtisseurs de réseau, nous aurons besoin de beaucoup d'énergie et de connaissances. Cependant, une fois rendus à ce niveau, et à condition de travailler sans cesse auprès de nos bâtisseurs, notre croissance est assurée. Le plus difficile consiste à établir cette base de 75 personnes. Ensuite, nous tenons les germes de notre réussite et de notre croissance personnelle.

LES PENSÉES POSITIVES

On devient ce à quoi l'on pense. Si tel est le cas, et je le crois fermement, pourquoi ne pas entretenir de bonnes pensées? Entretenons des pensées positives, de réussite, saines, agréables, prospères et spirituelles. Votre état d'esprit est le reflet de vos pensées.

Voici une petite leçon d'humilité. Ceux qui se disent humbles sont les plus orgueilleux. Personne n'a le droit de donner de leçons à quiconque. La simplicité consiste avant tout à comprendre les autres. Avec la compréhension, vous serez capable de comprendre les gens tels qu'ils sont en les stimulant à devenir meilleurs que ce qu'ils sont et à se dépasser. Vous ne pourrez jamais rien accepter sans compréhension.

Les comportements ne devraient pas être basés sur les croyances, mais sur la connaissance réelle. Ne vous concentrez pas sur l'idée qu'il faut faire beaucoup d'argent, tâchez plutôt de devenir cette personne avec qui les autres voudront faire des affaires. Vous ferez probablement davantage d'argent par la suite.

Le succès, c'est le voyage et non la destination. Le succès personnel ne découle que d'une seule source : vous. Ceux qui gagnent n'ont pas une attitude positive parce qu'ils gagnent, mais bien parce qu'ils ont une attitude positive. On prend son essor et on profite du moment en se concentrant sur ce qui reste à faire et non pas en se concentrant sur la réalisation passée. On reconnaît les vrais leaders à leur absence totale d'égocentrisme et à leur recherche d'un but commun.

Votre capacité de diriger, d'atteindre des buts et de réussir dépend pour beaucoup de votre crédibilité. Aucune tâche n'est particulièrement difficile si vous la divisez en petites tâches. Voici un point de départ pour vous aider à évaluer où vous en êtes maintenant, où vous voulez vous diriger et comment vous entendez y arriver. Servez-vous-en pour saisir le bon moment qui vous permettra de prendre votre essor vers la réussite.

Répondez à ces questions le plus honnêtement possible, elles vous permettront d'établir plus facilement vos objectifs et la manière de réaliser chacun d'eux. Copiez les questions et les réponses sur une feuille, affichez-la sur votre réfrigérateur et

31

lisez-la chaque jour. Ainsi, chaque lecture sera un pas de plus vers la réussite.

Ordonnance pour le changement

- Qu'est-ce que j'aime le plus dans ma vie?
  - au travail?
  - chez moi?
- Qu'est-ce j'aime le moins dans ma vie?
  - au travail?
  - chez moi?
- Comment en suis-je arrivé là, au travail?
  - décision critique:
  - prise le:
- Comment en suis-je arrivé là, chez moi?
  - décision critique:
  - prise le:
- Qu'est-ce que j'aimerais changer le plus au travail?
  - changement:
  - pourquoi?
  - quand?
- Qu'est-ce que j'aimerais changer le plus chez moi?
  - changement:
  - pourquoi?
  - quand?
- Si ces changements sont faits, quels seront les résultats possibles?
  - résultats:
  - quand?
  - raison:
- Ces résultats seront-ils ce que je veux vraiment?
  - oui parce que:
  - non parce que:

- De quelle aide ai-je besoin pour obtenir les résultats que je désire?
  - aide nécessaire:
  - personnes-ressources:
  - quand vais-je leur demander de l'aide?

Si vous décidez de faire quelque chose, vous pouvez le réaliser et si vous butez contre un obstacle, servez-vous-en comme d'une expérience utile.

Le secret du succès réside dans la constance des intentions. Les occasions sont partout autour de vous. Vous commencez à grimper, puis, tout d'un coup, vous avez l'argent et c'est agréable. L'important, c'est de savoir que vous êtes arrivé au sommet. Si le succès ne vient pas aujourd'hui, continuez demain, sans lui.

Je suis toujours en train de faire des efforts pour m'améliorer. Un nombre surprenant de leaders qui ont réussi dans le monde des affaires sont du même avis. Vous voulez gagner, il faut vous retrousser les manches. Pour gagner un match de football, une équipe doit viser la zone des buts adverses, dresser un plan, travailler ensemble, avancer sur le terrain peu à peu jusqu'à ce qu'un des joueurs atteigne la zone de toucher et marque un but. L'équipe qui peut faire cela le plus efficacement et le plus souvent possible est celle qui gagnera. Tous les entraîneurs et les joueurs qui réussissent ont au moins une chose en commun: un excellent plan de match. J'ai vu des équipes qui manquaient de joueurs talentueux obtenir des victoires éclatantes simplement parce qu'elles étaient mieux préparées et focalisées sur leurs adversaires, avaient des buts clairement définis et des habitudes de travail régulières, et n'avaient pas peur de faire les sacrifices nécessaires pour progresser.

Il faut jouir de la vie et non pas en avoir peur. La vie doit être amusante et non pas ennuyeuse; distrayante et non subie. Il faut qu'elle soit une récompense plutôt qu'une punition. Il n'y a pas de formule magique dans la vie ni de raccourcis vers la réussite, pas plus qu'il n'existe de moyens rapides d'avancer. Si vous voulez réussir à long terme, il vous faut travailler dur, vous consacrer à ce que vous faites et persévérer. Ce sont là des

33

nécessités absolues. Plus vous prendrez conscience de cela, plus vous serez prêt à progresser. Vous devez mesurer votre succès en fonction de la façon dont vous traitez les autres. Les héros sont ceux qui vous aident à apprendre.

LA PERSISTANCE

Ray Kroc, cofondateur de la chaîne de restauration rapide McDonald's, a déclaré un jour que rien ne peut remplacer la persistance, même pas le génie ni l'instruction. Seules la persistance et la détermination sont toutes-puissantes. Levez-vous et avancez ; les mots ne valent rien. Surtout, ne dites pas aux autres ce que vous allez faire pour eux, faites-le. Voici cinq moyens qui vous motiveront à progresser :

1. N'essayez pas de changer tout et tout le monde autour de vous ;

2. Trouvez quelque chose de positif dans tous les événements malheureux qui vous arrivent ;

3. Prenez le temps d'apprécier les choses que vous ne pouvez contrôler : le mauvais temps, les éloges d'un ami, les sacrifices que fait pour vous un membre de votre famille ;

4. Témoignez de la reconnaissance pour votre bonne santé en aidant un malade ;

5. Concentrez-vous sur les progrès graduels. Il faut les percevoir comme des victoires sensationnelles. Un homme sage créera plus d'occasions qu'il n'en trouvera.

«Mon Dieu, donnez-moi la patience tout de suite.» La plupart des gens voudraient obtenir des résultats immédiats, mais n'oubliez pas que le succès vient généralement à la fin du voyage. Ce n'est qu'en restant constamment vigilant que vous pourrez sauvegarder votre réussite. Il faut faire les choses qui vous ont permis de réussir. Lorsque vous songez à ceux qui possèdent ce que vous croyez vouloir posséder, posez-vous la question : sont-ils vraiment heureux ?

N'essayez jamais d'enseigner le chant à un cochon, cela vous ferait perdre du temps et vous l'ennuieriez. Dans la vaste arène du monde, l'échec et le succès ne sont pas des accidents comme nous le supposons si fréquemment, mais la stricte justice. Vous êtes votre propre historien. Que dit votre histoire de vous-même, de vos points forts, de vos points faibles, de vos réalisations, de votre potentiel? Que dit votre histoire au sujet de vos relations avec les autres? Comment allez-vous les traiter? À quoi vous attendez-vous de leur part? Que dit votre histoire à propos de ce qui compte pour vous, de vos priorités, de la façon et de l'endroit où vous passez votre temps? Par-dessus tout, que dit votre histoire au sujet de ce que vous avez des chances de devenir?

La plupart des gens travaillent pour subvenir à leurs besoins les plus élémentaires: la nourriture, les vêtements et un toit. Ils travaillent aussi pour obtenir le respect et l'admiration de ceux qui les aiment. Cette motivation est la force d'attraction des individus et des familles. En plus de procurer un chèque de paie et des avantages sociaux, le travail donne aux individus la confirmation de ce qu'ils sont et de ce qu'ils peuvent faire. Il faut prendre un engagement à vie à l'égard de l'apprentissage. Cherchez des gens qui peuvent vous aider et soyez toujours prêt à rembourser cette dette en aidant ceux qui ont besoin de vous.

Pour réussir, nous devons manifester un désir ardent d'avancer. Nous fixer des objectifs peut être un aspect critique d'une carrière réussie, car ils donnent de la motivation et tendent à nous garder sur le bon chemin. Tout comme une bonne carte routière, ils nous aident à atteindre notre destination sans nous égarer sur les routes secondaires pendant que nous cherchons à nous rendre à notre but. Atteindre le succès est rarement une course rapide, et le gagnant aura pris l'engagement total d'atteindre la ligne d'arrivée en se concentrant sur la victoire.

LA RÉUSSITE

Nous sommes tous riches. Si je vous disais que l'on va déposer 86 400 $ dans votre compte de banque tous les jours et que vous pouvez dépenser cette somme quotidiennement dans tout ce qui vous plaît, sans intérêt ni remboursement à effectuer et pour tout le reste de votre vie, qu'en penseriez-vous? D'une certaine manière, chacun d'entre nous possède un tel compte. Tous les matins, nous avons tous 86 400 secondes de notre vie à vivre de la façon qui nous plaît. Nous pouvons travailler, dormir ou manger, jouer ou écouter la télévision, ou tout simplement flâner. Pour réussir, il faut utiliser le temps avec sagesse puisqu'il vaut beaucoup plus que l'argent. En tuant le temps, nous tuons nos propres chances de succès[4]. Lorsque vous aurez montré le chemin à ceux qui vous suivent, donnez-leur les moyens d'agir afin qu'ils puissent vous aider à concrétiser cette vision. Lorsqu'ils réussissent, encouragez-les pour qu'ils soient motivés et qu'ils avancent encore plus loin dans leur propre vision.

La seule façon d'éviter le piège de l'affairement consiste à séparer les questions importantes des questions insignifiantes, ce qui veut dire attribuer un ordre de priorité. Bien sûr, il faut vous occuper en premier lieu des questions plus importantes. Êtes-vous le genre de personne que l'on cite ou à qui l'on vient demander son opinion? Si tel est le cas, vous faites autorité et vous êtes perçu comme un expert dans certains domaines. Les gens viennent vous demander conseil et accordent de la valeur à vos opinions.

Pour faire preuve d'autorité, vous devez avoir la réputation d'un individu intègre sur les plans personnel et professionnel. Pour cela, il faut être précis, honnête, intègre et sans préjugés. Vous savez discerner encore une perception et un fait. Pourquoi? Parce que les actes fondés sur les perceptions sont souvent inconsidérés. Vous savez reconnaître les qualités des autres et vous retenir de les critiquer. Vous êtes décidé, vous savez marcher en avant et mener le bal. Vous accordez plus d'importance aux questions à régler qu'à votre propre personne et, plus important que tout, vous avez appris à dire «nous» au lieu de «je».

La prise de décision est un processus plutôt qu'un événement; il faut commencer par définir clairement le problème, puis évaluer les possibilités ainsi que toutes les solutions possibles. Nous avons tendance à résister à la sagesse, c'est pourquoi nous n'aimons pas beaucoup ceux qui nous y font penser.

Lorsque vous examinez un problème:

---

4. La gestion du temps est expliquée plus en profondeur à la page 249.

- essayez de penser de façon créative ;
- adoptez un point de vue positif ;
- cherchez la cause première du problème ;
- demandez-vous s'il y a un problème préliminaire à résoudre ;
- déterminez s'il y a des conditions minimales associées à cette solution ;
- demandez-vous ce que doit accomplir la solution ;
- cherchez à savoir quels éléments la solution doit contenir ;
- trouvez la solution idéale.

Comparez les solutions possibles à une situation idéale. Ensuite, posez-vous la question : Si cette décision n'est pas la bonne, quel serait le pire des résultats ?

- Créez des moyens d'évaluer votre décision.
- Trouvez des moyens de déterminer si vous faites des progrès.
- Cherchez des façons de mesurer la réussite.
- Fixez-vous des délais et, si possible, des sous-délais.
- Surveillez régulièrement la mise en œuvre de la solution.
- Les moments difficiles représentent des occasions de s'améliorer ; ne cessez jamais de chercher des moyens de mieux faire votre travail.
- Cessez de diriger les gens et commencez à les mener.

Motivez les gens qui relèvent de vous : donnez-leur de l'énergie, donnez-leur envie de faire de leur mieux, donnez-leur la vision de ce qui peut être accompli, suscitez leur enthousiasme et laissez-les faire.

Le truc consiste à se libérer du passé, à visualiser et à focaliser sur l'avenir ; visualisez les choses non pas comme elles étaient mais comme elles peuvent être. Plutôt que de vous traumatiser par la peur de l'échec, soyez votre propre mentor, même si le fait d'en avoir un véritable peut être avantageux dans certains cas. Lorsque vous ne dépendez pas de quelqu'un pour vous guider, il y a de fortes chances que vous soyez davantage aux commandes de votre carrière. La réussite commence lorsque vous vous préparez à gagner une place au sein d'une équipe.

Une réputation se construit en suivant quelques principes simples[5] :

- Fixez-vous des buts réalisables et établissez des délais raisonnables.
- Tenez vos promesses.
- Nouez des liens d'amitié solides dans votre entourage.
- Trouvez des solutions pour les problèmes immédiats.
- Respectez les qualités de votre patron.
- Protégez votre réputation.
- Contournez les détails insignifiants.
- Ne vous laissez pas influencer par les minutieux et essayez leurs suggestions.
- Reconnaissez les préoccupations des autres.
- Soyez patient.
- Faites preuve d'empathie.
- Restez calme mais ferme.
- Changez la situation.
- Changez-vous vous-même.
- Si vous devez faire un exposé, préparez-vous, n'essayez pas d'improviser.
- Allez droit au but.
- Éliminez de vos discours le «je».
- Parlez sur le ton de la conversation.
- Oubliez hier, c'est une perte de temps que d'y penser.
- Débarrassez-vous de la paperasse inutile.
- Diminuez les dépenses.
- Souvenez-vous que l'attitude fait toute la différence.
- Choisissez de réussir et prenez-en l'engagement.
- Ayez confiance.

---

5. Vous trouverez cette liste à l'annexe 1 à la page 279.

- Acquérez les caractéristiques qui mènent au succès : la crédibilité et la fiabilité.

Nous avons tendance à devenir ce que nous pensons. Visualisez où vous voulez être dans un mois, dans un an, dans cinq ans. Tenez un journal dans lequel vous noterez vos progrès. Affirmez-vous chaque fois que vous en avez la possibilité. Comportez-vous comme la personne que vous souhaitez devenir.

Les gagnants sont perspicaces, positifs et persévérants. Le succès est le résultat d'une carrière bâtie sur la réalisation. Les bonnes décisions dépendent des réponses à deux questions : Quelles sont mes habiletés ? Que devrais-je faire maintenant pour arriver là où je veux être plus tard ?

Vous vous trompez lorsque vous laissez à quelqu'un d'autre le loisir de déterminer votre avenir. Lorsque vous atteignez le sommet de la montagne, soyez prêt à répondre à cette question : Qui vous accompagne ? Ne laissez pas la concurrence décider.

Vous dites que l'expérience est le meilleur moyen d'apprendre. Mais est-ce vraiment le cas ? Parfois oui, parfois non. Tout dépend de vous. Trop souvent, ce que nous appelons l'«expérience» n'est rien d'autre que la répétition d'un événement ou d'un incident. Pour qu'elle soit plus efficace, nous devons non seulement tirer des leçons, mais aussi nous en servir et l'améliorer. L'expérience peut être bonne si elle vous a préparé pour le présent, si vous vous adaptez facilement au changement, si vous acceptez avec plaisir les nouvelles idées ou si vous scrutez l'horizon pour découvrir des avantages que n'offre pas la concurrence, si vous n'arrêtez jamais d'explorer, si vous vous débarrassez de vos erreurs avant qu'elles deviennent de mauvaises habitudes, si vous apprenez à simplifier les choses et non à les compliquer, si vous pouvez l'appliquer à des problèmes actuels, si vous êtes en faveur du renouvellement ou si vous vous en servez pour vous élever vers de nouveaux sommets.

N'oubliez pas que, dans le monde actuel, c'est donnant, donnant et que le secret de la réussite est la prise de conscience et l'initiative. De plus en plus de gens, semble-t-il, préfèrent être leur propre patron plutôt que de travailler dans une entreprise bien structurée. L'Amérique du Nord se dirige rapidement vers une économie fondée sur l'information. Dans ce type d'économie, l'apprentissage devient l'ingrédient clé du succès ; alors, si vous voulez monter une affaire qui va prospérer, donnez-lui la priorité. C'est le désir plutôt que le capital qui stimule une entreprise florissante.

Tandis que le monde pénètre dans un nouveau siècle, tous les employeurs doivent faire face à trois enjeux : attirer et retenir continuellement les meilleurs employés, chercher un moyen d'avoir l'avantage sur la concurrence, trouver les conseillers qui aideront à trouver un plan d'action, à déterminer les résultats attendus et à analyser les besoins en ressources de façon réaliste. Plus tôt vous commencerez à vous diriger vers votre but, plus vous aurez de chances de l'atteindre. Vous devez vous donner le plus d'atouts possible. Choisissez vos amis avec sagesse. Sans être poussé ou tiré par quelqu'un d'autre, faites ce que vous aimez le plus et ce qui vous motive le plus ; c'est votre vie, vivez-la. Si vous n'êtes pas responsable de votre vie, quelqu'un d'autre le sera.

Nous parlons ici de concepts fondamentaux simples, faciles à reconnaître et qui fonctionnent dans la vraie vie. Voici ceux qui m'ont le plus aidé.

- Lorsque vous voyez quelqu'un occupant un poste de direction prendre une décision impopulaire, vous pouvez généralement être certain que sa confiance en lui et sa persistance sont déjà souvent mises à l'épreuve et il croit qu'il peut résister aux grandes pressions que suscite une décision impopulaire.

- Vous anticipez la victoire. Pensez-y de cette façon : chaque heure passée à vous reposer sur vos lauriers en est une qui n'a pas été utilisée pour préparer la victoire suivante. En fait, cette attitude est généralement contraire à vos intérêts parce que cela tend à encourager les ennemis qui peuvent maintenant voir votre incapacité à accepter la victoire avec aisance, ce qui est une faiblesse. Et soyez assuré que c'est une faiblesse qui explosera à la première occasion.

- N'acceptez la défaite que comme un revers temporaire et tirez-en des leçons. Dressez des plans pour continuer à avancer. C'est seulement ainsi que vous vous apercevrez qu'il y a beaucoup plus à apprendre des défaites que des victoires.
- Vous tournez à votre avantage vos points faibles.
- Vous partagez le mérite, puisque les idées partagées ne peuvent que grandir.
- Vous sacrifiez la satisfaction à court terme pour les gains à long terme.
- Vous vous assurez que l'on a besoin de vous. Les gens qui sont le plus sûrs d'eux sont ceux qui peuvent rapidement aider les autres en leur apportant des suppléments ou des compléments d'aide.
- Vous écoutez la voie du marché et vous cherchez du soutien dans votre famille.
- Vous enrichissez votre esprit grâce à de nouvelles expériences.
- Vous vous servez de vos capacités.
- Vous refusez de vous apitoyer sur vous-même.

La maîtrise de soi est de loin la destination la plus importante et la plus utile. Êtes-vous sur les rangs?

Neuf leçons pour réussir[6] :

1. **L'espoir.** Ne perdez jamais espoir et ayez toujours la foi.

2. **La persistance.** Vous ne saurez jamais ce que vous pouvez accomplir avant d'avoir essayé. Cette vérité est tellement simple que certaines personnes l'ignorent complètement. Lorsque les gens venaient me voir en s'attendant à une prospérité rapide, je leur disais d'aller chercher ailleurs. Il y a peu, sinon pas de raccourcis vers le succès, mais il est particulièrement agréable d'arriver au succès grâce à de grands efforts et lorsque vous vous fixez un but et que vous prenez l'engagement de travailler à sa réalisation. Lorsque

---

6. Vous trouverez la liste abrégée de ces neuf leçons de réussite en annexe 2 à la page 280.

vous serez fatigué ou découragé, c'est la persistance qui vous portera au bout. Si je pouvais citer un seul trait de caractère à tous les jeunes du monde, une seule qualité qui les aiderait à faire de leur vie une réussite, ce serait celle-là. Elle est plus importante que l'intelligence, les performances sportives, la beauté ou le charisme. La persistance vient du tréfonds de l'âme, c'est une qualité que nous avons pour compenser ce qui nous manque dans tous les autres domaines de notre vie. N'en sous-estimez jamais les pouvoirs.

3. **La confiance.** Plus que toutes les autres leçons, mes expériences ont contribué à m'enseigner la valeur de l'effort accompli avec détermination et confiance. Les individus les plus puissants du monde sont ceux qui ont visé haut et qui continuent à s'entraîner jusqu'à ce qu'ils atteignent leur cible. Qu'est-ce qui alimente ce genre de persistance ? La confiance. Presque tous les individus peuvent accomplir ce qu'ils ont entrepris de faire s'ils ont confiance en eux, et cela représente un choix. Ne laissez pas les autres vous transmettre leur peur. Si vous attendez d'avoir suffisamment de confiance pour entreprendre quelque chose, vous ne commencerez jamais. À un certain moment, il faut cesser de réfléchir, de parler, de soupeser les arguments, il faut simplement se lancer ; la confiance viendra dans l'action. La confiance et la volonté de réussir sont les ingrédients clés de toute tentative.

4. **L'optimisme.** Si la flamme d'un rêve brûle quelque part au fond de vous, ne laissez pas cette flamme brûler en vain. Ne permettez à personne de l'atteindre. Une attitude optimiste n'est pas un luxe, c'est une nécessité. Votre façon d'envisager la vie détermine comment vous vous sentez, comment vous agissez et à quel point vous vous entendez bien avec les autres. Lorsqu'une société tout entière adopte l'habitude de regarder vers le haut, on peut accomplir des choses incroyables. Lorsque le monde est perçu comme un lieu positif et plein d'espoir, les gens sont incités à tenter et à accomplir plus de choses. Nous devons honorer ceux qui créent et courent des risques. Le progrès est toujours

alimenté par la pensée positive optimiste, il est donc normal que les gens soient stimulés par l'éloge et l'encouragement. Lorsque vous êtes optimiste, vous êtes beaucoup plus intéressé par la résolution du problème que par des lamentations inutiles. L'optimisme fera toute la différence dans l'attitude du solutionneur. Pensez en termes positifs dans la façon de régler la question.

5. **Le respect.** L'homme qui devient un grand leader éprouve généralement pour ceux qu'il mène un respect aussi profond et réel que celui qu'ils lui témoignent. On dit que c'est l'amour qui fait tourner le monde, moi je dis plutôt que c'est le respect qui fait tourner le monde. Chaque personne est née avec un but et un rôle à jouer dans la vie. Nous ne devons jamais évaluer la valeur des autres à la couleur de leur peau, à leur religion, à l'école où ils ont fait leurs études, à la voiture qu'ils conduisent, aux vêtements qu'ils portent ou à leur façon de parler. Si nous érigeons de telles barrières, si nous percevons les individus comme des étiquettes, alors nous ne les voyons pas comme des êtres humains dotés de potentiel et d'intelligence. Trop souvent, nous jugeons les autres d'après leur métier sans tenir compte de leurs compétences et de leurs dons qui sont d'ailleurs uniques et essentiels. Les gens ordinaires sont l'armature sociale et morale de toutes les nations. Ce sont les hommes et les femmes à la hauteur de leurs tâches, ils sont les héros que notre société ne célèbre pas, ils sont le sel de la terre. Le respect commence lorsque nous savons qui nous sommes, lorsque nous nous aimons et que nous nous acceptons. *Tout le monde* est digne de respect en tant qu'individu et citoyen productif. Le respect des autres est essentiel pour un leader puisqu'il récolte ce qu'il sème. Il faut inspirer le respect, nous ne pouvons pas l'exiger car il faut le mériter. L'une des forces les plus puissantes du monde est la volonté de ces hommes et de ces femmes qui croient en eux-mêmes, qui osent espérer et viser haut, qui persévèrent avec confiance pour obtenir ce qu'ils veulent de la vie.

6. **La responsabilité.** Nous pouvons faire des choix, mais nous devons en assumer la responsabilité. Ce n'est que lorsque nous assumons l'entière responsabilité de nos actes que nous pouvons nous débarrasser du fardeau de nos erreurs et continuer à avancer. Les évaluations nous aident à découvrir nos vrais talents et habiletés. Nous devons tous rendre compte de nos actes à quelqu'un. Servez-vous de cette obligation pour vous aider à vous propulser où vous voulez aller.

7. **La famille.** Les familles fortes sont composées d'individus forts, qui croient suffisamment à la valeur de leur rôle de parents pour être disposés à réorganiser toute leur vie si nécessaire autour de leur foyer et de leur famille. Quoi que vous fassiez, travaillez à votre propre compte. N'oubliez jamais que l'entreprise que vous avez créée repose sur l'honnêteté et la justice à l'égard des autres. Le fondement de la démocratie, la base sur laquelle repose une bonne vie, est l'institution de la famille. Ce qui compte n'est pas ce que vous dites, mais ce que vous faites. Lorsque vous dirigez une entreprise familiale, le plus grand défi est de trouver le moyen de la transmettre à la génération suivante. Le marketing de réseau permet aux conjoints et aux enfants de travailler ensemble.

8. **La liberté.** Je crois en la vie et qu'il faut affirmer chaque jour, fièrement et avec enthousiasme, qu'elle est une expérience positive. Chaque génération doit apprendre à apprécier les droits et les privilèges que lui procure le système capitaliste. La libre entreprise n'est pas un cadeau gratuit; nous devons travailler à son maintien: gagnez tout ce que vous pouvez, épargnez tout ce que vous pouvez, donnez tout ce que vous pouvez.

9. **La foi.** Sans la foi, nous sommes perdus, à la dérive sans aucune ancre. Je crois fermement que l'espoir, la persistance, la confiance, l'optimisme, le respect, la responsabilité, la famille et la liberté sont essentiels pour mener une vie couronnée de succès et en retirer des satisfactions. Mais je crois encore plus fortement en la nécessité d'avoir une foi profonde et personnelle et que le succès authentique, dans tous les aspects de notre vie, dépend d'une foi inébranlable.

La foi dépasse incontestablement la raison, car elle répond à nos incertitudes lorsque nous ne savons ni quoi faire ni à quoi nous attendre. La peur de ce que les autres vont penser nous empêche d'agir avec audace, la peur du ridicule nous empêche de déclarer notre foi et, surtout, la peur étouffe l'espoir.

La réflexion suivante, basée sur quatre points, est destinée à toute personne désireuse d'atteindre le succès.

1. Essayez de découvrir ce qui vous stimule et vous donne satisfaction.

2. Déterminez s'il y a une différence entre ce que vous désirez et ce que vous faites bien.

3. Clarifiez vos valeurs et vos priorités.

4. Déterminez si elles diffèrent de celles de votre employeur.

L'ÉCOUTE, LA LECTURE ET LES CASSETTES AUDIO

L'ÉCOUTE

Un vieil hibou très sage était assis sur la branche d'un chêne et, plus il voyait de choses se passer, moins il parlait, et moins il parlait, plus il apprenait. Pourquoi ne ressemblons-nous pas à ce vieil oiseau sage?

Écoutez et vous réussirez en marketing de réseau. Si vous êtes à l'écoute des autres et que vous vous efforcez de les connaître, ils produiront éventuellement pour vous d'excellents résultats. Supposons que vous êtes à l'écoute lorsqu'une personne partage avec vous son rêve de travailler à domicile. Il vous suffit de poursuivre en disant: «Ah! c'est votre rêve? Continuez.» Ou encore: «En quoi ce genre de boulot vous attire-t-il?» Poser des questions et écouter sont des processus qui permettent de réussir. Je vous enseignerai une façon de maîtriser l'art de l'écoute, la compétence la plus importante pour qui veut réussir en marketing de réseau. En effet, l'écoute représente le lien le plus important et le plus puissant entre deux personnes. Que votre compagnie vende des cosmétiques, des suppléments alimentaires, des programmes de gestion de poids, que vous désiriez recruter, parrainer et former des gens, vous devez poser des questions et écouter.

Les gens les plus prospères et les plus influents, quel que soit leur domaine, sont souvent ceux qui maîtrisent le mieux l'art de l'écoute. Alors que la vente consiste à aider les gens à prendre des décisions qui améliorent leur qualité de vie, l'écoute constitue l'outil le plus formidable pour développer le potentiel des autres, pour faire progresser votre entreprise, recruter et parrainer davantage de personnes de qualité et réaliser vos rêves.

Le monde a un besoin urgent de personnes qui ont le courage et le désir d'écouter. Selon un certain rapport, les pères passeraient en moyenne sept minutes par semaine à l'écoute de leurs enfants, alors que les époux passeraient vingt-six minutes pour des échanges sérieux entre eux. On dit que les gens les plus influents, les meilleurs vendeurs et les gens les plus brillants sont les plus volubiles : cette supposition est fausse. Arrêtez-vous un instant. Qui vous attire le plus, celui qui parle le plus ou celui qui sait écouter ? Préférez-vous suivre le leader qui parle constamment ou celui qui sait écouter ? De qui achèteriez-vous, du vendeur facile et doux ou de celui qui prête attention à vos inquiétudes, à vos besoins et à vos désirs ? Que désirez-vous de la part de votre partenaire ? de votre patron ? Vous désirez sûrement et ardemment être écouté, mais réellement écouté. Vous obtenez ce que vous désirez des autres à partir du moment où vous les aidez à obtenir ce qu'ils désirent.

Êtes-vous à l'écoute des autres ? Attendez-vous le moment de prendre la parole ou cherchez-vous quelqu'un qui veut bien vous écouter ? Avant de répondre, vous devez d'abord vous demander ce qu'est l'écoute. Écouter, c'est vouloir entendre, c'est démontrer que l'on se soucie des autres. Celui qui s'intéresse aux autres les écoute. Écouter constitue aussi un geste d'amour parce que, bien que l'amour soit une question de sentiment, il est également une activité.

Écouter est aussi un sentier qui mène à une plus grande instruction. Imaginez ce qui se produirait si nous parvenions à développer notre attitude à écouter les autres. Je me demande ce que serait ma vie si j'écoutais le conseil que je donne aux autres pour en faire ensuite l'application dans ma propre vie. C'est là l'art d'être à l'écoute de soi. Et si mon degré d'écoute faisait en sorte que les autres se sentent aimés, acceptés et en sécurité en ma présence, quels que soient leurs propos. Lorsque le nombre de gens ayant appris l'écoute de soi et des autres sera suffisamment grand, nous parlerons d'une ère de paix et de lumière pour notre famille, notre nation et notre monde.

L'écoute est la clé qui ouvre la porte à la motivation. Les gens sont motivés à faire ce qui leur plaît; la motivation est donc intérieure. Trop parler constitue sans doute la plus grande faiblesse que j'ai observée chez des centaines de distributeurs. L'écoute, elle, demeure simplement le meilleur moyen de présenter votre idée à quelqu'un d'une manière positive, le meilleur moyen d'obtenir un «oui».

Il ne faut pas écouter à moitié parce que les gens sont bons, doux et agissent ainsi; parce que vous ne savez pas comment éviter d'offenser ou de blesser l'autre, prétendre que vous êtes intéressé alors que vous ne l'êtes pas, trouver les failles d'un argument afin de démontrer que vous avez raison. Celui qui agit ainsi écoute pour acquérir des munitions afin de mieux contre-attaquer. Chercher un élément d'information spécifique au détriment de tout le reste, préparer sa réplique pendant que l'autre parle, demeurer immobile et silencieux, demeurer passif, attendre votre tour de prendre la parole. Écouter est un processus mental et émotionnel. Si vous aimez écouter, votre connaissance s'accroîtra et, si vous savez écouter, votre sagesse grandira. L'écoute est diamétralement opposée à la pression; elle mène au succès et alimente la croissance d'une entreprise, alors que la pression freine la croissance.

L'écoute pourrait atténuer et éviter beaucoup de souffrances au sein de nos relations personnelles et professionnelles. Sans elle, les problèmes associés aux relations humaines se résolvent rarement. L'écoute représente l'élément le plus puissant qui puisse modifier la personnalité de quelqu'un. Si j'écoute attentivement l'autre et si j'arrive à comprendre sa façon de voir les choses et ce qu'elles représentent pour lui sans négliger l'émotion, c'est alors que je libérerai en lui de puissants éléments de transformation.

Changer, c'est grandir et si nous désirons grandir, tant sur le plan personnel que sur le plan professionnel, bâtir de meilleures relations, amener les autres à se joindre à notre entreprise de marketing de réseau et faire fructifier notre organisation, nous devons constamment améliorer notre aptitude à écouter.

La sagesse est la récompense d'une vie passée à l'écoute des autres alors que vous auriez préféré parler. Soyez à l'écoute du vrai message; écouter efficacement exige une écoute au-delà du message initial. Quatre-vingt-dix pour cent de l'iceberg reste caché sous l'eau, comme 90 % de la vraie signification d'un message est cachée derrière les mots. L'écoute, en marketing de réseau, requiert que vous écoutiez plus que le message. Vous devez écouter les mots et les espaces qui les séparent comme vous écoutez les paroles d'une chanson et sa mélodie, le contenu d'un message et le but visé par celui-ci. Lorsque vous considérez les choses avec les yeux de l'autre, vous renforcez votre compréhension puisque vous voyez mieux qu'auparavant. Et vous devez persévérer jusqu'à ce que vous voyiez les choses comme l'autre les voit. Pour y arriver, nous devons poser des questions et écouter; par la suite, vous serez en mesure de persuader. Avant d'amener quelqu'un là où vous le désirez, vous devez le joindre là où il se trouve. Appliquer de la pression favorise l'assistance, alors que la persévérance, et non pas l'insistance, triomphe de la résistance.

Soyez à l'écoute des autres. Au lieu de vendre le rêve de votre compagnie, découvrez leurs rêves et montrez-leur ensuite comment votre compagnie peut constituer un moyen pour les réaliser. La réussite en marketing de réseau exige que vous cessiez de vendre vos rêves et de découvrir les rêves des autres. De quelle façon? En posant des questions et en écoutant.

Pour améliorer votre attitude à créer une équipe gagnante, tenez compte qu'il existe trois genres de personnes: le sage, le négatif, le destructeur. Le sage adopte l'attitude suivante: «J'écouterai attentivement, même si je ne suis pas d'accord.

Davantage de connaissances ne peuvent me nuire. » Il croque le fruit et en rejette les pépins.

Le négatif rejette la lumière, refuse l'information rétroactive et n'accepte pas d'être enseigné. Il ne désire ni grandir ni changer, il préfère la souffrance du statu quo à celle qu'occasionne le changement. Il troque la souffrance à long terme pour le gain à court terme puisque la lumière l'irrite trop, il choisit de vivre en aveugle. Le négatif goûte rarement au fruit, peut-être en prendra-t-il une ou deux bouchées. Combien de gens ont tenté inutilement, après de nombreuses heures, de transformer le négatif en sage ? Les gens peuvent changer, et certains changent, mais vous ne pouvez tous les changer.

Le destructeur ou le méchant détruit la lumière ; il maugrée et cherche continuellement les défauts lorsqu'il vit un échec. Il s'assure que personne ne réussit. Il est négatif, brise les ententes et possède toujours une bonne excuse. Le méchant écrase le fruit afin que personne ne puisse y goûter. L'écoute vous permettra de décider d'ajouter ou non une telle personne à votre équipe. Vaut-elle la peine que vous investissiez votre temps et votre énergie si précieux ? Non, alors au suivant. Poursuit-elle des rêves ? Non, alors au suivant. Si oui, posez-lui des questions, soyez à l'écoute de ses rêves. Par la suite, accordez-lui la faveur de lui montrer comment votre entreprise peut l'aider à réaliser ses rêves. L'écoute vous rendra plus prospère, elle révélera aussi des indices qui permettront de prévoir le succès des autres.

COMMENT ÉCOUTER

Le modèle simple comporte deux étapes : questionner et écouter. Par contre, la plupart des gens utilisent une autre approche : parler et parler. Questionnez avec enthousiasme, écoutez très attentivement, mais surtout, taisez-vous, vous parlez trop. Inutile d'être Monsieur ou Madame solution, l'écoute suffit. Le modèle d'écoute en marketing de réseau, c'est : prêter attention + démontrer + clarifier + répondre = écouter. Ce type d'écoute exige d'être intensément attentif. Pour faire cadeau à l'autre de votre écoute, vous devez vous exercer à repousser les distractions et être attentif. Au cours de votre prochain entretien, faites une seule chose, soyez attentif et démontrez à votre inter- locuteur que vous lui prêtez attention.

Dans le domaine de la communication, ce sont les petites choses qui font toute la différence. Lorsqu'on dit «le silence est d'or», quel message cela véhicule-t-il? Ce que vous venez de dire est important pour votre interlocuteur, par conséquent, il doit réfléchir avant de vous répondre. Lorsque celui-ci a terminé, dites simplement: «Je vois», «Oh!», «Ah!» Ce faisant, vous donnez à l'autre la preuve que vous l'écoutez. Vous vous devez d'écouter et d'être sensible à ses sentiments. Voici quelques exemples.

- «Vous m'apparaissez vraiment troublé.»
- «Je perçois une légère hésitation.»
- «La chose vous a certainement blessé.»
- «Vous soulevez un point important.»
- «Je suis heureux de vous l'entendre dire.»

Écouter transforme le processus de communication. Clari- fier permet d'être sur la même longueur d'onde et d'instaurer le sentiment que les deux parties partagent la même compréhen- sion des choses. Les erreurs les plus sérieuses au moment du partage de l'occasion d'affaires en marketing de réseau provien- nent d'un manque d'écoute. Il faut poser des questions intelli- gentes comme le ferait un enquêteur, un médecin ou un thérapeute. Je le répète, écouter est difficile mais l'effort en vaut la chandelle, quelle que soit la situation.

Clarifiez en posant des questions ouvertes, car celles-ci sont la clé de l'écoute efficace et nous gardent de formuler des hypothèses stupides. Voici quelques exemples de questions ou de remarques.

- «Continuez.»
- «Pouvez-vous continuer?»
- «Pouvez-vous m'expliquer un peu ce qui vous inquiète?»
- «Que voulez-vous dire? J'aimerais mieux comprendre avant de répondre.»
- «Pouvez-vous m'en dire plus?»

- « Vous me semblez frustré et je ne sais pas pourquoi. Quelque chose d'autre vous agace? Vous êtes inquiet?»

Clarifier permet de mieux comprendre, de voir les choses à la manière de l'autre et d'être sensible à ses émotions. Si vous parvenez à voir le monde comme votre vis-à-vis le voit, vous serez alors en mesure de vendre votre occasion d'affaires à celui-ci.

- « Je ne veux pas vendre à mes amis. »
- « Je vois, votre commentaire est intéressant. Un de mes associés les plus prospères m'a exprimé la même chose. Pouvez-vous m'expliquer davantage?»
- « Eh bien, puisque je n'aime pas être contraint à faire des choses, je ne veux pas faire pression sur les autres. Je ne suis pas fait pour la vente. »
- « Si je vous comprends bien, vous ne désirez pas faire pression sur personne, ni sur vos amis ni sur un inconnu. »
- « Oui. »
- « Je vois. Lorsque vous pensez à un vendeur, vous associez ce terme à "forte pression" et cela ne vous ressemble pas. J'ai bien compris?»

En utilisant la technique de l'écoute en marketing de réseau, le but visé est d'amener votre interlocuteur à examiner attentivement l'occasion d'affaires afin de lui permettre de prendre une décision éclairée. Cernez le problème et formulez une idée qui permet de le résoudre. Voilà en quoi consiste l'écoute en marketing de réseau: fournir la meilleure information possible, prêter attention, démontrer qu'on l'a fait, clarifier et répondre.

La réponse vient facilement lorsque vous avez vraiment écouté. Vous pouvez proposer une solution ou fournir une réponse lorsque la solution s'y prête, fournir des ressources, être d'accord pour faire quelque chose, inviter votre vis-à-vis à une rencontre, offrir un échantillon, donner une formation, donner une cassette audio, un livre ou un article. Proposez des choix, mais relancez la balle à votre interlocuteur: « Que suggérez-vous? Que pensez-vous faire? La solution me semble être de votre ressort, toutefois je ferai l'impossible pour vous aider.» Si vingt mots suffisent, n'en utilisez pas cinquante, car mieux vaut dire peu que trop. Écoutez d'abord et vous augmenterez vos chances de voir l'autre personne vous rendre la pareille.

Demander, écouter, demander, écouter. Pourtant, la plupart des vendeurs adoptent une autre formule : parler, parler, parler. Celle-ci mène à l'échec. L'écoute nous permet de découvrir ce qui motive une personne à faire un geste ou à prendre une décision. Faites jaillir une étincelle dans les rêves de quelqu'un et il vous répondra par l'action. Soyez à l'écoute de ce qui motive les autres et donnez-leur en retour ce qui les motive. L'écoute est la technique de vente la plus efficace. Pourquoi? Parce que les gens achètent en réponse à leurs motifs et non aux vôtres. L'écoute relâche la tension qui accompagne souvent la vente.

L'imagination mène le monde. Adaptez certaines idées imaginatives au marketing de réseau. En tant qu'adulte et parent, vous devez inculquer à vos enfants le désir d'utiliser et de redécouvrir leur imagination. Le contraire du conformisme, c'est le courage. Ce que vous pouvez faire de plus difficile, c'est de changer. Si vous désirez réussir en marketing de réseau, vous devez être plus créateur, plus fonceur, plus innovateur et plus imaginatif. Réveillez ce géant magique en vous. Les êtres humains sont les seules créatures sur terre qui possèdent ces facultés de créativité, d'innovation et d'imagination. Depuis notre plus jeune âge, on nous a appris à ne pas nous en servir, il nous faut donc faire preuve de beaucoup de patience et de courage pour raviver cette imagination cachée en nous.

Les cassettes audio et les disques compacts sont d'excellents outils permettant de recréer cette faculté d'imagination que nous portons tous en nous. L'autre outil à considérer est votre réunion de marketing de réseau. Au lieu de la rencontre habituelle, pourquoi ne pas concevoir des idées nouvelles et innovatrices que vous pourriez utiliser lors de celle-ci? Plutôt que de répéter inlassablement le même plan, pourquoi ne pas innover et inspirer les gens chaque fois?

Trouvez de bons penseurs, rassemblez-vous et commencez votre exploration. N'oubliez pas que dans un tel groupe, l'impossibilité n'a pas sa place. Trouvez quatre, six ou huit personnes aptes à réfléchir et qui appartiennent au domaine du marketing de réseau. Rendez-vous chez l'un des membres une fois par mois pour explorer et imaginer comment vous pouvez vous aider les uns les autres grâce à de nouvelles idées ou comment vous pouvez régler les problèmes en affaires.

Une autre façon d'apprendre de nouvelles choses consiste à avoir de nouvelles pensées et c'est en conversant avec d'autres qu'on peut y arriver. C'est dans ces rencontres que j'ai découvert que je peux apprendre beaucoup plus en écoutant. Lorsque vous participez à une conversation, n'essayez pas de la dominer; posez des questions. Je pose toujours des questions qui tiennent compte des six mots magiques: qui, quoi, où, quand, comment et pourquoi. Faites parler votre interlocuteur et écoutez, vous ne savez jamais quand une idée ou une bonne pensée surgira. Apprenez à bien écouter.

Je vois souvent des gens qui s'efforcent de dominer la conversation, ils auraient tout intérêt à écouter attentivement. Il n'y a rien de magique dans la réussite, il s'agit simplement de faire un pas à la fois. Tout est à votre portée.

Un leader encore plus grand que moi le disait différemment: «L'homme est ce qu'il pense dans son cœur[7].» Je crois que les pensées principales que nous entretenons dans notre esprit et notre cœur se concrétisent dans la vie: le corps manifeste ce qu'entretient l'esprit. Lorsque nous nous fixons des objectifs, ils en viennent à faire partie de nos pensées dominantes et doivent ainsi se manifester dans notre vie. C'est la loi. Exercez-vous dès maintenant à être le meilleur être humain possible en entretenant dans votre esprit les meilleures pensées possible; c'est votre tâche, l'objectif de votre vie.

LA LECTURE ET LES CASSETTES AUDIO

Lisez des livres, assistez à des rencontres, écoutez des cassettes, tout cela dans le but d'améliorer la perception de vous-même. Entourez-vous de gens positifs qui vous rappellent constamment votre valeur en tant que personne. Débarrassez-vous du moindre petit résidu négatif d'estime personnelle et de tout

---

7. Bible.

bagage émotif que vous traînez. Bref, soyez fier de vous-même. Vous devez bien comprendre que vous êtes important et que vous pouvez aider les gens autour de vous à améliorer leur sort. Exercez-vous à marcher la tête haute, cela renforcera votre force intérieure. Vous remarquerez des différences immédiates dans vos rapports avec les gens, dans vos succès en tant que leader et dans votre revenu. Tous sont capables de croître, il ne faut jamais juger définitivement un client potentiel pour quelque raison que ce soit.

Au cours des vingt dernières années, j'ai œuvré dans le domaine du développement personnel et j'ai constaté que seulement 5 % des gens prennent le temps de passer en revue un programme de formation audionumérique en développement personnel. Vous conviendrez sûrement que, pour réussir dans les affaires, quel que soit le domaine, il est important d'apprendre auprès de ceux et celles qui ont déjà obtenu un succès retentissant dans le domaine en question.

Lisez et devenez riche. Vos choix et non la chance déterminent ce que vous serez ; ils améliorent votre sort ou ralentissent votre marche. Tout ce que vous faites, que ce soit petit ou grand, vous rapproche ou vous éloigne de vos buts ; voilà pourquoi tout est important. «Aujourd'hui, je commence une vie nouvelle. J'accueillerai ce jour le cœur plein d'amour. Je persévérerai jusqu'à ce que je réussisse. Je suis le plus grand miracle de la nature. Je vivrai ce jour comme si c'était mon dernier. Aujourd'hui, je serai le maître de mes émotions. Je sourirai à la vie. Aujourd'hui, je déculperai mes efforts, j'agirai immédiatement. Dorénavant, je prierai pour être guidé[8].»

À l'ère de l'information, les gens qui ne peuvent lire ou ne veulent pas lire vivront dans la pauvreté, alors que ceux qui lisent s'enrichiront. Vouloir, c'est pouvoir. Nul besoin d'efforts héroïques pour apprendre à lire, il suffit de tirer profit de votre fortune au lieu de la tenir pour acquise. La ressource la plus importante de la nouvelle économie : le savoir intellectuel. La nouvelle économie fondée sur le savoir sera difficile pour vous si

---

8.   Og Mandino, *Le Mémorandum de Dieu.*

vous ne savez pas apprendre. Lire élargira vos horizons et vous fera grandir au-delà de ce que vous auriez pu imaginer.

La puissance de la lecture est tellement grande qu'il suffit d'un seul livre, d'une seule phrase pour transformer votre vie. Et c'est pourquoi, en bibliographie, je mets à votre disposition la liste de quelques ouvrages susceptibles de changer à jamais votre vie. Quinze minutes de lecture par jour peuvent la transformer. La lecture représente le léger avantage qui permet de résoudre les puzzles de la vie. Un tiers des Américains vivent dans la pauvreté : 37 % cessent de lire aussitôt leurs études secondaires terminées. Réfléchissez quelque peu à ces données. Aux États-Unis, l'un des pays les plus riches de l'histoire, une personne sur trois vit dans la pauvreté, quelle honte nationale! De plus, au-delà du tiers des Américains refusent de tirer profit de la plus puissante technologie de l'histoire : la lecture. Un tiers de la population est pauvre et un tiers ne lit pas. Un simple hasard? Je ne crois pas.

Quarante millions d'adultes sont incapables de remplir un formulaire, alors que 50 millions sont inaptes à satisfaire aux emplois de haute technologie de demain. C'est là 90 millions de personnes sur une population totale de 250 millions d'Américains qui ne peuvent ou ne veulent pas lire, ce léger avantage qui améliorerait leur sort. Sans lecture, les gens se prédisposent à perdre la partie. Quelle honte de voir des milliers de gens lettrés rater l'occasion de s'enrichir en ne lisant pas 15 minutes par jour par manque de sagesse et de discipline! N'oubliez pas les deux éléments qui transforment nos vies : les gens que nous rencontrons et la lecture.

Je désire seulement vous encourager à profiter de ce léger avantage qui vous permettra aujourd'hui d'être meilleur qu'hier et à vous accorder la chance de gagner le match de la vie en achetant une voyelle. À l'ère de l'information, quiconque possède des livres sans les lire est semblable à celui qui, à l'ère de l'agriculture, tenait des graines dans ses mains sans jamais les semer. L'avenir appartient à ceux et à celles qui apprennent ce qu'ils doivent apprendre pour faire ce qu'ils doivent faire. La lecture offre deux autres avantages : souligner des portions de texte et prendre des notes dans les marges.

Internet n'est qu'à ses débuts. Selon un expert, il comptera plus de 10 millions de sites d'ici 2005. Nous vivons à l'ère de l'information à coup sûr ; paradoxalement, 50 % des livres vendus ne sont jamais lus. Pour s'enrichir, il faut lire puis appliquer ce que nous avons appris à notre propre vie. En fait, acheter des livres appauvrit et lire enrichit. Quinze minutes de lecture par jour équivaut à douze livres par année. Quinze minutes par jour ne représentent que 1 % d'une journée, une minime partie en retour de résultats plus qu'intéressants. Profitez du léger avantage qu'offre la lecture afin de tirer d'importants dividendes de votre vie. Lisez un des livres que vous possédez depuis un certain temps pendant quinze minutes chaque jour et, après l'avoir fermé, vous vous en trouverez un peu plus riche. La lecture fournit à l'esprit la connaissance que la pensée s'approprie par la suite.

Voici, en trois étapes, comment lire un livre :

1.   la lecture préliminaire ;
2.   la lecture active ;
3.   la prise de notes et la révision des notes.

Lisez la couverture et les pages incluant les témoignages et la présentation du livre, sans oublier la biographie de l'auteur qui permet de faire le lien entre ses compétences et le sujet traité. Prenez quelques instants pour parcourir la table des matières, car elle constitue le plan du livre et précise la méthode choisie par l'auteur pour présenter ses arguments. Bien écrire passe d'abord par une bonne architecture, non par la décoration intérieure. Il faut donc analyser l'architecture d'un livre avant d'en commencer la lecture. Parcourez la première page de chaque chapitre pour en lire le titre et le premier paragraphe, ainsi que les sous-titres.

Quiconque sait lire peut apprendre à lire en profondeur et ainsi jouir d'une vie plus remplie. La lecture préliminaire peut ajouter dix minutes à la lecture intégrale d'un livre, mais elle en vaut la peine puisque cette étape peut grandement améliorer votre compréhension. Plus la lecture est active, plus elle enrichit. Relisez vos notes et les portions de texte soulignées. Quiconque consacre temps et efforts en retire d'importants dividendes. Comme pour les actions boursières, on ne réalise que plus tard la valeur, puisque les dividendes mettent des années à rapporter gros. Voici le résultat d'un sondage effectué en 1995 par le bureau des statistiques des États-Unis et portant sur le salaire annuel moyen en fonction du diplôme obtenu :

• Études secondaires non terminées : 11 000 $;
• Diplôme d'études secondaires : 17 000 $;
• Baccalauréat : 32 000 $;
• Maîtrise : 41 000 $;
• Avocats et médecins : 66 000 $.

Le meilleur avantage dans la nouvelle économie demeure la vieille technologie : la lecture. Quiconque sait lire double sa capacité de vision. Investir dans la connaissance rapporte les meilleurs dividendes. C'est le principe 80/20 appliqué à la lecture : 20 % des travailleurs effectuent 80 % du boulot. À titre indicatif, voici comment cette règle s'applique aux Américains d'âge adulte : 20 % sont illettrés ou presque, lisent peu ou pas du tout ; 60 % lisent avec une certaine facilité, mais choisissent de ne pas lire ; 20 % sont des lecteurs habiles qui lisent fréquemment. Le premier groupe révèle la justesse du principe 80/20 appliqué à la lecture.

Quiconque est capable de lire dispose de la puissance nécessaire pour s'élever, croître sans cesse en diversifiant ses champs de connaissances et jouir d'une vie remplie, riche et intéressante.

Les prisons sont remplies d'analphabètes et de gens qui éprouvent des difficultés de lecture. Voici quelques chiffres recueillis par la Correctional Education Association (association américaine pour l'éducation en milieu carcéral). Seulement 51 % des prisonniers ont terminé leurs études secondaires comparativement à 75 % de la population extra-carcérale, alors que

70 % des prisonniers se classent parmi les les plus bas niveaux d'alphabétisation. Une étude menée dans l'État de l'Illinois a révélé que 62 % des prisonniers remis en liberté qui avaient terminé leur huitième année du secondaire ou moins étaient arrêtés de nouveau. Certains étudiants boivent à satiété à la fontaine de la connaissance alors que d'autres se contentent de quelques gorgées. Les personnes qui sont incapables de lire disposent de moins d'outils, par conséquent elles sont davantage susceptibles d'avancer dans la vie en massacrant tout sur leur passage.

À titre indicatif, le *National Centre for Family Literency* (centre national pour l'alphabétisation en milieu familial aux États-Unis) soutient que seulement 10 % des diplômés d'études secondaires lisent avec suffisamment d'habileté pour remplir une demande d'emploi. Voici des statistiques alarmantes : plus de 37 % des diplômés d'études secondaires cessent de lire une fois leurs études terminées. Que font-ils de leurs moments de loisirs ? Ils les passent devant le téléviseur. Un individu moyen dispose de 37 heures de temps libre par semaine, une hausse de sept heures en 30 ans. Comment choisit-il de les passer ? Le téléviseur à lui seul accapare 40 % du temps. Selon les données recueillies par le gouvernement des États-Unis, l'Américain moyen a passé 1 595 heures devant son téléviseur en 1997, soit 4,4 heures par jour. Voici ce que font la plupart des gens chaque jour de leur temps libre : 4,4 heures à regarder la télévision, 3 heures à écouter la radio, 45 minutes à écouter de la musique, 25 minutes à lire le journal, 17 minutes à lire des livres et 14 minutes à lire des revues. En d'autres mots, l'individu moyen consacre plus de quatre heures par jour à la télévision et réserve moins d'une heure de son temps à la lecture. Qu'arriverait-il si ces chiffres étaient inversés ? J'imagine que les gens s'enrichiraient. Le temps libre sagement utilisé doit être régi par l'engagement, l'imagination, la réflexion et la discipline. Cela ressemble étrangement à ce que nous mettons en pratique lorsque nous lisons.

Le juste milieu n'existe pas ; votre performance s'améliore ou se détériore. Alors, si vous travaillez dur, elle s'améliorera. De même, vous vous enrichirez ou vous appauvrirez, non seulement sur le plan financier mais aussi sur le plan personnel. Si vous ne profitez pas de vos moments de loisirs pour lire et pour vous enrichir, vous aurez choisi la mauvaise direction. Un monde où règne la concurrence offre deux choix : vous pouvez choisir de perdre ou de gagner, mais pour gagner, vous devrez changer. Tout le monde peut lire et s'enrichir. Les livres sont à la vie ce que le soleil est à la terre. Vous êtes aujourd'hui ce que vous serez dans cinq ans, sauf pour deux choses : les gens que vous rencontrerez et les livres que vous lirez. Passez votre temps libre pour vous améliorer en lisant les écrits des autres, et le fruit de leur dur labeur deviendra facilement vôtre.

S'enrichir, c'est accepter l'existence de problèmes et leur trouver des solutions. Cela signifie aussi devenir meilleur. La lecture a le pouvoir de transformer quiconque pratique cette activité. Lisez et vous vivrez. Pour confronter les problèmes de la vie, le sage trouve sa consolation dans la lecture. Ne vous jugez pas en fonction de vos problèmes actuels mais en fonction de ceux que vous avez réglés. La lecture peut permettre à des adultes en difficulté de changer leur vie. C'est la simulation visuelle de la pensée qui peut nous permettre de grandir dans tellement de domaines : financier, émotionnel, professionnel et, bien sûr, spirituel.

À partir du moment où la souffrance devient plus intolérable que le changement, on choisit le changement. La lecture possède le pouvoir de repousser les limites de son potentiel. L'histoire de quelqu'un d'autre nous rappellera la nôtre. C'est extraordinaire, voilà pourquoi j'adore la lecture. Elle rend facilement accessible l'information, il suffit d'un léger effort.

Le plus important est non seulement le fait que les gens lisent, mais qu'ils commencent aussi à prêter attention à ce qu'ils viennent de lire. Les bons livres sont des outils dans les mains des grands hommes qui, en retour, les utilisent pour déverser dans nos cœurs leurs pensées les plus précieuses. Certains écrits sont si puissants et si fascinants qu'ils ont influencé et transformé des peuples et des cultures, bien que la plupart des gens ne les aient jamais lus. Comment expliquer une telle vérité ? C'est un fait.

La lecture détermine ce que nous sommes et même notre façon de penser. Une goutte d'encre peut stimuler la pensée de millions de personnes. Il suffit de trois choses pour être heureux : la bonté, les livres et un ami. Plus un livre vous force à réfléchir, plus il vous est utile.

Les écrits puissants marquent au fer rouge la conscience collective d'une culture même si seulement quelques personnes prennent le temps de les lire. Vous êtes ce que vous lisez, alors choisissez avec attention vos livres. Si les livres ont le pouvoir de transformer des cultures, imaginez ce qu'un seul livre peut faire dans la vie d'une seule personne. J'affirme à qui veut l'entendre que la lecture, cette vieille technologie, représente l'avantage le plus précieux dans la nouvelle économie.

Lire et écrire représentent les deux plus importantes inventions technologiques parce qu'elles ont su donner à l'être humain la possibilité de découvrir son potentiel. Il en est de même du cerveau humain. Au départ, nous sommes tous rugueux et peu raffinés, bien que notre potentiel soit tellement grand, et la lecture représente les ciseaux qui libèrent notre potentiel en ciselant les rebords rugueux de notre être afin de révéler l'œuvre d'art qui s'y cache. La lecture nous transporte sur le plan intellectuel et les cultures qui lisent peu sont prisonnières du temps. Bien sûr, les mots constituent la drogue la plus puissante que l'homme consomme.

Une fois libéré de votre travail et de vos objectifs professionnels, donnez libre cours à vos pensées, purifiez votre esprit, laissez-le refaire le plein. Ne traînez pas constamment votre travail avec vous, car vous vous sentirez harassé et épuisé mentalement. Donc, lorsque vous ne travaillez pas, lorsque vous ne bâtissez pas votre réseau, libérez vos pensées, laissez-les aller. Ensuite, lorsque se présente votre période la plus productive, passez à l'action, foncez. Le temps est l'un de nos atouts le plus puissant lorsque nous le gérons correctement.

QU'EST-CE QUE
LE MARKETING DE RÉSEAU?

Peut-être trouvez-vous que rien ne bouge assez vite, peut-être vous sentez-vous coincé dans votre travail sous les ordres de quelqu'un d'autre et que vous vous dirigez vers un cul-de-sac. Aujourd'hui, il y a une porte de sortie, de nouveaux horizons pour les affaires si vous savez où les chercher. Le monde international du marketing de réseau sera désormais votre véhicule vers la prospérité financière. Les tendances du marché sont changeantes comme le vent, et pourtant, il existe certaines constantes, certaines choses qui ne changent pas, et celles-ci sont déjà en place pour les années 2000.

Fait : Selon des études menées par plusieurs grandes publications, près de 58 % des gens n'aiment pas leur travail.

Fait : Un article récent dans un journal populaire révélait que moins de 10 % des gens gagnent un salaire supérieur à 40 000 $, et près de la moitié jugent leur salaire insuffisant pour répondre à leurs besoins.

Fait : De récentes études gouvernementales ont révélé que chez les gens de 65 ans et plus, seulement une personne sur 20 est à l'abri des soucis financiers.

Fait : Toute personne à l'emploi d'une autre ne gagne jamais plus de 25 % de sa compétence.

Fait : Selon des études récentes, l'adolescent moyen en Amérique dispose de plus de ressources financières que le retraité moyen.

Ce sont des faits. Notre intention n'est pas de vous effrayer, mais de vous renseigner. Nous avons d'autres informations plus encourageantes; celles-ci touchent l'industrie des années 2000, qui totalisera à l'échelle internationale plus de 100 milliards de dollars en revenus bruts pour l'année 2005 et 1 000 milliards en 2010. Une industrie qui, pour plusieurs, est devenue la seule voie vers une plus grande liberté de choix et la prospérité financière. Les principes sous-jacents au succès du marketing de réseau sont maintenant enseignés dans les universités dans le monde entier, et pourtant, moins de 2 % de la population choisit cette voie. Nous parlons du marketing de réseau, une profession présentée récemment dans les publications sérieuses comme l'outil le plus puissant pour prendre contact avec les consommateurs des années 2010. Il y a de bonnes chances que cette forme de vente vous ait touché d'une façon ou d'une autre. Des études récentes montrent que trois personnes sur quatre achètent des biens ou des services d'un ami, alors qu'une personne sur quatre vend des biens ou des services à des amis. Mais vendre quoi et acheter quoi? Qu'est-ce que le marketing de réseau et comment expliquer l'impact qu'il aura dans le monde des affaires et sur votre avenir? En fait, peu d'entre nous sont familiers avec le marketing de réseau, il est peut-être temps de l'examiner de plus près.

Si vous continuez à faire tout ce que vous avez toujours fait, vous continuerez à obtenir tout ce que vous avez toujours obtenu. Le succès consiste à devenir un expert de votre gamme de produits ou du plan de votre réseau. Pour réussir vraiment dans ce domaine ou un autre, vous devez connaître les procédures à acquérir et les principes à mettre en pratique. C'est particulièrement le cas dans la profession de marketing de réseau.

Essentiellement, le marketing de réseau prend son origine chez des entrepreneurs tels que le milliardaire Jean Paul Getty[9] qui a dit: « Je préférais gagner ma fortune grâce à 1 % des efforts de 100 personnes plutôt qu'à 100 % de mes propres efforts. » Un commerce qui a fait ses preuves? Absolument. Une nouvelle

---

9.   Un des hommes les plus riches du monde qui œuvre dans le domaine du pétrole.

tendance dans les affaires ? Sans aucun doute. Pourquoi ? Parce que, pour la première fois dans l'histoire du marché, vous gagnez votre fortune grâce au succès des autres et non pas en leur faisant compétition.

Dans son best-seller, *Les dix commandements de l'avenir*, John Nesbit consacre tout un chapitre au travail de réseau qu'il décrit comme étant celui dans lequel «vous connaîtrez le succès en aidant les autres à réussir, non pas en les écrasant». La célèbre auteure Marilyn Ferguson a prédit le succès illimité du marketing de réseau parce qu'il est basé sur la confiance, la communication et notre contribution au succès des autres. C'est exactement le contraire de la bureaucratie gouvernementale ou d'une société. Si vous êtes à l'emploi d'une société, vos chances de réussite sont limitées. Plus vous approchez du sommet, plus la compétition devient intense devant comme derrière vous. C'est à savoir qui mangera qui en premier. Il y a très peu de place au sommet. Vous êtes invisible dans le troupeau, au service de quelqu'un d'autre.

Paul Zane Pilzer, économiste émérite, auteur à succès et conseiller économique auprès de deux administrations présidentielles américaines, affirme que, à l'heure actuelle, le marketing de réseau est la seule force à l'horizon ayant le potentiel d'entraîner d'importants changements financiers.

Par ailleurs, le docteur Steve Covey, auteur des *Sept habitudes des gens qui réalisent tout ce qu'ils entreprennent* et conférencier bien reconnu, déclarait dans une entrevue accordée au magazine *Network Marketing Life Styles* qu'il estime que le marketing de réseau a atteint sa maturité et qu'il est un moyen viable d'accéder à l'entreprenariat et à l'indépendance financière pour des millions de gens. Toutes les preuves sont là. L'aspect le plus intéressant du marketing de réseau, c'est que votre âge, votre sexe, votre expérience de travail, votre situation financière et même votre formation scolaire n'ont pas d'importance. Ce qui est important par contre, c'est que vous soyez prêt au changement et capable d'apprendre. Tout le monde peut démarrer son entreprise avec très peu d'argent et être quand même en mesure de créer une richesse formidable. Il suffit d'être prêt à suivre un système de duplication qui a fait ses preuves.

Vous souhaitez obtenir des résultats extraordinaires? Rappelez-vous que c'est la somme des efforts consacrés à votre entreprise qui déterminera vos résultats. Quels que soient vos objectifs de gains financiers, votre entreprise doit partir du bon pied. Alors, soyez passionné. Nous travaillons dans une industrie idéale, une entreprise fondée sur la science la plus dynamique qui soit. Le moment ne pourrait être mieux choisi, alors commençons dès maintenant.

Puisque les affaires traditionnelles offrent désormais très peu de sécurité, le marketing de réseau semble constituer le dernier bastion de la libre entreprise. Tous peuvent y investir une somme minimale, et à force de détermination, se hisser à un niveau vertigineux de rémunération et de liberté personnelle.

Le marketing de réseau est plus évolué; il représente un nouveau concept pour une époque nouvelle. Pour vous en donner un meilleur aperçu, comparons-le au marketing traditionnel. Le marketing traditionnel ou marketing au détail comprend une série d'intermédiaires: le grossiste, les travailleurs, les distributeurs, le détaillant, qui doivent tous prendre leurs profits avant que le produit arrive jusqu'au consommateur.

Dans le marketing de réseau, vous êtes l'intermédiaire car vous êtes à la fois le distributeur et le consommateur. Ici, il n'y a pas de patron, de pointage, d'horaire surchargé, de supérieur hiérarchique. Vous êtes votre propre patron. Votre temps vous appartient, tout comme votre réussite et votre revenu dépendent de vos efforts.

Votre succès est directement proportionnel à celui des personnes de votre réseau. Lorsque vous aidez vos filleuls, qui font de même à leur tour, votre réseau se multiplie souvent au-delà de vos plus grands espoirs. Vous n'avez qu'à partager cette occasion d'affaires avec vos amis et les inviter à se joindre à vous. Chaque fois qu'ils seront récompensés de leurs efforts, vous le serez aussi. Et lorsque vos amis accueilleront leurs amis dans votre entreprise, votre réseau se multipliera et deviendra plus grand que la somme de ses éléments. Et vous réussirez seulement si vous aidez vos filleuls à réussir tout comme votre parrain ne réussira que s'il vous aide. Voilà un nouveau concept en affaires où tout le monde est gagnant.

LE FRANCHISAGE

Le marketing de réseau n'est pas une nouveauté, il a fait ses preuves. En fait, des compagnies très puissantes cotées à la Bourse de New York et mentionnées dans *Fortune 500*[10] ont des filiales de marketing de réseau. Dans le passé, parce qu'elles ont su prévoir les tendances du marché, ces filiales ont connu des succès phénoménaux. Prenons l'exemple du franchisage. Il y a 25 ans, il était inconnu, et en 1990, il est devenu une industrie internationale. Le franchisage peut coûter très cher, il faut parfois un million de dollars pour se lancer en affaires.

Les franchises représentent un chiffre d'affaires annuel de quelque 700 000 milliards de dollars. N'est-ce pas là une preuve du formidable potentiel d'un système à succès susceptible d'être reproduit ? Par contre, les plus modestes peuvent nécessiter 10 000 $, et ce, sans aucune garantie de succès. Au cours des 50 dernières années, les sociétés de vente directe ont elles aussi fait preuve d'une remarquable croissance avec des revenus à l'échelle internationale se chiffrant dans les dizaines de milliards de dollars.

Voici quelques différences entre le franchisage et le marketing de réseau qui portent à réflexion :

- Les frais de démarrage d'une franchise sont en moyenne de 85 000 $. Pour un réseau, c'est en général moins de 200 $;
- Il y a échange de temps contre de l'argent pour la franchise tandis que les revenus croissent exponentiellement pour un réseau ;
- Vous versez de 3 % à 10 % de vos recettes mensuelles si vous êtes un franchisé. En marketing de réseau, la compagnie vous verse jusqu'à 73 % de revenus, incluant des

---

10. Revue consacrée aux 500 compagnies qui réussissent.

redevances de 5 % sur trois niveaux et des primes de 2 % à 6 % dans différentes compagnies de marketing de réseau;

- Dans le franchisage, il y a recrutement et congédiement d'employés. Dans le réseau, il n'y a aucun employé;

- Les frais d'exploitation augmentent pour le franchisé alors qu'un bureau à domicile pour le réseau amène des frais minimes;

- Les heures d'ouverture déterminent vos heures de travail lorsque vous êtes franchisé. Pour le réseau, vous décidez de vos heures de travail;

- Le territoire est restreint dans le franchisage, contrairement au réseau qui exploite un territoire national et international;

- Dans le franchisage, vous réalisez le rêve de quelqu'un d'autre alors que dans le marketing de réseau, vous réalisez vos propres rêves.

Le marketing de réseau est la plus belle occasion d'affaires du monde; c'est le concept derrière chaque produit, chaque idée, chaque invention. Le travail en réseau est aussi vieux que le monde, puisque c'est notre état naturel. Vous travaillez dans l'industrie idéale, au sein de l'entreprise idéale, au moment idéal, et vous êtes la personne idéale. Alors comment aller dans le monde et partager ce que nous avons? C'est ce que vous apprendrez dans cet ouvrage.

L'ouverture d'esprit est une qualité nécessaire à quiconque veut débuter en marketing de réseau parce qu'il est une industrie pionnière. Ainsi, être pionnier avant-gardiste demande une capacité à accepter rapidement les nouveautés et à surmonter les réticences liées à tout changement.

Le travail que propose le marketing de réseau est une opportunité saine parce que chacun doit fournir le même effort de construction de réseau avant d'arriver dans la phase de croissance. L'opportunité est intacte quel que soit le moment où l'on commence à développer son réseau. Tout au long du chemin, chaque distributeur devra acquérir des connaissances sur le fonctionnement du marketing de réseau, la façon d'aborder ses clients, la manière de présenter ce concept et l'art de parler en public.

Voici les qualités nécessaires pour devenir distributeur : autonomie, responsabilité et liberté. Nous sommes libres de choisir ce que nous ferons, comme nous sommes les seuls à dicter notre conduite et à en récolter les effets.

Le but premier du marketing de réseau a toujours été de distribuer des produits de qualité grâce au bouche à oreille et de rétribuer les distributeurs selon leur juste valeur et en leur permettant de mener une vie de qualité. Nous pouvons faire régner la vertu dans notre industrie :

1. en nous joignant aux seules compagnies prêtes à se débarrasser de quiconque enfreint leurs règles ;
2. en invitant seulement des gens honnêtes à se joindre à notre organisation ;
3. en formant nos propres distributeurs à respecter l'intégrité qui doit prévaloir dans notre industrie.

LE TRAVAIL AUTONOME

Premièrement, soyez intègre et choisissez une compagnie qui doit correspondre le plus possible à vos critères et à vos valeurs. Une compagnie exemplaire en tout point, au potentiel de profit, avec une harmonie entre les distributeurs, une direction intègre, une impartialité entre tous, une politique modèle, un plan de rémunération équitable, des produits de qualité, en demande et abordables, un potentiel de longévité, des possibilités d'expansion internationale et un taux d'abandon raisonnable. Nous pouvons faire régner l'intégrité dans notre industrie en ne nous joignant qu'aux compagnies soucieuses d'adopter des politiques qui bannissent toute forme de favoritisme et de cupidité, ainsi qu'en sélectionnant et en formant soigneusement nos associés. Le marketing de réseau constitue un des meilleurs arguments en faveur de l'optimisme de toute l'histoire de la libre entreprise.

Deuxièmement, vos revenus devront être illimités. Vous pouvez vous créer une augmentation quotidienne, puisqu'il est possible de recruter un nombre illimité de gens qui peuvent aussi faire de même. Nous récoltons en fin de compte le fruit des efforts de centaines d'individus. C'est pourquoi il est possible, dans une entreprise de marketing de réseau, de gagner 10 000 $, 20 000 $, 50 000 $ et plus chaque mois.

Troisièmement, le plus exaltant en marketing de réseau est l'acquisition d'une complète liberté de temps et, plus merveilleux encore, cette liberté est directement proportionnelle à la richesse et à la prospérité. À 25 ans, la plupart des gens ont une bonne idée du métier qu'ils exerceront. Cependant, 40 ans plus tard, sur 100 personnes, 5 travaillent toujours, 36 sont décédées, 54 sont complètement fauchées ou gagnent beaucoup moins que lorsqu'elles travaillaient, 4 sont relativement à l'aise et une seule est riche.

Travaillez avec zèle pour une compagnie de marketing de réseau pendant quatre ans, bâtissez-vous un revenu qui se fonde sur un volume réel de produits et de services et votre avenir sera assuré. Encore mieux, l'avenir de vos héritiers le sera également puisqu'il est possible de léguer intégralement son entreprise de marketing de réseau à qui que ce soit.

Tous ceux qui réussiront dans cette industrie connaîtront le plaisir de voyager et de découvrir d'autres cultures. Préparez-vous à voir le monde et à entretenir des amitiés internationales. Il y a beaucoup de raisons d'être optimiste en marketing de réseau. Vous joindre à ce genre de compagnie fera de vous l'une des personnes les plus heureuses sur terre.

Le patron, c'est vous! En premier lieu, le seul patron à qui l'on devrait rendre des comptes c'est à soi-même. En second lieu, il est essentiel de s'entourer de personnes dignes de confiance en leur accordant la liberté d'action et en leur prodiguant l'encouragement dont elles ont besoin pour accomplir ce qu'elles font le mieux. Vous êtes libre dès l'instant où vous solutionnez vos problèmes vous-même.

Nombreux sont ceux et celles qui placent leur confiance dans un emploi, système aussi dangereux que le communisme. Sous un régime communiste, les dirigeants confisquent votre liberté et vous forcent à dépendre d'eux pour vos besoins essentiels. Avec un emploi, vous renoncez volontairement à votre liberté en échange d'un chèque de paie hebdomadaire. J'ai écrit ce livre pour vous éviter de tomber dans le piège attrayant de la dépendance, pour vous avertir que le prix à payer est très élevé pour ceux et celles qui dépendent du gouvernement ou d'un autre employeur, et pour vous guider une fois pour toutes sur le chemin de la libre entreprise, celui qui vous mènera à l'indépendance.

La sécurité d'emploi n'est qu'un mythe. Les emplois sont de moins en moins sûrs. Voici l'histoire d'un homme très prudent qui jamais ne riait, ne jouait, ne risquait, n'essayait, ne chantait ni ne priait. Or, à son décès, l'assurance refusa de payer puisqu'il n'avait jamais vécu. Mon désir le plus sincère est que vous soyez encouragé à choisir l'indépendance, à devenir votre propre patron, à remplacer la procrastination par l'action et, par-dessus tout, à choisir de vivre votre vie selon un objectif précis, avec passion, et non en vous laissant envahir par une prudence maladive.

Les statistiques montrent que le pourcentage de la population active dépendante d'un employeur avait augmenté au début des années 1900, avait atteint son apogée dans les années 1970 et avait décliné depuis lors. En fait, le marché de l'emploi a atteint son point de saturation il y a 20 ans. Il y a présentement de plus en plus d'indépendants et de personnes qui créent leur propre entreprise ; cette forme de travail est appelée, d'après les futurologues, à occuper demain la première place. Actuellement, plus de la moitié de la population vit en dehors de l'emploi, et ce nombre va encore augmenter dans un proche avenir.

Penser autrement et changer votre vie. Penser, c'est agir. Aujourd'hui, cependant, il faut secouer le bon sens conventionnel et penser différemment. La moitié des travailleurs conventionnels qui occupent un emploi conventionnel gagnent moins de 25 000 $ par année et paient des mensualités sur une dette de 2 000 $ et plus portée à leur carte de crédit. Qui voudrait de pareils résultats conventionnels ? Les libres penseurs s'imposent de varier leurs points de vue et cherchent des raccourcis, des solutions originales. Ils essaient de trouver des moyens nouveaux, des solutions meilleures et insolites pour résoudre des difficultés. Autrement dit, ils se forcent à penser différemment.

La seule façon d'atteindre l'indépendance est de troquer vos rêves contre l'action résolue. De toute évidence, la vie sans risque n'existe pas; aimer, c'est risquer d'avoir le cœur brisé; se marier, c'est risquer de connaître le divorce; respirer, c'est risquer d'être victime de la pollution atmosphérique; se fier à un emploi, c'est risquer un congédiement. Nous vivons dans un monde bien réel et nous devons lui faire face.

Ne vaut-il pas mieux participer à la course qu'être un simple spectateur? Les gens qui cherchent à s'épanouir sont les plus susceptibles de se réaliser; les gens heureux et accomplis ne cherchent pas à justifier pourquoi il leur manque ceci ou cela.

Le meilleur moment d'agir est lorsque vous possédez peu. Walt Disney et Henry Ford ont goûté à la faillite avant de connaître la gloire. Échouer n'a rien de honteux, mais refaire la même erreur ou abandonner à cause d'une ou deux difficultés, oui. Demeurez ouvert aux changements en tout temps et abandonnez votre zone de confort car, en y demeurant, vous ne progresserez jamais. N'ayez pas peur des nouvelles aventures; vous y rencontrerez peut-être le succès, peut-être l'échec, mais vous ne le saurez jamais avant d'avoir essayé. Nous vivons à une époque où apprendre à aimer le changement est vraiment le seul moyen de survivre.

Au plus profond de chacun de nous se cache le rêve d'être un jour son propre patron. Le journal *USA Today* a publié récemment les résultats d'un sondage effectué auprès des Américains. Parmi les personnes dont l'âge variait entre 25 et 44 ans, 96 % indiquaient un fort intérêt à posséder sa propre entreprise. Selon moi, ce résultat démontre clairement que la plupart des gens croient qu'il existe une solution de rechange intelligente à un emploi, et c'est ce que nous pouvons observer aujourd'hui.

Nous vivons à l'ère de la quatrième vague, celle des entrepreneurs. Je crois que non seulement cette tendance se maintiendra, mais qu'elle connaîtra aussi, au cours de le prochaine décennie, une formidable explosion. Les mises à pied massives ont servi à véhiculer le message que l'«emploi à vie» est chose du passé.

Selon une autre étude, trois millionnaires sur quatre ont amassé leur fortune en exploitant leurs propres entreprises. Laissons le cinéaste Steven Spielberg nous expliquer lui-même quel motif l'a poussé à fonder, avec deux riches et talentueux amis du milieu cinématographique, son propre studio : «J'étais attiré par l'idée de construire quelque chose de tout neuf, dont je serais le copropriétaire, sans loyer ni option d'achat, quelque chose de bien à moi.» Remarquez les expressions clés «construire» et «bien à moi»; il désirait créer et posséder.

Le marketing de réseau trouve de nombreux et nouveaux adeptes chaque année. C'est là un marché de taille et un potentiel énorme qui ne demandent qu'à être exploités. Quels sont les avantages offerts par votre compagnie? Des avantages fiscaux, des automobiles, des voyages, des assurances, des bijoux, de la reconnaissance ou autre chose.

Cherchez et vous trouverez. Les statistiques révèlent que 60 % des Américains disposent de bien peu de réserves et que trois mois suffiraient pour qu'ils se retrouvent totalement fauchés. Mais comment en sont-ils arrivés là? En empruntant la route de l'emploi, n'est-ce pas? Il est évident que si l'emploi ne vous mène pas aux buts que vous vous êtes fixés, vous devez emprunter un autre chemin. Si vous continuez de faire ce que vous avez toujours fait, vous continuerez d'avoir ce que vous avez toujours eu. Je crois sincèrement qu'un capitaliste à part entière est celui qui possède sa propre entreprise parce qu'il sait tirer avantage des promesses associées à la libre entreprise. Les affaires sont le moteur de la société et, sans elles, nous n'aurions ni emplois, ni produits, ni compétition, ni occasions d'avancement. La libre entreprise est la mégatendance qui façonne maintenant notre monde, voilà pourquoi j'appelle la libre entreprise la solution intelligente. Elle s'impose comme la seule vraie solution.

Les gens désirent être libres de leurs actions, prendre leurs propres décisions et, surtout, ne rendre des comptes qu'à eux-mêmes. «Liberté» est le seul mot correspondant parfaitement à l'entreprenariat. Être libre de se démarquer, d'être soi-même, de faire d'une idée ou d'un concept une entreprise et, pourquoi pas, un empire. Si l'on donne à un homme un poisson, on contribue à sa subsistance pour une journée ; par contre, si on lui apprend à pêcher, on lui assure une subsistance pour le reste de ses jours.

Comment devenir riche. Un sondage effectué auprès de 165 millionnaires nous permet de percer davantage le secret des gens les plus riches. Seulement 10 % d'entre eux ont pu disposer d'un héritage et près de 75 % le sont devenus en possédant leur propre entreprise. En général, les gens riches épargnent et investissent plus de 25 % de leurs gains.

Posséder votre propre entreprise offre la meilleure occasion de devenir riche. La libre entreprise offre des occasions d'affaires plus nombreuses que jamais. Plus de 50 % de la population possédera sa propre entreprise au XXIe siècle. Le nombre de femmes propriétaires d'entreprises a atteint 6,5 millions et, dans quelques années, la moitié des entreprises leur appartiendront. Travaillez plus intelligemment et non plus ardemment.

Contrairement à l'entreprise conventionnelle, le marketing de réseau tire pleinement profit d'un concept à la fois simple, dynamique et enseigné à l'école primaire : la multiplication. Comment ce concept peut-il contribuer à une croissance exponentielle, la puissance de la multiplication ? Par exemple, après un certain temps, votre nombre d'associés s'élève à 100, vous pourriez alors tirer profit de 1 000 heures d'efforts chaque semaine.

Le marketing de réseau est un système de mise en marché légal et très efficace, un système de distribution professionnel éprouvé qui constitue présentement l'industrie la plus avant-gardiste en Amérique du Nord. C'est un exemple viable de la libre entreprise au sens pur parce qu'elle donne la chance et la liberté à tout le monde de diriger sa propre vie et d'actualiser son potentiel. L'avenir est rayonnant pour notre industrie. L'influence de cadres moyens supérieurs et l'implication de quelques géants de l'organisme *Fortune 500* ont teinté notre industrie de professionnalisme et lui a apporté l'attention qu'elle mérite. Investissez dans l'avenir du marketing de réseau tout en assurant le vôtre. Faites confiance au principe du palier multiple, assurez-vous de l'appliquer avec honnêteté et n'acceptez rien de moins que l'excellence.

Le but de ce commerce est de garder votre emploi tout en construisant un réseau. Au début, il est une source additionnelle de revenus avec la possibilité de devenir une source illimitée. Après un certain temps, quand un distributeur aura atteint un revenu de réseau équivalent ou supérieur à son chèque de paie, il pourra en faire une activité à temps plein.

Comment peut-on gagner 75 000 $ par an en ne travaillant que trois à quatre heures par semaine? Plusieurs distributeurs de réseau gagnent en effet plus de 75 000 $ par mois ou par semaine, mais ce n'est pas en travaillant trois heures par semaine qu'ils en sont arrivés là. Le marketing de réseau est un vrai commerce et vous devrez travailler fort pour le faire pro-gresser et vous donner les résultats escomptés, ce qui est impensable au début. Un distributeur qui investit peu de temps dans son affaire récolte peu également. Vous devez établir des priorités et vous y tenir; c'est le secret de la réussite dans n'im-porte quel secteur d'activité. Pour parvenir au succès, il faut de l'enthousiasme, de l'énergie et de l'ambition. Le marketing de réseau ne limite pas les formes de distribution. Voici d'ailleurs les meilleures méthodes.

Le secret du succès des sociétés de marketing de réseau réside, dans un premier temps, dans un bon produit ou une bonne gamme de produits qui trouve des acheteurs. Dans un second temps, un bon mécanisme de développement est néces-saire au réseau pour aider les distributeurs à atteindre ce succès tant recherché. Un bon système de primes, un bon système de travail, de l'aide, de la formation et des garanties vous aideront à trouver des clients satisfaits qui renouvelleront leurs produits.

Puisque le marketing de réseau est un si bon commerce, pourquoi tout le monde ne veut-il pas devenir distributeur? Les médecins, les avocats, les ingénieurs gagnent aussi de très bons salaires, surtout en Amérique du Nord, c'est bien connu. Alors, pourquoi les gens ne choisissent-ils pas ces professions? Par contre, tout le monde peut entrer dans le marketing de réseau; il ne s'agit pas d'une entreprise qui vise l'élite. Nous serons bientôt témoins de l'explosion du marketing de réseau de la même façon que nous avons vu fleurir le franchisage tellement ridiculisé auparavant. Préférez-vous avoir raison aujourd'hui ou être riche demain?

Le but de votre vie est d'avoir un million d'amis. Je crois fermement que le marketing de réseau est un système unique et extraordinaire qui ouvrira de nouvelles possibilités dans tous les domaines de votre vie comme il l'a déjà fait pour des milliers d'autres personnes. Une fois que vous aurez saisi le potentiel illimité du marketing de réseau, vous réaliserez enfin vos aspirations et vos désirs les plus profonds que vous n'imaginiez même pas possibles auparavant. Le marketing de réseau guide les gens vers leur destinée, accélère le processus d'apprentissage, favorise la croissance personnelle, permet d'être plus productif en plus d'apporter une plus grande contribution à soi-même et au monde. Le marketing de réseau vous donne la chance de décupler votre créativité et d'avoir ainsi un impact appréciable et bénéfique sur la vie de centaines, de milliers, voire de millions de personnes en vertu du pouvoir inhérent de sa nature.

À ma connaissance, aucun autre système d'entraide, que ce soit en affaires, dans les sports ou ailleurs, ne met si complètement en valeur le libre arbitre et le sens des responsabilités de l'individu. Dès le premier jour au sein du marketing de réseau, vous êtes libre, vous choisissez avec qui vous voulez travailler, pour quelle compagnie, avec quels produits ou services et la façon dont vous voulez travailler. Vous choisissez vos jours et vos heures de travail ainsi que votre lieu de travail (maison, bureau ou route). Vous établissez comment vous voulez travailler, en face-à-face, par téléphone, par courrier, en petits groupes ou en grands rassemblements. Bref, vous choisissez tous les aspects de votre entreprise. Vous choisissez parce que c'est votre entreprise.

De plus, votre entreprise de marketing de réseau n'est pas alourdie par les tâches administratives et les obligations financières auxquelles font face la plupart des entreprises traditionnelles. C'est la compagnie avec laquelle vous travaillez en tant qu'entrepreneur indépendant qui s'occupe du capital, de l'administration, de la comptabilité, du traitement des données, du développement des produits, des achats, de la production, de l'emballage, de la mise en marché, des primes de rendement, de la production d'accessoires à la vente, de l'entreposage, de l'expédition, etc. C'est à la compagnie qu'incombent ces responsabilités, pas à vous.

En quoi consiste votre travail? Bonne question. Le voici.

1. Utiliser et aimer les produits. Il n'y a pas d'autres moyens, et c'est très bien ainsi. Le marketing de réseau offre des produits et services des plus extraordinaires. Cette industrie abonde en produits uniques, de fine pointe et qui procurent des résultats spectaculaires chez les acheteurs. Des produits qui aident à maigrir et à maintenir un poids idéal chez les gens qui ont déjà essayé toutes sortes de diètes sans succès. Des produits nutritionnels et de santé qui allègent les symptômes de certaines maladies et qui augmentent l'énergie en procurant une plus grande clarté d'esprit.

2. Partager et recommander les produits. Quand on voit un bon film, quand on découvre un bon restaurant, on en parle d'emblée à ses amis. Les professionnels du marketing de réseau savent que trois choses leur garantiront un succès durable. D'abord, ils doivent vous convaincre d'essayer leurs produits puis, ils doivent vous convaincre de les utiliser régulièrement; enfin et surtout – le rêve de tous les professionnels du marketing –, c'est que vous aimiez leurs produits à un point tel que vous les recommandiez à d'autres. Les compagnies de marketing de réseau vous récompensent directement pour vos recommandations auprès des autres; c'est exactement la raison pour laquelle vous êtes payé. Pensez à cet argent comme à une façon qu'a la compagnie de vous dire merci. Plus vous vous faites d'amis, plus votre potentiel, votre contribution et votre récompense sont grands.

3. Encouragez les gens à se joindre à votre équipe et parrainez-les. Dans le marketing de réseau, on ne force pas la main et on ne vend pas sous pression. On offre plutôt une occasion d'affaires et on laisse le choix aux gens. Il ne s'agit pas de

persuader ou de convaincre, mais de découvrir qui peut être intéressé. Voilà tout. Vous parrainez le nombre de personnes que vous voulez : peu ou plusieurs. Ce faisant, vous êtes responsable d'enseigner votre méthode et vos actions, c'est-à-dire que vous enseignez à utiliser et à aimer les produits, à en parler à d'autres et à parrainer d'autres personnes dans l'organisation.

Dans le marketing de réseau comme dans la vie, on récolte ce que l'on a semé ; on crée soi-même son succès ou son échec. Lorsque vous aurez compris les raisons de joindre un marketing de réseau, vous en maîtriserez 90 %. Vous apprendrez rapidement qu'il est essentiel pour vous et pour vos distributeurs de découvrir ces raisons ; c'est exactement ce que je vous enseignerai. Je sais que lorsque mes étudiants me surpassent, j'ai bien fait mon travail. C'est d'ailleurs le but de cet ouvrage. Pour moi, un but est une promesse que je me fais à moi-même et je n'y déroge jamais.

Préférez-vous réaliser vos rêves ou ceux du patron ? Faites votre autoévaluation. Êtes-vous vraiment libre ? libre de la tyrannie d'un patron ? libre des intrigues de bureau ? libre des décisions de salles de conseil sur lesquelles vous n'avez aucune influence ? libre des longues heures de travail ? libre du manque d'argent ? Posez-vous les questions suivantes : Suis-je vraiment libre de réaliser mes rêves de jeunesse ? d'être maître de mon destin ? de mener mes affaires à ma guise ? de diriger ma propre barque ? Nous voyons ce que nous voulons voir et nous croyons ce que nous voulons croire. Ne vous laissez pas aveugler.

La réalité, c'est que la seule garantie qu'il vous soit donné de trouver réside en vous ; vous seul savez aussi où vous voulez vous retrouver dans 10 ans, que dépendre d'un emploi contribue l'ultime risque, que l'emploi à vie est mort et enterré, que le filet de sécurité à vie offert par l'État est tellement rempli de trous et usé qu'il se désintégrera lorsque les *baby-boomers* y tomberont. La réalité, c'est que le seul moyen de devenir indépendant dans un monde où l'emploi n'est plus que survie est de courir un risque réfléchi et de fonder votre propre entreprise.

Les occasions merveilleuses et magnifiques fourmillent ; ouvrez les yeux, elles sont plus nombreuses que les emplois. On n'a pas inventé tous les produits, on n'a pas satisfait tous les besoins, on n'a pas offert tous les services, on n'a pas distribué tous les produits. Qu'attendez-vous ? Quelqu'un d'autre répondra aux besoins. Pourquoi pas vous ? Pourquoi pas tout de suite ? Permettez-moi d'affirmer que les occasions ne passent jamais outre, quelqu'un d'autre les saisira. Au lieu de donner des raisons pour lesquelles vous ne pouvez fonder votre propre entreprise, cherchez des raisons pour lesquelles vous le pouvez.

Alors, quelle est la prochaine étape ? Elle saute aux yeux. Si vous êtes un employé insatisfait, c'est maintenant, aujourd'hui, immédiatement que vous devez trouver un domaine qui vous plaît et qui vous assurera un revenu. Ouvrez vos yeux et votre esprit, les occasions se trouvent à portée de la main ; ouvrez votre cœur à la liberté qu'offre la libre entreprise. Allez-y, je vous mets au défi de le faire. Plongez, nagez vers l'autre rive et ne regardez plus jamais derrière vous.

LES ORIGINES ET L'ÉVOLUTION

Les origines du marketing de réseau remontent aux années 1940. Les ventes annuelles des compagnies qui en font partie dépassent les 100 milliards de dollars dans le monde. Approximativement huit millions de personnes participent à cette industrie. Il faut aussi garder en tête qu'il s'agit d'une industrie encore jeune, assurée d'une brillante croissance. De nombreuses études prédisaient qu'après le tournant du siècle, un tiers des produits et services des nations occidentales seraient offerts par le biais de réseaux de marketing. Ces statistiques pourraient s'élever jusqu'à 50 % dans les pays en voie de développement d'ici l'an 2010. En 1996, cet indice a révélé, pour cette industrie, une croissance supérieure à 63 % alors que l'indice Dow Jones était à 33 % et que l'indice Thunder Import 500 ne dépassait pas 34 %.

Cette croissance extraordinaire de l'industrie du marketing de réseau, presque le double de celle des sociétés de commerce traditionnel, a suscité beaucoup d'enthousiasme chez les investisseurs. Le citoyen moyen désirant se lancer dans le marketing de réseau a besoin d'aussi peu que 200 $ ou 300 $ pour démarrer. Nous savons depuis toujours que le bouche à oreille est la meilleure forme de publicité.

Le marketing de réseau a acquis durant les années 1990 la réputation d'«industrie respectable». De plus en plus de professionnels de tous les milieux découvrent ses faibles risques et son énorme potentiel : diplômés ou non, professeurs de niveau collégial, gestionnaires d'entreprises prospères, directeurs généraux, présidents, médecins, dentistes, spécialistes de la santé, comptables agréés, et bien d'autres. La crédibilité de notre industrie croît grâce à l'influence de cette nouvelle génération de distributeurs professionnels. Grâce à eux, la presse dépeint notre industrie, certaines compagnies en particulier, sous un jour favorable. On traite du marketing de réseau dans plusieurs publications importantes, comme *Wall Street Journal for Success Working at Home, Chicago Tribune, Association Price, Les Affaires,* et une foule de journaux régionaux et de magazines spécialisés.

Si vous êtes dans les affaires depuis plus longtemps que ces hommes et femmes d'affaires et que vous avez été formé correctement, vous devez absolument exercer votre autorité et former les gestionnaires d'entreprises de la même manière que vos autres recrues. On vous respectera si vous prenez le contrôle dès le départ. Le défi est de comprendre que notre travail ne consiste pas à trouver des gens et à les transformer, mais plutôt de trouver ceux qui sont déjà arrivés à la conclusion qu'ils doivent changer puis leur offrir l'information requise pour satisfaire cette recherche. Ceux qui adoptent une perspective positive et mettent en œuvre nos concepts de façon constante et responsable parviendront à bâtir des entreprises prospères et dynamiques. Il s'agit là d'une des occasions les plus gratifiantes offertes aujourd'hui.

En se limitant à leurs ventes, beaucoup de gens ont raté l'occasion de s'enrichir davantage lorsque, au début des années 1990, leur compagnie a créé une division de suppléments nutritifs. Nous estimons que, à l'époque, tout au plus 30 % de la population consommait des suppléments vitaminés. Donc, sept personnes sur dix ne pouvaient tout simplement pas être intéressés par cette division de la compagnie. Elles ne pouvaient établir de rapport personnel avec ces produits nutritifs, de telle sorte qu'elles n'étaient pas prêtes à changer leurs habitudes. Mais la compagnie distribuait déjà une gamme de produits de soins corporels. Cent pour cent de la population se lave, utilise du shampooing, se rase, s'applique une lotion et du déodorant et se brosse les dents régulièrement. Les distributeurs auront donc plus de succès s'ils offrent tous les produits durant leur exposé; ils éviteront ainsi les problèmes inutiles engendrés par une perspective limitée.

D'ici quelques années, le marketing de réseau aura transformé dynamiquement et pour le mieux des milliers de vies. Les circonstances jouent un grand rôle dans cette industrie. Il faut mettre la main sur les gens alors que le moment leur semble propice et qu'ils s'ouvrent à de nouvelles possibilités. La conjoncture actuelle est la meilleure pour se lancer en marketing de réseau. Une telle carrière peut transformer positivement la vie d'une personne. Les gestionnaires d'entreprises peuvent devenir vos meilleurs distributeurs, comme ils peuvent détruire tous vos échelons inférieurs. Nous avons été témoins des deux scénarios. Exercez votre autorité dès le début et faites-leur bien comprendre que le marketing de réseau diffère des affaires traditionnelles; cela vous évitera la ruine de votre organisation.

Les stratégies utilisées en marketing de réseau se situent souvent aux antipodes des systèmes employés en marketing conventionnel. Les anciens gestionnaires d'entreprises commettent fréquemment l'erreur de croire que les méthodes leur ayant valu du succès dans les affaires traditionnelles fonctionneront en marketing de réseau. Malheureusement, c'est rarement le cas.

Cependant, leur ego et leurs anciennes habitudes de leadership amènent les cadres à tenter instinctivement de réinventer la roue en proposant des systèmes et en élaborant des outils de vente qui s'inspirent des affaires traditionnelles, ce qui incite involontairement les autres distributeurs à s'écarter du chemin. Leur crédibilité peut mettre en déroute tant les échelons inférieurs que supérieurs. Évidemment, de nombreux distributeurs tiennent pour acquis que ces gestionnaires, jadis prospères, savent ce qu'ils font. Nous le répétons : gardez le contrôle. Prenez des décisions et restez votre propre patron. Les gestionnaires d'entreprises éprouvent des difficultés à abandonner les réunions et les notes de service ; ces habitudes sont solidement ancrées en eux. Enseignez-leur donc, d'abord et avant tout, que le marketing de réseau exige beaucoup de travail et que l'on ne réussit pas en assistant à des rencontres et en rédigeant des notes de service.

L'absence de frais généraux constitue un des principaux avantages du marketing de réseau. Nous pouvons accomplir nos tâches dans notre salon sans verser des milliers de dollars en salaires ou en location. Nous offrons à des gens ordinaires la possibilité de devenir libres et prospères à l'extérieur d'un cadre de travail traditionnel. Nous vous encourageons à ne jamais perdre de vue vos objectifs. Chacun demeure évidemment son propre patron et nous ne pouvons que respecter son choix personnel.

Vous avez bien raison de vous enthousiasmer pour cette industrie formidable, il n'y a aucune occasion d'affaires comparable sur le plan de la croissance personnelle et des avantages financiers. C'est une occasion d'affaires sans limites, il n'y a aucune frontière économique et temporelle et, mieux encore, tout le monde peut en profiter. Si un désir ardent vous anime et si vous avez la volonté de travailler dans cette entreprise, vous réussirez. Les produits sont les mêmes pour tout le monde, comme le sont aussi le programme de rémunération et l'occasion d'affaires ; la seule variable, c'est vous. Pour que votre projet se réalise, il n'en tient qu'à vous.

Le marketing de réseau est le seul domaine qui soit accessible à tous et qui offre autant d'avantages. Nous ne possédons pas tous les fonds nécessaires pour nous acheter notre propre franchise, cependant nous pouvons tous faire du marketing de réseau.

Selon un éminent psychiatre, nous avons deux besoins fondamentaux : donner et recevoir de l'amour ainsi que se sentir utile à soi-même et aux autres. Il nous est apparu impossible de trouver un autre travail qui nous permette d'exercer une telle influence sur les gens. Ne concevez pas le marketing de réseau comme une carrière, mais plutôt comme un moyen de travailler tout en accomplissant les choses qui vous importent le plus.

L'évolution concerne aussi le marketing de réseau. Ce mode de distribution du futur utilise déjà les trois mots qui reviennent le plus souvent dans les conversations: travail, rêve et réussite.

La progression du marketing de réseau est telle que tout est encore possible. Quatre-vingt pour cent des savants que l'humanité a connus sont encore vivants, et la quantité de données disponibles double tous les quatre ans. Le marketing de réseau est la circulation de l'information.

Un conseil de grand-mère: il vous est permis de faire demi-tour sur le chemin qui mène au ciel. Ce conseil plein de sagesse peut s'appliquer tant à nos finances qu'à notre salut éternel. La route vers la liberté financière autorise les demi-tours. Si vous désirez posséder plus, il vous faudra raisonner comme si vous étiez un commerçant et que tout ce qu'il vous faut, c'est une bonne compréhension du marketing de réseau. Quelqu'un a d'ailleurs déjà dit que notre esprit était semblable à un parachute et qu'il n'était efficace que s'il était ouvert. En ouvrant votre parachute, vous prendrez un virage financier déterminant, celui qu'ont tous pris les millionnaires. Peut-être n'est-ce pas l'orientation la plus courue, mais elle est celle que j'ai choisie. Qu'en est-il de vous?

Si vous voulez vraiment faire une faveur à vos amis, renseignez-les sur le marketing de réseau; si vous voulez leur faire un cadeau constamment renouvelé, expliquez-leur comment la consommation tire des fonds hors de leur compte bancaire et comment le marketing de réseau fait entrer de l'argent dans leur compte.

Que préférez-vous: vous appauvrir lentement ou vous enrichir rapidement? Ce n'est pas ce que vous payez, mais ce que vous obtenez en retour qui fait la différence. Et que pouvez-vous obtenir de mieux que la possibilité de posséder votre propre entreprise et d'en tirer un revenu supplémentaire? Lorsque nous achetons plus intelligemment, nous nous plaçons, ainsi que nos amis, dans la position de nous enrichir plus vite. Je vous le demande encore, que préférez-vous : vous appauvrir lentement ou vous enrichir rapidement ?

Une chose est sûre, que vous choisissiez ou non de faire partie de cette industrie, ce genre de commerce explosera au cours des dix prochaines années et des milliers de gens ordinaires gagneront des millions de dollars en commissions par l'achat intelligent. Grâce au marketing de réseau, frayez-vous un chemin vers l'indépendance financière. La solution pour régler les dettes et pour s'installer dans une propriété n'est pas de cesser de consommer, mais de choisir le marketing de réseau. C'est une question de bon sens.

Le renforcement du marketing de réseau s'est fait au début des années 1980 en France, en Angleterre et dans de nombreux autres pays. Les années 1990 ont quant à elles marqué l'ouverture de nouveaux marchés : l'Europe centrale, puis l'Europe de l'Est, la Chine, l'Indonésie, les Philippines, l'Inde, la Turquie, l'Amérique centrale et l'Amérique du Sud. Ces années ont également connu une croissance dynamique dans les deux pays qui ont vu naître le marketing de réseau, soit les États-Unis et le Canada. De plus, nous avons pu constater récemment son développement rapide en Allemagne et en Australie.

C'est vers 1983-1985 que le marché américain s'est intéressé plus sérieusement au marketing de réseau et a commencé à l'accepter. À cause des trop nombreuses pertes d'emploi stables dans les grandes sociétés, et du sentiment d'insécurité qui en a découlé, les Américains ont compris qu'ils devaient chercher autre chose pour maintenir leur niveau de vie. Ils avaient besoin d'innovation parce que les structures, les modèles et les méthodes du passé n'offraient plus ces possibilités. Ils n'ont pas mis longtemps à trouver les avantages offerts par le marketing de réseau. C'est la récession de la fin des années 1980 qui a frappé leur imagination. Les Canadiens avaient espéré une crise temporaire de l'économie et ils espéraient que la croissance dynamique reprendrait à la fin de l'année ou au début de l'année suivante : telles étaient les déclarations des autorités aux médias.

Ils créèrent donc de nouvelles entreprises de marketing de réseau et développèrent de vigoureux réseaux de distribution.

C'est en feuilletant des revues de commerce ou des quotidiens que l'on remarque l'implantation solide du marketing de réseau et ses implications dans notre vie. Tandis que, pendant les années 1960, le marketing de réseau ne faisait l'objet que de quelques articles, il est devenu un véritable phénomène largement ouvert au début des années 1980.

Dans la deuxième moitié des années 1980, le marketing de réseau est même devenu un sujet de conférences universitaires. Des cours spéciaux parlaient de la façon d'établir sa propre société dans le système du marketing de réseau. Dès la fin des années 1980 et au début des années 1990, la presse couvrait de plus en plus le sujet, on publiait de nombreux articles dans les revues de commerce et on imprimait de nombreux livres et manuels traitant de ce sujet.

De nos jours, on parle amplement du marketing de réseau et on le mentionne quotidiennement dans la presse. Dans la plupart des grandes villes de tous les pays se tiennent des réunions d'information. Des dispositions juridiques garantissent le développement correct de ce genre de commerce. Ces règlements protègent les entreprises de marketing de réseau de toute distorsion, de toute mutation ou de toute création de faux commerces. Des milliers d'entreprises différentes, fonctionnant selon le marketing de réseau, existent aux États-Unis, au Canada, en Amérique centrale, en Europe, en Australie et en Asie. Le marketing de réseau est une réalité, il est désormais accepté par toutes les populations; toutes personnes qui savent ouvrir leurs yeux et leurs oreilles et surmonter le mur des traditions et des habitudes le choisissent. C'est en participant de plus en plus à des groupes de discussion que les immigrants perçoivent le processus de consolidation et d'acceptation du marketing de réseau.

Le marketing de réseau est le résultat de nombreuses recherches faites dans les domaines de l'économie, de la sociologie; il ouvre la porte à une nouvelle ère. De plus, il vous permet de décider de votre horaire, de votre territoire, de vos propres activités; vous seul établissez vos limites. C'est ainsi que vous déciderez comment vous allez vivre, qui vous deviendrez et ce que vous aurez. Il n'y a pas de risque. Il est préférable d'avoir son propre commerce que de travailler pour quelqu'un d'autre.

C'est désormais une réalité et les médias s'y intéressent de plus en plus. Il est normal que les gens veuillent recevoir de l'information à jour. Est-ce que ce commerce convient à tout le monde? Du point de vue technique, oui. Tout est en place pour assurer un bon départ dans n'importe quel genre de commerce: l'idée, l'information, les connaissances. Chaque société fabrique ses produits et possède son administration et sa propre organisation. Les systèmes d'aide et de garanties sont à votre disposition. Vous n'avez pas besoin d'avoir de relations particulières pour faire ce commerce. Vous trouverez le temps nécessaire pour lui faire prendre de l'expansion en mettant à profit vos heures d'inactivité professionnelle, vous organiserez mieux votre vie, vous utiliserez mieux votre temps, vous ferez de meilleurs choix, vous vous fixerez des priorités et vous prendrez des décisions.

Le marketing de réseau n'est plus une simple théorie de même qu'il ne soulève plus de controverses. De nos jours, il se trouve là où se trouvait le franchisage il y a 20 ans. C'est un concept de franchise à la portée de tous qui croît de façon exponentielle et qui entre dans sa phase de croissance optimale. Lorsque j'ai commencé à étudier cette industrie au début des années 1990, elle générait des ventes annuelles de 20 milliards de dollars; depuis, elle a progressé à un taux de 10 % annuellement pour atteindre des ventes de 100 milliards de dollars en 1996. La bonne nouvelle est que le meilleur est à venir.

Nous prévoyons qu'en l'an 2010 nous atteindrons entre 900 milliards et un billion dans le marketing de réseau. Nous entrons aujourd'hui dans son âge d'or. Je fais cette prévision en raison des avantages exponentiels du marketing de réseau. Il est indéniable que cette industrie dépassera les ventes des franchises traditionnelles, et ce, au cours de la prochaine décennie. C'est bien plus qu'une tendance majeure, c'est un mouvement mondial. Le marketing de réseau est parfaitement positionné pour profiter de l'immense vague d'entrepreneurs à domicile qui balaie le globe.

L'industrie du marketing de réseau s'intègre parfaitement dans la société de demain. Ce métier va dans le sens des changements de ce nouveau siècle, dans le sens de l'histoire, et il est en train de connaître un développement extraordinaire dans la plupart des pays du monde. À nous de décider ou non d'en faire partie. L'avenir est entre nos mains.

La question à laquelle vous devez répondre est la suivante: Au cours de la prochaine décennie, serai-je un simple spectateur de l'explosion du marketing de réseau ou une de ces personnes qui contribuera à cette explosion et qui en profitera? Êtes-vous prêt à vous démarquer du groupe et à faire partie des 5 % des gens qui réussissent en copiant un plan établi qui engendre la vraie prospérité?

Pourquoi copier un système qui engendre un succès financier? La réponse est simple: pour la liberté. Plus de patron qui épie vos moindre gestes et plus d'emploi à mi-temps pour arrondir vos fins de mois. La liberté de planifier votre propre horaire de travail et de vacances, de rêver pour vous-même et non pour les autres. Plus de stress causé par une trop grosse charge de travail pour trop peu d'argent vous apportera également une grande liberté d'esprit. Vous vous rappelez que la vraie prospérité est d'avoir assez d'argent et assez de temps pour faire ce que vous désirez lorsque vous le désirez. La vraie prospérité redonne à la libre entreprise toutes ses lettres de noblesse. C'est exactement pour cette raison que nous devons reproduire un système qui engendre la vraie prospérité.

À vous de jouer, vous avez toutes les compétences pour réussir dans le marketing de réseau. Il est temps de quitter les rangs des 95 % des gens qui ne seront jamais prospères et de commencer à imiter le système qui vous fera connaître le succès financier. Il est temps de reproduire un système qui vous aidera à réaliser vos rêves au lieu d'un système qui les compromet. Il est important de se rappeler que l'on doit saisir les opportunités lorsqu'elles se présentent. Vous avez maintenant l'occasion de passer à l'action.

L'investissement de départ et les risques sont minimes si on les compare au commerce traditionnel. Je n'ai rien trouvé qui puisse qualifier – ou exclure – quelqu'un du marketing de réseau. Tout adulte, peu importe son âge, peut le faire. Vous y trouverez des gens en bonne santé, se déplaçant en fauteuil roulant, de grande taille ou de petite taille, maigres ou gras, chauves ou à la chevelure abondante. Ils n'ont qu'une seule et même idée : décider de leur avenir, choisir plutôt que de laisser leur patron le faire à leur place. Tous ces gens ne veulent plus être esclaves du commerce traditionnel. Ce sont des personnes qui remarquent des changements, qui connaissent leurs objectifs et qui veulent sortir de leur vie monotone. Je le répète : 100 % de ceux qui veulent réussir y parviennent réellement. Il n'y a que dans le marketing de réseau que vous trouverez cela. Les seules limites sont celles que vous vous serez fixées.

Comme dans toutes les autres structures, travail ou école, on doit suivre le système du marketing de réseau. Dans la vie, les gens ont le choix entre le chemin du succès, le chemin de l'échec et le chemin de la médiocrité. Ce dernier est non seulement le plus dangereux, mais aussi le plus facile à suivre parce qu'il ne coûte rien. Dès qu'un distributeur approuve une entente, il devient son propre patron ; il est employé et patron en même temps. Ni son parrain ni l'administration de la société ne sont ses supérieurs, ils ne peuvent lui donner d'ordre ou exiger quoi que ce soit de lui, ils ne peuvent que le conseiller et l'aider.

Le marketing de réseau donne à chacun la chance de se libérer, à condition de la saisir. Beaucoup d'immigrants ont pris au sérieux le marketing de réseau et y ont vu leur chance, et plusieurs ont d'ailleurs fait fortune au grand étonnement des gens natifs du pays. C'est aussi grâce aux immigrants que le marketing de réseau a pu atteindre le pays d'origine de ces hommes et femmes.

Le marketing de réseau mérite aujourd'hui une attention particulière, car il atteindra bientôt la troisième étape : l'explosion. Ceux qui feront du marketing de réseau dans les années 2000 auront un très grand choix dans le recrutement des distributeurs, puisqu'ils auront accès à un plus grand bassin de travailleurs. Pendant la première décennie du XXIe siècle, le marketing direct couvrira 60 % des ventes aux États-Unis. Dernièrement, les sociétés de marketing de réseau ont acquis une grande expérience un peu partout dans le monde, plusieurs systèmes de réseaux s'approchent de la perfection et de nouvelles sociétés se créent. De nombreux géants mondiaux achètent les entreprises de marketing de réseau ou créent leur propre service de ventes par réseau.

QUI PEUT LE FAIRE ?

Mais où vous situez-vous dans tout ça ? Pour atteindre la prospérité financière, vous devez d'abord faire face à certains choix. Afin que les choses changent, vous devez changer vous-même. En continuant de semer ce que vous avez toujours semé, vous récolterez ce que vous avez toujours récolté. Aujourd'hui, des gens vivent pour la première fois la prospérité financière et un style de vie de qualité ; vous pouvez être de ceux-là, mais vous devez d'abord prendre une décision. Vous pouvez continuer à travailler pour un employeur, le laisser contrôler votre temps et votre revenu, ou vous pouvez vous tourner vers une carrière différente et saisir une nouvelle occasion d'affaires dans une industrie qui représente l'avenir, c'est-à-dire, selon les experts, une industrie qui véhiculera plus de produits et services que toutes les autres méthodes de marketing. Qu'en est-il de vous ? Êtes-vous prêt à faire partie de ceux qui ont trouvé la prospérité financière grâce à ce marché remarquable ? Alors, joignez-vous à nous dans le monde international du marketing de réseau.

Mais rappelez-vous que les gens qui travaillent dans votre réseau ne sont pas vos employés ; ce sont des entrepreneurs indépendants qui sont reliés à vous en tant que partenaires. Vous devriez comprendre qu'un patron qui vous paie aussi peu que 12 $ l'heure considère que vous êtes bien payé ; il peut même vous menacer de congédiement parce que d'autres personnes accepteraient de travailler pour 11 $ l'heure. Est-ce vraiment tout ce que vous valez ? Vous donnez tout ce que vous avez, vos connaissances, votre habileté, votre expérience, votre force et votre santé. Voyez tout ce que vous investissez dans l'entreprise d'un autre !

Investissez votre temps avec prudence et il vous procurera l'indépendance : le marketing de réseau est un investissement sans risque. Si vous voulez bâtir rapidement un grand réseau de marketing, vous devez accepter de l'aide et être un bon élève. Dans le marketing de réseau, la théorie est liée à la pratique et c'est en bâtissant votre réseau que vous apprenez. Comment est-ce possible ?

N'est-il pas préférable de fonder sa propre entreprise de marketing de réseau ou de démarrer dans une nouvelle société plutôt que d'adhérer à une ancienne entreprise ? Dans chaque réseau, votre revenu dépend de votre engagement et de votre travail. Quelle expérience cette entreprise de marketing de réseau possède du marché ? Beaucoup de gens adhèrent au marketing de réseau uniquement pour ne pas payer d'impôt. Il est entendu que les distributeurs ont le droit de déduire leurs frais de bureau, ceci est tout à fait légal, et n'importe quel distributeur peut en bénéficier. Quand un employé devient distributeur de réseau et qu'il commence à avoir des frais de bureau, il a plus d'allègements fiscaux à sa portée. Quand on sait à quel point les gens sont mécontents de payer tant d'impôts, il n'est pas étonnant qu'ils recherchent un allègement fiscal. Le marketing de réseau offre donc cette possibilité entièrement légale.

Est-ce que le marketing de réseau permet d'assurer une retraite ? Le désir d'avoir une sécurité financière et de continuer à retirer des profits après un retrait d'activité est certainement une bonne raison d'explorer plusieurs options, et le marketing de réseau vous offre cette occasion. Quand vous construisez un grand réseau, rien n'est gratuit, mais sachez que cette possibilité existe. Si vous construisez un réseau qui rapporte des bénéfices à l'entreprise, vous bénéficierez d'une partie de ces profits. Que diriez-vous d'atteindre cette étape à l'âge de 50 ans et de consacrer le reste de votre vie aux loisirs ?

Le secret du marketing de réseau : vivre en vendant ou en achetant pour son usage personnel. Aucun propriétaire de magasins ne vous enverra de cartes d'anniversaire ou de remerciement pour votre fidélité ou votre dévouement.

Le marketing de réseau vous donne l'occasion de créer et de diriger votre propre commerce. Les opportunités de parrainer les gens dans votre pays ou ailleurs dans le monde continuent d'augmenter, puisque ceux qui ont déjà touché au marketing de réseau reviennent au réseau un jour ou l'autre. De nombreuses personnes d'âge moyen ou avancé recherchent une sécurité financière supplémentaire grâce au marketing de réseau. De plus, nous ressentons les résultats de l'époque du *baby-boom* des années 1950 et 1960 : le nombre de personnes sans emploi va augmenter. Préoccupez-vous plutôt de savoir si votre emploi existera encore demain. Le manque de compréhension de ce que représente un commerce et la programmation traditionnelle de notre esprit créent une solide barrière nous empêchant de voir que le marketing de réseau est un genre de commerce contemporain. De plus, c'est un commerce incroyablement dynamique et gigantesque.

Si vous êtes dans le réseau depuis quelques mois déjà et que rien ne se produit, ne vous découragez pas, c'est que les fondations ne sont pas encore posées. Ne faites pas comme le chercheur d'or qui creuse pendant des mois sans trouver quoi que ce soit et qui abandonne alors qu'il se trouve à quelques centimètres du filon. Dans le marketing de réseau, on ne peut mesurer de croissance réelle avant d'avoir atteint le quatrième palier. Il vous suffit d'un seul quatrième niveau dans une seule de vos lignes descendantes pour que vous commenciez à émerger et à construire. Sans fondation solide sur la roche mère, l'édifice ne pourra être élevé au risque de s'effondrer. C'est pourquoi il faut apprendre la matière enseignée ici et la mettre en pratique. Ainsi vous ne resterez pas bloqué en secondes, mais vous creuserez jusqu'au granit, ce qui vous amènera à passer au cinquième palier.

Quand vous parlez aux gens, vous pouvez leur redonner espoir, l'espoir de ne pas avoir à travailler pendant 30 ou 40 ans dans une entreprise uniquement pour faire quelques économies qui leur permettront d'arrondir leurs rentes. Tout le monde sait ce qui arrive à ceux qui travaillent pendant tant d'années avec comme objectif de prendre leur retraite afin de découvrir le monde. Ils finissent par passer leur vie à se serrer la ceinture. En revanche, le marketing de réseau permet vraiment à chacun de réaliser ses rêves. Nombreux sont ceux qui ont peur de se lancer dans les affaires, à leur propre compte; pourtant, le marketing de réseau leur en donne la possibilité sans qu'ils aient à courir le risque de quitter leur emploi.

Comment récolter les fruits de votre travail pour parvenir au sommet de votre réseau? La clé du succès: creuser en profondeur. Comment reconnaître un vaisseau d'or, autrement dit un distributeur qui a du potentiel? Il a soif d'apprendre et vous appelle souvent pour vous poser des questions. Il demande votre soutien, il veut que vous soyez présent lorsqu'il parraine ou forme un distributeur, cela l'enthousiasme beaucoup. Il s'investit, achète et consomme le produit, il passe son temps à lire et à s'informer sur le produit et les possibilités qu'offre le marché. Il s'est fixé des objectifs pour réussir. Il n'a pas besoin de les écrire, même si ça n'a jamais fait de mal à personne de le faire, pour autant que ces écrits représentent des rêves qu'il brûle de réaliser.

Enfin, j'insiste sur le fait que le marketing de réseau est fait pour tout le monde. Que le succès sera là à 100 % pour ceux qui le désirent. Que vous pouvez réussir, si c'est ce que vous recherchez. Qu'il n'y a pas de limites. Que vous seul décidez si vous êtes assez vieux ou trop vieux pour cet emploi, si vous voulez travailler pour quelqu'un ou être indépendant, si vous voulez avoir le choix de la retraite à 20 ans ou à 65 ans. Dans le marketing de réseau, il y a des gens de tous les âges, la majorité d'entre eux étant d'âge moyen. Je pense que c'est leur expérience de vie traditionnelle et le temps qui leur reste à vivre qui les font opter pour le marketing de réseau, ils n'ont plus de temps à perdre.

LE RECRUTEMENT

Nous espérons qu'en attirant votre attention sur les problèmes auxquels font face tous les distributeurs au cours de leur première année, nous vous permettrons de survivre à la vôtre. Nous partagerons donc des tactiques de survie éprouvées et utilisées par de nombreuses légendes de cette industrie de façon que vous puissiez vous-même prospérer véritablement.

Si vous êtes vraiment intéressé à bâtir votre réseau, vous devez connaître tous les détails de son fonctionnement. Que savez-vous vraiment de votre plan de marketing de réseau? La meilleure façon d'amener les gens à s'intéresser à moi est d'abord de m'intéresser à eux. Découvrez les motifs, les rêves et les désirs du client potentiel. Vous devez vous renseigner sur celui que vous voulez parrainer dans votre réseau; informez-vous sur sa famille, apprenez les noms de son conjoint, de ses enfants, sachez leur âge, leurs buts et leurs rêves. Nous devons examiner minutieusement et interroger vraiment le client potentiel pour connaître à fond son cœur, son esprit et son âme. Incorporez tous ses objectifs dans votre présentation. Brossez un tableau qui tient compte de ses buts et de ses rêves. Pour cela, vous devez acquérir une connaissance spécialisée de la personne, savoir ce qu'elle attend de la vie, quel est son but et comment elle souhaite réaliser son autonomie financière.

Voici une vieille formule que j'utilise toujours: I + C = R. Votre client potentiel doit pouvoir *imaginer* ce que vous lui proposez et *croire* qu'il est capable de le faire pour le *réaliser*. Voilà la clé. Donnez-lui une image à caresser en esprit et il dira: «Je me vois faire cela.» S'il peut se voir le faire, il le fera.

91

Lorsque les compagnies de marketing de réseau connaissent une croissance explosive, des milliers de gens retournent à la maison et laissent leur esprit s'élever jusqu'aux cimes et voler avec les aigles. Dieu merci, le marketing de réseau m'a donné la liberté d'aller tranquillement faire des courses alors que d'autres sont confinés à leur aire de travail réduite. Nous nous croyons responsables d'informer le plus de gens possible qu'il existe un moyen d'éviter de souffrir du terrible stress des affaires traditionnelles.

La distribution en réseau apparaît comme une solution de rechange aux professions dans le milieu des affaires traditionnelles. La responsabilité incombe à ceux qui ont tant récolté dans notre industrie de commencer à semer pour les autres.

Mes amis, je sais que certains d'entre vous sont très enthousiasmés par les chiffres qu'ils ont vus précédemment, je comprends que vous avez envie de vous atteler à la tâche immédiatement avec zèle comme le ferait n'importe lequel des entrepreneurs responsables. La nature humaine est telle que lorsque nous sommes enthousiasmés par quelque chose, nous voulons tout de suite le partager avec les autres, qu'ils s'agisse d'une nouvelle saveur de crème glacée ou d'une occasion d'affaires, peu importe, nous voulons en parler particulièrement avec les gens que nous aimons le plus.

Nous vous déconseillons cependant de dévoiler de l'information sur cette industrie à qui que ce soit avant que vous soyez bien informé sur votre compagnie et formé à communiquer ces renseignements. Pourquoi? Parce que plusieurs personnes dans notre profession échouent en raison de leur ignorance, elles sont stimulées par l'immense potentiel de revenus et courent en parler aux membres de leur famille et à leurs amis avant d'avoir la moindre idée sur le fonctionnement exact de ce genre d'affaires. Il est crucial que vous n'en disiez rien à personne jusqu'à ce que nous vous ayons appris la façon appropriée de communiquer ces informations.

En vous risquant à parler de cette industrie aux membres de votre famille et à vos amis, la plupart d'entre eux vous diront que vous avez perdu la tête. Bien que vous connaissiez la vérité quant aux revenus potentiels qu'offre cette industrie et bien que vos amis, voisins ou parents n'en sachent rien, ils vous déclareront tout de même que vous êtes un idiot. Et s'il y a devant vous 10 à 20 personnes qui doutent de votre santé mentale, particulièrement si vous connaissez ces gens plus que quiconque, vous abandonnerez avant même d'avoir commencé. Ne tentez donc pas de convaincre ne serait-ce que votre conjoint quant à la qualité de l'opportunité, vous n'avez simplement qu'à l'amener à une réunion aussi rapidement que possible.

Rappelez-vous bien: une fois qu'ils vous auront ridiculisé pour vous être lancé dans le marketing de réseau, ils ne pourront plus se permettre de joindre votre compagnie car ce serait admettre leur propre bêtise. À notre époque, les gens se préoccupent davantage de leur image que de prendre leur vie en main, de jouir de libertés financières et de disposer de leur temps.

Certaines excellentes recrues potentielles issues directement de votre marché chaud ne se joindront jamais à vous si elles ont été approchées de la mauvaise façon. Peu importe le succès de votre entreprise, des années d'expérience nous ont montré que la principale cause d'échec est d'écouter des gens qui ne savent pas de quoi ils parlent. Les amis et les membres des familles de vos nouveaux clients potentiels ignorent tout de votre compagnie ou du marketing de réseau. Dans leur ignorance, ils sont convaincus qu'il s'agit d'une escroquerie; jusqu'à ce que vous vous soyez engagé financièrement, ils conserveront l'impression que vous n'êtes pas vraiment engagé, ils feront donc tout leur possible pour vous éviter de commettre cette grave erreur.

Ne pas écouter ceux qui savent de quoi ils parlent est une grave erreur. Si n'importe lequel d'entre vous décide de se joindre à nous et de devenir distributeur, il lui faut être prêt à suivre nos enseignements à la lettre puisque ce genre d'affaires est complètement différent des affaires traditionnelles. Si vous vous joignez à notre compagnie et tentez ensuite de réinventer la roue, voue échouerez immanquablement. Vos premiers 90 jours seront particulièrement importants et nous mettrons le compteur en marche au moment où vous prendrez votre décision.

Surmonter le rejet des membres de la famille et des amis constitue le plus grand défi du marketing de réseau. La seule façon de changer leurs habitudes est de changer les vôtres. Je dois avoir une croyance absolue en ce que je communique aux autres et en mes capacités de transmettre le message. En marketing de réseau, ceux qui font arriver les choses réussissent.

Passez à l'action maintenant, car sans action rien ne se passe. C'est parfois l'une des choses les plus difficiles en marketing de réseau car notre timidité, nos doutes et nos craintes nous empêchent trop souvent de passer à l'action. Il est donc de notre devoir d'apprendre à surmonter ce sentiment négatif qui consiste à avoir envie de remettre au lendemain.

Dans le marketing de réseau, il y a un temps pour être suiveur et reproduire les informations, de la manière exacte dont on les a apprises. Il y a aussi un temps pour être leader, pour trouver une manière efficace, chaleureuse et personnelle d'aider les personnes que l'on a parrainées à réussir elles-mêmes.

LES MÉTHODES DE RECRUTEMENT

Le premier secret du marketing de réseau consiste à offrir au plus grand nombre de gens votre proposition d'affaires. Votre méthode pour recruter vos clients potentiels devrait se prêter aisément à la duplication, de manière que les membres de votre groupe fonctionnent tous de la même manière. Votre domicile convient donc davantage pour tenir des réunions, car il s'agit d'un milieu que vous contrôlez entièrement. Vous devez convaincre les gens de s'y présenter, car vous y détenez le contrôle nécessaire pour tenir une rencontre efficace. Les clients potentiels que vous parrainez ainsi seront, dès le départ, initiés correctement à une méthode de recrutement valable. Il est impossible de saturer une région avec trop de distributeurs.

Les réunions de recrutement. Il existe de nombreuses façons d'entrer en contact avec les gens. Nous vous encourageons à vous servir de tous les moyens à votre disposition. Utilisez les petites annonces, faites des conférences, organisez des concours, parlez-en à toutes les personnes que vous croisez, servez-vous du téléphone, du courrier, d'Internet, affichez vos coordonnées sur tous les tableaux que vous trouvez, donnez des dépliants à tous les gens que vous rencontrez, assistez à des salons professionnels ou à des réunions d'information sur différentes franchises. Tous les moyens sont bons pour rencontrer des clients potentiels. La prospection, le recrutement et la formation devraient être vos priorités.

Quand vous allez montrer à votre client potentiel que les gens obtiennent de meilleurs revenus dans une entreprise multimillionnaire et comment gagner plus d'argent en un mois qu'en l'espace d'une année entière, il est tout probable que ce client vous claquera la porte au nez sans vous laisser entrer. Par contre, si un expert se rend chez lui en votre compagnie, ce sera différent. Si vous mettez en valeur cet expert en racontant l'histoire de sa réussite, Steve, le client potentiel, aura du respect pour lui. Même si Steve a confiance en vous, il peut ne pas respecter vos décisions d'affaires parce que votre réussite reste à faire. Par contre, il aura sûrement du respect pour les décisions d'affaires de l'expert lorsque vous l'aurez mis en valeur. Vous avez maintenant une idée de la façon dont le concept fonctionne.

Retenez bien que votre seul objectif au moment d'approcher un distributeur potentiel devrait être d'obtenir son engagement à prendre connaissance de l'information, à participer à une présentation ou à rencontrer votre expert. Il ne faut pas essayer de répondre à toutes ses questions ni de le recruter. Utilisez simplement l'élément de confiance afin d'obtenir un rendez-vous ou son engagement à jeter un coup d'œil sur l'information.

LA PROSPECTION

Il y a une petite maxime qui dit que nul ne peut connaître la rose s'il ne se pique d'abord sur une de ses épines. On peut dire la même chose du marketing de réseau: on n'obtient jamais un immense succès dans cette industrie sans connaître aussi des déceptions. Des gens que vous étiez sûr de voir accepter se désistent, des connaissances qui auraient dû accepter l'invitation n'ont pas pu, des amitiés en lesquelles vous aviez cru n'en sont pas.

Avoir des regrets? Aucun. Qu'y a-t-il à regretter? En sachant que vous avez affronté le monde extérieur et que vous avez fait de votre mieux, votre éclat a brillé si fort que les autres n'ont plus eu peur de briller également. Et où pourriez-vous aller pour trouver un endroit où tous les gens sont égaux et où la seule limite est celle que vous vous fixez, là où l'occasion est directement proportionnelle aux efforts que vous y mettez?

Les nouveaux clients potentiels doivent apprendre qu'un «non merci» ne correspond pas à une attaque personnelle. Un client peut répondre «non merci» à une serveuse qui lui offre du café. Accepter de se faire répondre «non» fait partie du processus qui consiste à trouver ceux qui diront «oui».

Ce que les gens redoutent le plus et ce qu'ils perçoivent comme le plus difficile dans cette entreprise est la recherche de distributeurs et de clients potentiels. Il n'y a vraiment pas de quoi, car la prospection est le côté le plus emballant et le plus simple de votre entreprise si vous comprenez les cinq principes fondamentaux suivants: la perception, le processus de sélection, l'enthousiasme, la compréhension et la prospection[11]. Mon plus grand souhait est que vous les adoptiez et les mettiez en pratique dans votre intérêt et celui d'une foule d'autres personnes.

1. La perception. La réussite dépend justement de votre perception et de ce que vous avez à offrir. Disons, par exemple, que vous et moi demandions la charité au coin de la rue; la plupart des gens vont nous ignorer et certains traverseront la rue pour nous éviter. Imaginez maintenant que nous sommes au même coin de rue en train de distribuer des dollars par centaines. Dans ce cas, nous serions des héros et les gens feraient des détours pour nous voir. De plus, ils raconteraient à tout le monde qu'ils nous connaissent. La plupart des gens veulent paraître et se sentir mieux en plus de ralentir le processus de

---

11. Vous trouverez à l'annexe 3, à la page 281, un résumé de ces cinq principes de prospection.

vieillissement. Ils sont insatisfaits de certains aspects de leurs emplois et voudraient les changer s'ils pouvaient le faire. La plupart d'entre eux aiment avoir du plaisir et s'impliquer dans quelque chose qui les dépasse. En fin de compte, les gens recherchent la liberté et un avenir meilleur. Si vous considérez que le fait de présenter une occasion d'affaires formidable et rémunératrice est un cadeau que vous leur faites, vous serez attirant tel un aimant.

2. Le processus de sélection. Nous œuvrons dans une entreprise où nous devons sélectionner et non pas convaincre. Rappelez-vous ceci, quiconque se laisse convaincre contre son gré ne change pas d'avis : tout est question de moment opportun. Chacun est arrivé à un stade différent de son existence, et la prospection ressemble beaucoup à la pêche : on lance sa ligne à l'eau, encore et encore. Mais croyez-vous que, chaque fois, il y a une prise ? Bien sûr que non, et cela même s'il y a des milliers de poissons dans le lac. Vous connaissez Babe Ruth, le fameux joueur de base-ball ? Il disait : «Ne vous laissez jamais paralyser par la peur de manquer votre coup.» Il était peut-être le champion des coups de circuit, mais ça ne l'a jamais empêché de frapper bien plus souvent des fausses balles et de se faire retirer sur des prises. Réfléchissez, comment pouvez-vous frapper un coup de circuit si vous n'allez jamais au bâton ?

Combien y a-t-il d'as dans un paquet de 52 cartes ? Seulement quatre. Pour cette entreprise, vous recherchez aussi des as. Si vous saviez qu'une fois vos quatre as trouvés vous gagneriez 100 000 dollars par année, arrêteriez-vous de tourner les cartes après la dixième ? ou dans le cas de votre entreprise, après vous être fait dire dix fois non ? Absolument pas, parce que vous savez que les as sont quelque part dans le paquet. Souvenez-vous de cette analogie avec le paquet de cartes quand on vous dit «non» durant votre prospection. On vous répondra «oui» un jour. La prospection consiste à explorer les gens, à découvrir leurs désirs et leurs besoins, puis à leur proposer des solutions possibles. Découvrez les besoins des gens en leur posant des questions et en écoutant leurs réponses. Au fond, la clé du succès de la prospection, c'est l'écoute.

3. **L'enthousiasme.** Je veux parler de votre attitude. Les gens sont plus impressionnés par l'intensité de votre enthousiasme que par l'étendue de vos connaissances. Quand vous présentez cette entreprise aux gens, ils ressentent votre passion et devinent si votre conviction est réelle et ferme ; ils ont simplement besoin de voir une différence réelle en vous. Quand vous les approchez, vous devez vous assurer que la différence est notable et tout à fait inédite par rapport à votre personnalité normale.

4. **La compréhension de trois types de prospection possibles :** le marché connu, le marché inconnu et la publicité. Votre marché connu : ce sont les gens de votre entourage, ceux dans votre sphère d'influence comme les amis, la famille, les voisins et les gens croisés au travail. En fait, tous ceux que vous appelez par leur prénom. Votre marché connu est le pivot de votre réussite ; la clé pour y accéder est d'éviter de porter des jugements hâtifs sur les gens. Je me suis rendu compte que des gens qui, à nos yeux, allaient accepter disent « non » ; l'inverse est aussi vrai. Qui, selon vous, est insatisfait de son emploi actuel, de son patron ou de son horaire ? C'est là qu'il faut commencer la recherche de distributeurs potentiels.

Certains préfèrent attendre de remporter du succès avant de s'attaquer à leur marché connu. Croyez-moi, vous ne devriez pas. Si vous le faites, vous risquez de trouver une des personnes inscrites sur votre liste en train de discuter avec quelqu'un d'autre à une réunion d'information pour l'occasion d'affaires, ou encore de recevoir un appel d'une de vos connaissances qui veut vous parler de l'entreprise de marketing de réseau à laquelle elle s'est jointe la semaine précédente. Ce que je veux dire, c'est que si ce n'est pas vous, quelqu'un d'autre le fera à votre place. De toute façon, ne tenez-vous pas à ce que les gens qui vous sont chers réussissent en même temps que vous ? Si vous décidiez de partager un héritage substantiel que vous venez de toucher, en donneriez-vous une part à des inconnus ? Bien sûr que non, vous le partageriez avec les gens que vous aimez le plus. Rappelez-vous que vos relations avec votre marché connu sont l'élément fondamental de votre réussite dans le marketing de réseau.

Votre marché inconnu se compose des gens que vous n'avez jamais rencontrés. C'est la personne que vous avez croisée à la buanderie, à l'épicerie ou encore le serveur du restaurant où vous avez mangé la veille. Le marché inconnu peut exiger un processus de sélection plus complexe que le marché connu. Rappelez-vous que l'élément de confiance est absent du marché inconnu parce que les gens ignorent qui vous êtes. C'est pendant le processus que vous établissez la relation et la confiance. Cela étant dit, le marché inconnu est un bon moyen de recruter de nouveaux associés. Il est toujours agréable de rencontrer des gens nouveaux et ça vous aide certainement à quitter votre zone de confort. Approcher et parler aux gens est aussi un bon exercice. La prochaine fois que vous ferez la file à l'épicerie, faites l'effort de dire quelques mots gentils à la caissière, et chaque fois que vous y retournerez par la suite, essayez de mieux la connaître. Si vous faites l'effort d'établir des liens, vous finirez par créer une dynastie.

Enfin, la publicité, c'est la parution d'une annonce dans un journal ou tout autre média imprimé pour annoncer l'occasion d'affaires.

5. Le processus de prospection se fait en trois étapes : l'approche, la présentation et le suivi. La clé d'une approche efficace est de poser des questions, d'écouter les réponses, de découvrir les besoins des gens et de proposer des solutions. Avant d'approcher quelqu'un, ayez toujours en tête une intention ou un objectif précis ; vous devez simplement tenter d'obtenir un engagement de la part du client potentiel : soit de prendre connaissance de l'information, soit de participer à une présentation, soit de rencontrer votre lignée ascendante. La prospection consiste simplement à parler à des gens, et vous le faites déjà tous les jours. Ce qui compte, c'est ce que vous leur dites et votre façon de les écouter.

L'élément fondamental de la recherche de distributeurs potentiels, c'est de poser des questions et d'écouter les réponses. Voici un énoncé de mission pour la prospection : découvrir les besoins des gens et leur proposer des solutions. Dans le livre réputé pour ses recettes à succès, intitulé *Réfléchissez et devenez riche*, on peut lire que le succès arrive à ceux qui savent écouter. Cette maxime reflète à notre avis l'un des principes fondamentaux du marketing de réseau. Vous réussirez simplement en vous exerçant et en apprenant à mieux parler aux gens et à mieux les écouter. Exercez-vous à poser des questions et à écouter. Plus vous maîtrisez l'art d'écouter, plus vite vous gagnez le respect et la confiance des gens, et plus vite vous établissez de bons rapports. Malheureusement, pour la plupart d'entre nous, il n'est pas toujours évident de faire la conversation; on peut trouver difficile d'entamer et de poursuivre une conversation jusqu'au moment où l'occasion parfaite se présente de proposer une solution à notre client potentiel. La meilleure question jamais posée dans cette entreprise est probablement celle-ci : «Si vous pouviez changer une seule chose dans votre vie, quelle serait-elle?» Quand je la pose, la plupart des gens répondent que c'est leur manque d'argent et de temps, comme : «J'aimerais avoir un meilleur emploi», «Je voudrais une nouvelle voiture pour ma femme», «Je voudrais que ma conjointe puisse rester à la maison avec les enfants et ne pas être obligée de travailler». Si tout ce que vous aviez à faire était de poser cette question à une nouvelle personne chaque jour, vous auriez plus de clients potentiels ou de distributeurs que vous ne pourriez l'imaginer. Discutez avec les gens, posez-leur des questions et répandez la nouvelle. Vous parlez à des gens tous les jours et toute la journée, alors assurez-vous de leur poser des questions, écoutez leurs réponses et attendez qu'ils vous disent pourquoi ils sont insatisfaits dans la vie.

Dès que vous aurez découvert les besoins des gens, proposez-leur la solution qui leur convient. Par exemple, si leurs besoins ont trait à la santé, de toute évidence, vous leur offrirez de l'information sur les produits; sinon, vous leur proposerez de l'information sur l'entreprise. J'ai répété maintes fois notre énoncé de mission qui consiste à découvrir les besoins des gens et à leur proposer des solutions. Gardez toujours cet énoncé à l'esprit en vaquant à vos occupations quotidiennes et vous resterez concentré sur la recherche de clients et de distributeurs potentiels. La façon la plus efficace de communiquer avec les clients ou les distributeurs potentiels est de les appeler, soit pour fixer un rendez-vous en vue de leur remettre de l'information, soit pour leur offrir une présentation. Une des raisons pour lesquelles j'adore cette entreprise, c'est qu'elle me permet de sortir et d'aller passer du temps avec mes amis pour discuter de la réalisation de leurs rêves ou d'une attitude plus positive par rapport à la vie. Je les aide aussi à se sentir et à paraître mieux.

Allez-y, prenez le téléphone et appelez. Fixez des rendez-vous et allez passer une heure avec vos meilleurs amis. Dites-leur quelque chose comme : «Pierre, je viens de découvrir quelque chose qui va sûrement te plaire et j'aimerais te rencontrer pour t'en dire plus long. J'ai deux possibilités : jeudi soir à sept heures ou mardi après-midi à cinq heures. Qu'est-ce qui te conviendrait?» Voici des exemples d'approche: «Bonjour, Pierre, as-tu deux minutes? Comment vas-tu? Quoi de neuf? Comment ça se passe au travail? Pierre, je veux te parler d'une entreprise exceptionnelle et te montrer comment accumuler une jolie somme à temps partiel en profitant aussi d'avantages fiscaux intéressants. C'est peut-être pour toi et j'aimerais que tu me dises franchement ce que tu en penses.» Ou bien : «Pierre, nous nous rencontrerons deux fois cette semaine pour discuter de cette occasion d'affaires. Quel moment te conviendrait le mieux? Mardi à midi ou jeudi soir à 7 h 30?

Voici un exemple de ce que j'appelle une approche appuyée. Dans ce cas-ci, il vous faudra avoir un ton très enthousiaste. «Salut, Pierre! C'est Raymond. As-tu une minute? Parfait. Comment ça va? Je t'appelle parce que je viens de mettre la main sur quelque chose qui, à mon avis, nous donnerait une occasion parfaite de faire du bon argent à temps partiel. Il faudrait que tu voies ça le plus tôt possible. Vas-tu être à la maison un bout de temps? Attends-moi, j'arrive avec de l'information.» Au début, montrez-vous courtois en demandant à votre client potentiel s'il a le temps. Si vous ne le demandez pas, vous pouvez arriver à un moment où votre client est en train de préparer le repas. Dans un cas pareil, comment votre approche peut-elle être efficace? Une autre chose. Ne demandez pas aux gens s'ils sont intéressés ou pas. Demandez-leur ce qu'ils pensent; les gens adorent donner leur opinion.

Vous devez prendre contact avec cinq à dix clients potentiels par jour afin que vos efforts pour réussir dans cette industrie soient sérieux. En réalité, pour un recruteur consciencieux, le nombre de contacts devrait être beaucoup plus élevé ; dans le cas du recruteur à temps plein s'attaquant au marché froid, le nombre de clients potentiels joints devrait s'élever à au moins 30 par jour. Si votre but est de vous bâtir une organisation, vous devriez consacrer 80 % de votre temps à la prospection, jusqu'à ce que vous ayez atteint un niveau de réussite acceptable. Toutes les autres activités se résument à une perte de temps ; ne devenez pas un spectateur professionnel, quittez les gradins et sautez sur le terrain.

Mais qui recruter ? Maintenant plus que jamais, les possibilités du marketing de réseau sont vastes et continuent de croître, alors examinons quelques candidats potentiels qui pourraient contribuer remarquablement à votre réseau.

- Les femmes. Plusieurs experts dénoncent le fait que dans le monde des affaires celles-ci gagnent 35 % de moins que les hommes pour le même travail. Elles représentent au moins 60 % de la main-d'œuvre dans la vente directe et le marketing de réseau, et ce pourcentage augmente toujours.

- Les employés à temps partiel. Des estimations récentes rapportent que plus de 24 millions des 120 millions d'Américains qui travaillent ont plus d'un emploi où ils travaillent à temps partiel.

- Dans son best-seller *L'homme nouveau*, le docteur Candie Twile indique que les gens de plus de 50 ans constitueront le marché le plus important dans les années à venir. Plus de 30 millions d'entre eux sont encore très actifs et recherchent de nouvelles occupations. Et d'ici 5 à 10 ans, les *baby-boomers* se joindront à eux, créant ainsi un marché d'une ampleur sans pareille. Soixante-dix millions de *baby-boomers* constituent aujourd'hui le marché d'achat et de vente le plus influent du monde. Ils ont innové avec la télévision dans les années 1960, les chaînes de *fast-food* dans les années 1970 et le micro-onde et le magnétoscope dans les années 1980. Et leur énergie se dirige maintenant vers une nouvelle destination, de nouveaux intérêts et de nouvelles occasions sur le marché des affaires.

La deuxième étape du processus de prospection est la présentation. C'est l'étape où vous devriez inviter votre client potentiel à une présentation en direct ou lui remettre une trousse d'information pour qu'il puisse en prendre connaissance. Si vous débutez, il vaut mieux demander à un expert de votre lignée ascendante de faire la présentation[12].

Passons ensuite à la troisième étape du processus de prospection: le suivi. N'ayez pas peur de le faire. Le suivi, c'est l'élément qui signale à votre client potentiel que vous prenez l'entreprise au sérieux et que vous êtes là parce que vous comprenez et appuyez le principe d'aller jusqu'au bout de ce que vous avez commencé. Si le suivi est approprié, le pourcentage des gens que vous recrutez augmentera sensiblement. Il faut effectuer le premier suivi dans les 48 heures après le rendez-vous, puisqu'il a été démontré que ce délai augmente vos chances de recruter parce que l'intérêt des gens est encore tout frais. Mais rappelez-vous que ce n'est peut-être pas le moment pour votre client potentiel. Par contre, au rythme où tout change dans notre société moderne, on ne sait jamais ce que demain nous réserve. Un suivi peut parfois se faire dans une seule journée, mais il peut aussi se prolonger jusqu'à ce que le client potentiel soit prêt à s'engager.

Il y a environ deux ans, j'ai fait une recherche auprès de *Fortune 500* afin de connaître la façon la plus rentable pour certaines compagnies d'investir leurs ressources, leur temps et leur argent. Qu'est-ce que c'était, selon vous? La recherche et le développement, la publicité, la motivation, les ventes? Non, c'était le service à la clientèle et la satisfaction.

Les entreprises qui réussissent et qui valent plusieurs milliards ont compris depuis longtemps que c'est après avoir fait une vente que le vrai travail commence. En marketing de réseau, un client satisfait devient un distributeur productif.

---

12. Une partie du volume est réservée aux différents types de présentation. Voir le chapitre sur les conférences, à la page 169.

Achetez-vous deux paquets de fiches lignées et trois séries de séparateurs : une numérotée de 1 à 30, une autre pour chaque jour du mois et une dernière pour les 12 mois de l'année. Remplissez une fiche chaque fois qu'une personne commence à utiliser vos produits ou vos services, qu'elle soit cliente au détail ou distributrice. Inscrivez ses nom, adresse et numéros de téléphone à la maison et au travail si elle vous l'autorise.

Nom : _____
Tél. : _____
Joint la dernière fois le : _____
Action : _____
Résultats : _____
Produits utilisés : _____

Le suivi est très important parce que si vous distribuez des produits alimentaires ou un produit amaigrissant, vos clients commenceront à en ressentir les bienfaits après quelques jours. Il est donc important que vous assuriez un suivi dès le début, car vous en retirerez plusieurs bénéfices immédiats. Premièrement, vos clients seront heureux de sentir que vous vous intéressez à eux et que vous êtes disponible pour discuter des effets qu'ils ressentent. De plus, nous ne pouvons nier que quelques personnes ont parfois des pensées négatives. Si vous montrez de l'intérêt et de l'appréciation avec vos clients dès le début, vous créez une atmosphère dans laquelle toutes leurs attentes positives pourront se réaliser ; cela donne une bonne avance à votre produit.

Utilisez votre système de suivi. Disons qu'aujourd'hui, le 19, votre amie Marie vient de commencer à utiliser vos produits. Vous savez par expérience que la plupart des gens commencent à ressentir les effets de vos produits dès les premiers jours. Donc, le 19, après avoir rempli la fiche de Marie, vous la placez dans votre boîte derrière le séparateur 22, c'est-à-dire trois jours plus tard. Le matin du 22, quand vous vous assoyez à votre bureau, vous ouvrez votre boîte de fiches et vous sortez toutes celles de la section 22.

La gestion d'entreprise en boîte. Prenez votre téléphone, composez le numéro de Marie qui se trouve sur sa fiche et demandez-lui : « Comment vas-tu ? » Vous saurez tout de suite si elle a commencé ou non à utiliser vos produits. Si elle n'a pas commencé, vous pourrez l'encourager à le faire. Favorisez les attentes positives : « Marie, j'ai tellement hâte que tu commences à les utiliser parce que tu te sentiras tellement bien. » Vous pouvez lui suggérer plusieurs façons d'utiliser les produits et associez ceux-ci aux bienfaits qui lui tiennent à cœur parmi ceux que vous avez notés sur sa fiche. Si elle a commencé à utiliser les produits, demandez-lui comment elle se sent et de quelle façon elle les prend, un à un.

Si elle n'a pas encore ressenti de bienfaits, mentionnez-en un auquel elle peut s'attendre bientôt. Ne lui donnez pas de détails techniques sur le produit, partagez plutôt avec elle une histoire, la vôtre ou celle de quelqu'un d'autre, à laquelle elle puisse s'identifier et qui va lui donner envie de ressentir des bienfaits le plus tôt possible. « Marie, je sais que telle chose t'intéresse (vous avez ce renseignement personnel sur votre fiche). Mon amie Catherine, qui s'intéresse aussi à la même chose, a commencé à utiliser les produits il y a deux semaines, et hier elle m'a dit que... » Finissez la phrase avec l'histoire de quelqu'un qui a obtenu les résultats que Marie désire obtenir, de préférence quelqu'un qui a des affinités avec elle.

Parfois, lorsque quelqu'un commence à utiliser un produit relatif à la santé, il peut se sentir moins bien avant d'aller mieux. Cela arrive souvent et s'explique facilement, mais votre client peut s'alarmer et même être tenté d'arrêter les produits à moins que vous ne lui veniez en aide. Si vous faites votre suivi au bon moment, vous pourrez expliquer à votre client que son corps est en train d'éliminer les toxines et que pendant ce temps il peut en ressentir les effets. Expliquez-lui que c'est un effet temporaire qui indique que son corps est en train de se nettoyer et qu'il se sentira bientôt mieux. Cela le rassurera.

Ce procédé de suivi est aussi efficace avec un nouveau distributeur. « Tu sais, Marie, j'ai éprouvé les mêmes difficultés quand j'ai commencé. Voici ce que mon parrain m'avait suggéré et cela m'a fait grand bien. »

- Prenez l'habitude de participer à toutes les réunions et à toutes les soirées.

- Allez rencontrer les gens et présentez-vous à eux.

- Demandez-leur de vous parler de leur expérience et écoutez attentivement leur histoire.

- Demandez-leur ce qu'ils font comme travail, qui leur a fait connaître les produits ou l'entreprise, quels sont les bienfaits ressentis, etc.

Pour continuer, je voudrais vous donner quelques conseils très importants pour votre entreprise.

- La prospection efficace passe par l'action pour vaincre vos peurs. En passant à l'action et en quittant votre zone de confort à quelques reprises, toutes vos peurs commenceront à disparaître et vous aurez même du plaisir. Si vous craignez de faire des appels, prenez une profonde respiration et allez-y. Je vous jure que ça ne fait pas mal. Vous ne pouvez pas vous imaginer à quel point ça devient agréable et facile une fois que vous en avez pris l'habitude.

- Adoptez une approche simple et soyez enthousiaste. N'essayez pas de répondre à toutes les questions dès la première rencontre. Si vous le faites, vos clients potentiels pourront décider qu'ils sont suffisamment au courant et refuser d'aller plus loin. Votre travail consiste à leur remettre l'information et à obtenir leur engagement à en prendre connaissance. Rappelez-vous que la meilleure approche dure généralement moins de trois minutes.

- Munissez-vous de plusieurs outils et faites-les travailler à votre place, surtout au début. Le meilleur outil est la cassette audio, alors demandez-la à votre parrain. Nous vous recommandons de garder en tout temps de 10 à 12 trousses d'information prêtes à servir. Comment, par exemple, un entrepreneur peut-il construire une maison sans marteau, sans scie et sans clous? Nous avons tous besoin d'outils pour assurer notre réussite.

- **Suivez les règles du jeu.** Assurez-vous de lire et de bien comprendre les politiques et les procédures de l'entreprise. Quand vous travaillez dans votre entreprise, montrez-vous intègre et honnête, ne mentez jamais au sujet de vos revenus ou des produits. Les autorités de réglementation imposent une série de directives rigoureuses que tout le monde doit respecter dans le domaine du marketing de réseau.

- **La règle des 80 % versus 20 %.** Pour partir votre entreprise du bon pied, il vous faudra consacrer 80 % de votre temps à la recherche de clients et distributeurs potentiels comparativement à 20 % pour la formation au cours de la première année. Assurez-vous de respecter cette règle afin de demeurer sur la bonne voie pendant votre prospection. Au bout de la première année, vous pourrez consacrer plus de temps à la formation et moins au parrainage.

- **Allez en profondeur.** Une des méprises les plus répandues parmi les nouveaux associés est de penser qu'ils finiront par n'avoir plus personne à qui parler. Ici, ils oublient l'élément fondamental sur lequel s'appuie notre entreprise: la duplication. Que se passe-t-il quand vous recrutez un de vos distributeurs potentiels? Eh bien, vous lui apprenez à recruter des clients et des distributeurs potentiels dans son marché connu. D'une certaine manière, celui-ci devient votre marché inconnu. Si vous comprenez bien ce principe et que vous le mettez en pratique, il y a de bonnes chances pour que vous n'arriviez jamais à épuiser la totalité de votre marché connu parce que vous aidez vos membres à recruter des gens dans leur propre marché connu. La prospection efficace se résume à comprendre que la bonne occasion se présente toujours. Regardez autour de vous et écoutez, tout simplement.

Voici quelques réflexions. Notre entreprise est orientée vers les gens, et la raison principale qui les fait décider à se joindre à elle, c'est vous. C'est une entreprise dans laquelle on établit des liens étroits et à long terme. C'est une entreprise faite de gens qui aident les gens. Et rappelez-vous que les gens ne se soucient pas de ce que vous savez tant qu'ils ne savent pas à quel point vous vous souciez de leur sort. Soyez enthousiaste, travaillez en équipe, passez à l'action pour avoir une influence positive sur votre monde d'aujourd'hui.

LE SUIVI

Une des plus grandes erreurs dans notre industrie est de ne pas assurer de suivi. Et la principale raison pour laquelle les gens en marketing de réseau n'assurent pas de suivi auprès de leurs clients et distributeurs potentiels, c'est la peur. Cette peur qui n'est en fait qu'une fausse apparence de la réalité. Croyez-moi, j'ai eu moi aussi des craintes au début ; heureusement, à force de m'exercer, elles ont disparu. Il faut comprendre et, surtout, se rappeler une chose : les gens ne vous rappelleront pas. Quel que soit leur intérêt pour l'occasion d'affaires, vous devez les rappeler. La peur est une émotion paralysante. Au début, il faut du courage pour appeler les gens pour leur demander seulement si vous pouvez leur apporter de l'information ou les inviter à une présentation. Mais vous ressentez vraiment la peur quand vous devez les rappeler pour demander s'ils sont intéressés par l'occasion d'affaires. C'est facile de les imaginer en train de vous dire : «Non, ça ne m'intéresse pas.» Le simple fait d'y penser peut vous empêcher de faire un appel de suivi. Alors, il faut garder à l'esprit que «non» veut simplement dire «pas maintenant». Un «non» aujourd'hui n'est pas forcément un «non» pour toujours. Chaque personne se trouve à un stade différent de sa vie. Ne vous laissez pas arrêter par le scepticisme des gens. Vous devez vous y attendre, car il y a une foule d'occasions d'affaires médiocres, des stratagèmes plus ou moins louches, et il est tout naturel que les gens se méfient au début. Par contre, j'insiste sur un point : ce n'est pas parce qu'une personne a pris six mois à s'ouvrir l'esprit que vous devez attendre six mois pour effectuer un suivi. Comme nous l'avons dit précédemment, le premier appel de suivi doit se faire dans les 24 à 48 heures après que votre distributeur potentiel a reçu l'information ou a assisté à une présentation. En moyenne, c'est pendant cette période que le niveau d'intérêt de votre client est le plus élevé. Passé ce délai, il y a moins de chances pour que votre distributeur se montre intéressé. Si un client n'est pas intéressé maintenant, notez sur votre calendrier que vous devez le rappeler.

Les nouveaux associés ont l'habitude de dire des choses comme celles-ci: «Tu sais, Pierre, tu n'as pas pris la bonne décision. Attends de me voir avec mon petit château en montagne et mon yacht. Je te jure qu'à ce moment tu vas le regretter.» Ça, c'est le meilleur moyen pour couper les ponts car Pierre ne s'intéressera plus à votre industrie et ne voudra plus vous parler non plus. Il vaut mieux lui dire quelque chose comme: «Pas de problème, Pierre. Tu seras sans doute d'accord pour dire que les jours se suivent mais ne se ressemblent pas. Ça te conviendrait si je te rappelais dans 60 jours pour voir où on en est?» Avec certains associés que j'ai recrutés, j'ai dû faire un suivi pendant près de deux ans avant que le moment soit propice pour eux. Alors, vous voyez, il suffit de maintenir le contact de façon régulière.

À mesure que vous deviendrez plus sûr de vous-même, vous pourrez demander des références, ce qui est un excellent moyen de faire du recrutement. Ce n'est peut-être pas tout le monde qui vous enverra des gens, mais les noms que vous obtiendrez sont généralement ceux de bons clients potentiels.

Un des conseils les plus précieux que je puisse vous donner concernant le suivi est de persévérer. Vous vous rendrez très vite compte de l'importance d'un système de contrôle. Il est conseillé d'utiliser un répertoire de fiches à onglets faciles à classer: rappeler dans 30 jours; rappeler dans 60 jours; faire le suivi immédiat. En plus des renseignements personnels, assurez-vous d'y inscrire la date de chaque appel et vos commentaires.

Le recours à un expert. Pour réussir à effectuer le suivi au début, il est important de faire appel à un expert. Surtout, n'ayez pas peur de communiquer avec lui. Demander de l'aide est une force et non pas une faiblesse. Idéalement, votre expert devrait être votre parrain ou un membre de votre lignée ascendante.

Tout s'articule autour de la confiance, de la mise en valeur et du respect. La mise en valeur consiste simplement à vanter les mérites de votre expert. Si vous comprenez bien ces trois éléments et que vous les utilisez de la bonne façon, cela fonctionnera. Bien entendu, quand vous approchez des gens que vous connaissez, l'élément de confiance est immédiatement présent.

Au bout de 24 à 48 heures après que votre distributeur potentiel aura reçu l'information ou aura participé à une présentation, faites un suivi en compagnie de votre expert. La conférence à trois est un excellent moyen de mettre le distributeur en contact avec votre expert. Peu importe que celui-ci soit au bout du fil ou qu'il le rencontre face à face, il est très important de mettre votre expert en valeur. En fait, n'importe quel membre de votre lignée ascendante peut tenir ce rôle. Une fois toute l'attention tournée vers votre expert, il ne vous restera plus qu'à vous laisser imprégner des informations présentées par votre expert. Dès lors, ne dites plus un mot, parlez seulement si l'on s'adresse à vous, sinon votre distributeur perdra le respect que vous venez de lui inspirer pour votre expert. Faites-lui confiance parce qu'il a plus d'expérience; il pourra mieux que vous répondre aux objections et donner des explications précises. Croyez-moi, votre tour viendra d'être un expert dans votre équipe. Alors, assurez-vous d'être très attentif à ce que dit votre expert afin de savoir comment vous y prendre à l'avenir.

Ce qui assure le bon fonctionnement de notre système de duplication, c'est ce processus de recours à un expert en attendant de devenir vous-même l'expert de votre groupe. C'est un concept remarquable, vous gagnez de l'argent tout en apprenant. Rappelez-vous aussi que vous avez la possibilité de faire appel à un expert et que son but est de vous apprendre à devenir vous-même un bon expert pour votre groupe. Notre entreprise est fondée sur le principe de la duplication: nous apprenons à des gens à faire en sorte que d'autres personnes reproduisent ce qu'ils font et que ces personnes à leur tour l'enseignent à d'autres, et ainsi de suite. Si, pour une raison ou une autre, vous n'avez aucun expert à votre disposition, ne décidez surtout pas de mettre votre entreprise en veilleuse. Vous pouvez réussir même sans l'aide d'un expert. Utilisez des outils pour devenir votre propre expert. Ensuite, devenez celui de votre groupe afin d'y appliquer le processus de duplication qui consiste à recourir à un expert.

Pour garder leur organisation saine, les dirigeants doivent eux aussi mettre la main à la pâte. Le leader devrait lui-même faire de la recherche, recruter, fixer des rendez-vous, utiliser les produits et les distribuer à un petit groupe de clients de détail. Assurez-vous que chaque étape que vous franchirez puisse être reproduite par la personne la moins douée de votre groupe. Lorsque les choses se déroulent correctement, les clients potentiels rentrent à la maison en se disant: «J'en suis capable! Je possède un salon et un magnétoscope. Beaucoup de mes amis ont besoin de plus d'argent et de temps libre. Je crois réellement que je suis capable.»

Témoignages. Dans notre industrie, le témoignage personnel et la reconnaissance de ses forces et de ses faiblesses jouent un rôle important. Par contre, les affaires traditionnelles enseignent à mettre l'accent sur ses succès antérieurs et ses points forts. Dans le but de vaincre la résistance des gens, le marketing de réseau enseigne à dévoiler ses faiblesses plutôt que ses succès puisque ce sont souvent les épreuves personnelles qui y attirent les gens. Entendre votre témoignage aidera ceux-ci à s'identifier à vous et à vous considérer comme une vraie personne.

LE MARKETING DANS SA PROPRE VILLE

Soulignons l'importance de commencer à bâtir son entreprise dans sa propre ville, à partir de chez soi. Le marketing de réseau est la seule entreprise qui permet à des gens ordinaires de gagner des millions avec un minuscule investissement et sans débourser de frais généraux. Pour réussir, les gens doivent d'abord parvenir à se motiver eux-mêmes; donc, l'apparence de votre domicile est beaucoup moins importante que votre enthousiasme.

Quels autres professionnels peuvent regarder les gens droit dans les yeux et leur offrir de gagner 20 000, 30 000 et même 50 000 $ par mois tout en jouissant de la plus complète liberté? Personne ne le peut, à l'exception de nous qui travaillons en marketing de réseau. Rappelez-vous que vous êtes un professionnel appartenant à une entreprise internationale. Le plus beau cadeau que vous puissiez offrir à vos associés est de leur proposer votre occasion d'affaires lors d'une réunion convenable. Gardez donc la situation sous contrôle. Les réunions, qu'elles servent au recrutement ou à la formation, doivent être courtes, simples et faciles à reproduire et devront avoir lieu dans un domicile privé. Vous êtes entièrement responsable de la façon dont vous présentez votre entreprise et de la formation que vos associés reçoivent. Si on vous a correctement formé, vous serez aussi en mesure d'enseigner. Dites-vous que vous offrez à vos clients potentiels un rendez-vous avec le destin.

À vos débuts, trouvez d'abord dix clients au détail et cinq distributeurs parmi vos connaissances, cela vous permettra de mettre sur pied une organisation importante. Pour y parvenir, les leaders de marketing de réseau travaillent pour une seule compagnie, fuient les voleurs de rêves et ne prêtent ni argent ni produits aux nouveaux distributeurs.

Les gestionnaires d'entreprises traditionnelles parviennent difficilement à avouer leurs faiblesses aux autres. On les a très rarement encouragés à agir ainsi. L'attrait bien humain de notre industrie correspond aux aspects émotionnels et personnels. L'explosion administrative amène de nouveaux distributeurs à recruter d'anciens représentants des ventes qui travaillaient auparavant pour des sociétés importantes et qui obtenaient beaucoup de succès. La première règle générale à laquelle obéissent les vendeurs professionnels est de classer les clients potentiels. Par exemple, un représentant typique vendant des imprimantes au laser valant 3,5 millions de dollars tente habituellement, avant même d'entrer en contact avec une entreprise, de déterminer si elle peut s'en permettre une. Nous appelons cette méthode «classer les clients potentiels». Ce principe ne fonctionne cependant pas en marketing de réseau, voici pourquoi.

Les gens qui parviennent à bâtir d'importantes organisations dans notre industrie ne possèdent souvent ni expérience dans les affaires ou la vente ni formation collégiale, et semblent, de prime abord, les plus susceptibles d'échouer. Selon nous, le client potentiel idéal est une personne acculée au pied du mur mais animée par une cause. Elle doit être désireuse d'apprendre et prête à dupliquer votre système à la lettre. Enfin, elle doit démontrer de l'enthousiasme, aimer travailler avec les gens et désirer les voir réussir. Toutefois, les cadres professionnels qui se joignent à nous tendent malheureusement à classer leurs clients potentiels. Ils excluent ainsi beaucoup de gens qui pourraient leur rapporter une fortune en jugeant qu'ils ne semblent pas qualifiés.

Voici le meilleur conseil que nous puissions donner aux cadres. Levez-vous chaque jour en démissionnant de votre poste de directeur général de l'Univers et ne jouez pas à Dieu. Vous devez aussi garder en tête que les distributeurs prévoyants font une place à tous dans leur organisation : clients en gros, distributeurs au détail, bâtisseurs à temps partiel et distributeurs que rien n'arrête et qui poussent cette occasion d'affaires le plus loin possible. Tous vos distributeurs devraient se sentir à leur place dans votre réseau aussi longtemps que vos membres franchissent les étapes leur permettant de réaliser les objectifs qu'ils se sont fixés. Ils devraient éprouver un sentiment d'appartenance à votre groupe.

Nous recommandons de bâtir une organisation en faisant trois choses : utiliser les produits ou les services, en parler à des gens et en trouver d'autres prêts à faire de même. Le bon fonctionnement d'une entreprise exige qu'un grand nombre de personnes apportent chacune sa petite contribution. Cependant, comme dans les premiers temps de notre industrie, beaucoup de gens ressentent une certaine confusion à savoir s'ils doivent consacrer leur énergie à distribuer les produits ou à bâtir leur réseau.

La réponse à cette question varie en fonction de ce que vous désirez retirer de votre entreprise. Les présentations à la maison, les cliniques et la vente au détail deviennent immédiatement rentables, mais à courte échéance uniquement. Bâtir une organisation de distributeurs qui utilisent les produits, qui en font la promotion et qui enseignent à d'autres à les imiter permet de créer un revenu résiduel à long terme, sauf pour quelques exceptions. La plupart des professionnels qui se lancent aujourd'hui en marketing de réseau préfèrent les revenus résiduels passifs qui découlent de la mise sur pied d'une entreprise aux bénéfices immédiats provenant de la distribution de produits.

Passons au recrutement et prenons un exemple. Lorsque vous vous rendez chez un ami, vous n'allez pas lui demander d'entrée de jeu s'il désire disposer d'un revenu supplémentaire. Il va se dérober parce que même s'il désire gagner plus, il ne veut pas que vous pensiez qu'il a besoin d'argent. Il vous dira: «Non merci, cela ne m'intéresse pas.» Ce qu'il faut faire, c'est lui dire quelque chose comme ceci: «Yvon, je viens de me lancer dans une entreprise passionnante et peut-être que tu pourrais m'aider. Connais-tu par hasard quelqu'un qui aurait envie d'avoir un revenu supplémentaire dans une entreprise intéressante pendant son temps libre?»

Dans cet exemple, vous remarquerez que nous faisons intervenir un tiers en demandant à Yvon s'il connaît quelqu'un. Tentez cette expérience sur les dix prochaines personnes que vous rencontrerez: pompiste, épicier, coiffeur, femme de ménage, juste pour voir leur réaction. Vous verrez qu'en général ils vous demanderont plus de détails. En réalité, ce sont eux qui sont intéressés mais ils n'osent pas l'avouer.

Voici un tableau qui vous montre comment organiser votre emploi du temps. Au début, vous devriez passer tout votre temps à parrainer des distributeurs. Pourquoi? demanderez-vous. Ne devrait-on pas commencer par la théorie avant d'entamer la pratique? Le premier mois n'est-il pas censé être une formation? En fait, le parrainage fait partie de votre apprentissage. Bien entendu, à ce stade, même si votre parrain fait la plus grande partie de votre travail, vous pourrez tirer profit de cette expérience en apprenant à devenir parrain à votre tour. Aussi, même si votre parrain assure les premières présentations, c'est vous qui toucherez les commissions.

Au début, lorsque vous créez votre réseau, votre entreprise c'est vous. Mais vous savez que pour réussir dans le marketing de réseau il vous faudra trouver cinq distributeurs, même si vous devez pour cela prendre contact avec plus de 20 personnes.

- Formez vos distributeurs idéaux dont nous parlions précédemment pour qu'ils en parrainent d'autres.

- Formez également leurs distributeurs pour qu'ils puissent en parrainer à leur tour.

- Lorsque votre réseau aura atteint le troisième ou quatrième palier et qu'un de vos cinq distributeurs pourra se passer de vous, il vous faudra chercher un autre distributeur pour le remplacer.

- Réunissez ceux qui sont devenus vos distributeurs et aidez-les à parrainer leurs amis. Soutenez vos distributeurs lorsqu'ils aident leurs filleuls à parrainer d'autres amis, et ainsi de suite.

Soudain, vous apercevrez, quelque part dans l'un de ces paliers, un de ces précieux distributeurs motivés. Rencontrez-le et travaillez avec lui, car en le soutenant vous accélérerez la conversion des distributeurs débutants en distributeurs efficaces. En effet, ceux qui sont encore un peu tièdes seront d'autant plus motivés s'ils constatent qu'un distributeur d'un palier inférieur est déjà bien plus avancé ; ils voudront alors rattraper leur retard et passeront d'eux-mêmes à une vitesse supérieure. C'est comme si l'on plaçait un pétard sous leur siège plutôt que d'expliquer encore et encore. Par contre, il faut à tout prix éviter de créer une dépendance entre vos distributeurs et vous. Il y a un moment où vos distributeurs doivent se débrouiller seuls. Votre parrain peut vous aider et d'autres distributeurs peuvent faire monter la température, mais c'est vous, et vous seul, qui ferez monter le mercure jusqu'à 100 degrés.

Dans les faits, cela se traduit comme suit. Vous rencontrez quelqu'un que votre parrain ne connaît pas ; celui-ci vous accompagne à votre rendez-vous et vous aide à parrainer le futur distributeur. À ce moment, c'est comme si vous allumiez le feu sous la casserole. Lorsque vous aurez cinq distributeurs, vous aurez cinq flammes sous la même casserole qui ne peut couvrir plus de cinq flammes ; aussi, des flammes supplémentaires ne serviraient à rien puisqu'elles brûleraient inutilement à côté de la casserole et l'énergie serait gaspillée. Mais, à ce stade, l'eau ne peut pas encore bouillir si vos cinq distributeurs n'ont encore parrainé personne.

En revanche, dès que trois distributeurs en parrainent d'autres sur trois paliers, que deux distributeurs font la même chose sur quatre paliers ou qu'un seul distributeur fait la même chose sur un palier, l'eau bouillira. Lorsque vos distributeurs auront compris cela, ils sauront, quand vous les appelez, que vous voulez vraiment les aider à allumer une autre flamme ou à augmenter la température de l'eau avec les flammes existantes. Vous souhaitez autant qu'eux que l'eau de leur casserole commence à bouillir. Ainsi, plus vous étendez votre réseau, plus la température de l'eau augmente. Vous remarquerez que ce n'est pas toujours le premier distributeur que vous avez parrainé qui voit son eau bouillir, mais celui qui s'investit le plus et qui travaille vraiment en profondeur.

Une fois que l'eau bout dans cette partie du réseau, vous allez former un nouveau groupe de cinq distributeurs prêts à s'investir sérieusement. Gardez à l'esprit que la casserole ne doit couvrir que cinq flammes à la fois, mais que pour obtenir ces cinq flammes, il faut parfois parrainer 10 ou 20 personnes. Alors, qu'arrive-t-il aux autres flammes? Pour l'instant, vous les gardez en réserve car vous en aurez besoin lorsque vos cinq distributeurs deviendront indépendants. À ce moment, vous prendrez contact avec eux pour leur raconter ce qui se passe. Il arrive que certains n'aient pas été vraiment prêts au moment où vous les avez parrainés ou qu'ils avaient préféré attendre un peu pour voir comment les choses marchaient pour vous. Ne les oubliez pas au cas où ils se seraient enfin décidés.

Vous remarquerez certainement, en cours de lecture, que le chiffre 5 était pour nous magique. Ce chiffre va vous amener dans un petit voyage mathématique en trois étapes et se révéler un excellent exercice d'automotivation. Il va vous montrer à quelle vitesse un réseau peut se développer si vous appliquez les principes énoncés dans cet ouvrage.

$$5 \times 5 = 25\,; 25 \times 5 = 125\,; 125 \times 5 = 625$$

Le marketing de réseau est si passionnant qu'en six mois on peut apprendre tout ce que l'on doit savoir pour prendre sa retraite en moins de 10 ans. Vous souvenez-vous de vos années universitaires, lorsque vous alliez acheter les ouvrages nécessaires chez votre libraire? Vous aviez envie de les dévorer et vous vous réjouissiez tant à l'idée de relever le défi des examens à la fin du semestre. Étiez-vous payé pour le faire? Non, alors si vous avez été capable d'étudier pendant quatre ans sans être payé, sans avoir aucun espoir de prendre votre retraite deux ou trois ans plus tard, pourquoi êtes-vous si inquiet des maigres résultats que vous pourriez obtenir au bout de quelques mois dans le marketing de réseau? Vous êtes de nouveau à l'école, à l'école du marketing de réseau cette fois-ci. Certains nouveaux distributeurs se découragent déjà après quelques semaines. Selon moi, leur découragement est injustifié tant qu'ils ne sont pas allés au bout du semestre à l'école du marketing de réseau. C'est comme si vous demandiez à un étudiant en médecine de vous opérer alors qu'il entame son premier mois d'études. Je suis persuadé que vous seriez déçu du résultat, et cela se comprend. Demandez à votre médecin, à votre avocat ou à votre dentiste depuis combien de temps il exerce sa profession, vous verrez qu'ils font le calcul à partir du moment où ils ont obtenu leur diplôme. Il en va de même pour le marketing de réseau; vous n'êtes vraiment dans le métier qu'à partir du moment où vous devenez un distributeur chevronné, c'est-à-dire une fois que vous avez réellement les compétences pour exercer cette activité et non pas dès l'instant où vous avez signé votre contrat de distributeur.

Le seul moment où vous serez déçu sera lorsque vous travaillerez sur un événement et qu'il ne se passera rien. Trop de distributeurs entrent dans des réseaux en espérant gagner des milliers de dollars instantanément. Il faut d'abord aller à l'école pendant six mois, ce qui n'est pas grand-chose si l'on pense à la durée d'un cycle normal. Au bout de ces six mois, vous aurez un emploi qui peut rapporter gros alors que les étudiants devront encore aller à l'université pendant trois ans et demi avant d'être prêts à se chercher un emploi.

LE PARRAINAGE

Le secret du succès dans le marketing de réseau, c'est qu'il faut enseigner la réussite aux autres, cesser de se préoccuper de son revenu pour s'attacher plutôt à la formation des distributeurs et au travail d'équipe. Plus vous orientez vos efforts dans ce sens, plus vous réussirez. Pour ce faire, il faut du temps, car avant de former les autres vous devez vous-même avoir appris à affronter toutes les situations.

Après avoir trouvé les 10 clients qui représentent la base de votre entreprise, vous passerez à la vitesse supérieure. Dans le marketing de réseau, pour y accéder, il faut parrainer quelqu'un. Alors, parrainez un distributeur et vous serez en première. Vous ferez cinq trajets en première pendant que vous parrainez les cinq premiers distributeurs motivés. Ensuite, pour que les distributeurs motivés puissent eux aussi passer en première vitesse, vous devrez les former à cela. Lorsque vos cinq distributeurs en auront parrainé cinq autres, vous serez passé en deuxième vitesse et vous aurez adhéré 25 distributeurs. Formez vos cinq distributeurs à en former chacun un pour qu'ils passent chacun la première vitesse, et ce sont eux qui feront 25 distributeurs. Cette opération vous permet de passer en troisième vitesse et de former 125 distributeurs. Maintenant, vous avez ajouté un troisième palier à votre réseau. Vous remarquerez qu'il est beaucoup plus agréable de rouler en quatrième vitesse. Il en va de même avec votre réseau ; aussi, tâchez de passer en quatrième aussi rapidement que possible. Lorsque les distributeurs du premier palier seront en troisième vitesse, vous serez en quatrième. Mais vous souhaitez que ces distributeurs passent également la quatrième, ce qui vous permettra maintenant d'enclencher le turbo de la cinquième.

Si, parmi les distributeurs de votre réseau, certains ont de la difficulté à parler à leurs amis, c'est en général parce qu'ils ne sont pas convaincus de pouvoir prendre leur retraite d'ici 10 ans ou parce qu'ils ne voient pas comment cela pourrait arriver. Si tel est le cas, présentez-leur ce qui suit et ils verront comment on peut faire fortune en moins de 10 ans. L'hypothèse est la suivante. Vous parlez à un futur distributeur et vous lui dites : « Parmi

118

toutes vos connaissances et les personnes que vous rencontrerez, pensez-vous être en mesure, d'ici la fin du mois, de trouver cinq distributeurs qui veulent vraiment prendre leur retraite d'ici moins de 10 ans?» Il devrait très certainement vous répondre: «Tous ceux que je connais seraient partants!» Si vous pouvez parrainer cinq distributeurs motivés en un mois, vous devriez pouvoir aider ces derniers à en parrainer cinq autres en l'espace de trois mois. Au terme de six mois, quand vos filleuls aideront leurs distributeurs à parrainer d'autres personnes, vous pourrez considérer que vous avez vraiment réussi à travailler en profondeur.

Lorsqu'ils entrent dans un réseau, la plupart des vendeurs pensent que le plus important est de parrainer. En réalité, le plus important est de parrainer, mais aussi de former. Les deux mots clés du marketing de réseau sont le parrainage et la formation. Remplacez le terme «vendre» par «partage». Les autres termes importants sont: présentation, participation, promotion. D'abord, présentez votre travail au futur distributeur. Ensuite, amenez-le à participer aux activités du réseau; pour cela, il faut qu'il s'engage à prendre cinq ou dix heures de son temps libre durant six mois. Enfin, à mesure que votre distributeur s'investit, il bénéficiera d'une promotion. Il se peut que votre distributeur entre dans le réseau avec l'idée d'accroître son revenu de 500 dollars, voire de 1500 dollars, par mois. Mais après six mois, il visera certainement beaucoup plus haut.

Les quatre éléments fondamentaux du parrainage sont: les contacts, le temps, l'énergie, la connaissance. Quelle différence y a-t-il entre le recrutement et le parrainage? Le recrutement consiste à faire entrer dans le réseau des gens qui connaissent déjà le marketing de réseau, alors que le parrainage est une méthode qui permet à un néophyte du marketing de réseau d'entrer dans un réseau et d'être formé en conséquence. En recrutement, on construit vite, alors qu'en parrainant on construit solidement.

Mon parrain ne me soutient pas, que dois-je faire? Remontez la filière jusqu'à ce que vous trouviez un distributeur qui vous soutienne. Si votre parrain reste passif, il finira par sortir du réseau et vous vous retrouverez à sa place au palier directement inférieur à celui de la personne qui vous aide habituellement. Chaque fois que vous faites quelque chose de positif pour réunir vos distributeurs, vous leur donnez l'occasion de mettre en commun leur étincelle personnelle, et cela peut donner un brasier bénéfique.

Pourquoi devrais-je quitter mon emploi? Nombreux sont les distributeurs qui s'investissent à temps plein beaucoup trop tôt. Ils sont sous pression, car ils doivent gagner de l'argent tout de suite. Comment voulez-vous creuser les fondations d'un immeuble s'il faut déjà payer le loyer de celui-ci? Aussi, ne démissionnez pas avant d'avoir mis un peu d'argent de côté. Il faut que vous gagniez au moins deux fois plus d'argent dans le marketing de réseau que dans votre entreprise actuelle.

Voici un voyage en cinq étapes:

1. Parlez à un ami des avantages dont on jouit en tant qu'indépendant. Cette étape ne vous prendra que quelques minutes.

2. Aidez-le à comprendre le fonctionnement du marketing de réseau.

3. Demandez à vos amis s'ils sont prêts à retourner à l'école cinq ou dix heures par semaine pendant six mois pour apprendre à être indépendants. S'ils sont d'accord, passez à la quatrième étape; s'ils ne le sont pas, partagez avec eux votre produit ou votre service et faites-en des clients-amis, qui vous serviront de référence.

4. Partagez avec eux les éléments de votre véhicule. Faites signer le contrat de distributeur par vos amis.

5. Demandez à vos amis de procéder de la même façon avec leurs amis.

Le parrainage est le principal facteur de croissance de toute entreprise de marketing de réseau. Plus votre réseau s'étend, plus vous avancez sur la voie de l'indépendance et plus vous avez de raisons de vous féliciter de votre réussite.

Quel est le nombre idéal de personnes avec qui travailler? Entre trois et cinq, mais pas plus de cinq. Regardez les militaires, ils enseignent la duplication depuis des années et leur hiérarchie dépasse rarement cinq niveaux. Le nombre de personnes avec qui vous choisissez de travailler dépend du temps que vous désirez consacrer: plus vous avez de temps, plus vous pouvez avoir d'associés. Lorsque vous avez terminé la formation des cinq premières personnes, vous en parrainez cinq autres et ainsi de suite.

N'allez pas imaginer que vous devriez parrainer des centaines et des centaines de personnes et tout leur enseigner vous-même; en dix vies, vous n'en auriez pas le temps. Les distributeurs qui réussissent le mieux ont parrainé très peu de gens.

Je connais un homme qui travaille dans cette entreprise à temps partiel. Il gagne 60 000 $ par année et conduit une Mercedes fournie par sa compagnie. Il a parrainé 25 distributeurs de premier niveau en deux ans et demi. Il dit qu'il ne veut parrainer que des chefs. Je connais également un millionnaire qui a un énorme réseau. En 15 ans de marketing de réseau, il a parrainé moins de 100 personnes, ce qui fait moins de dix par année. Il dit d'ailleurs que c'est la raison pour laquelle il a si bien réussi.

Le marketing de réseau peut paraître comme une industrie de chiffres: c'est à la fois vrai et faux. En fait, c'est une industrie de relations de qualité. Dix fabricants d'étoiles valent leur pesant d'or. Si chacun d'eux s'est dupliqué et a fabriqué dix fabricants d'étoiles dans sa propre lignée – et croyez-moi vos distributeurs en sont tous capables –, 100 fabricants d'étoiles travailleront bientôt pour vous.

Rejoignez tout le monde. Je vous mets au défi de dépenser tous les mois entre 500 $ et 1 000 $ en frais de téléphone.

– «Monsieur Raymond, vous êtes fou!

– Pas du tout, je veux que vous ayez de gros comptes de téléphone et que vous puissiez les payer sans effort et sans arrière-pensée. Je vais vous dire pourquoi. Parce que contrairement aux règles habituelles du marketing de réseau, je crois que vous devriez parrainer des gens par interurbains. Réfléchissez un instant. Depuis combien de temps le marketing de réseau existe-t-il? Ce n'était pas très répandu il y a une cinquantaine d'années.

– Oui, je sais que les structures à paliers multiples existent depuis toujours, au gouvernement, en éducation, et dans les entreprises conventionnelles. Mais il n'y avait pas, comme aujourd'hui, d'entreprises fondées sur les principes du marketing de réseau.

– Vous êtes-vous déjà demandé pourquoi les ancêtres des compagnies de marketing de réseau vendaient directement aux consommateurs? Rappelez-vous le vendeur de brosses Fuller qui passait de porte en porte et des autres dans l'entreprise de vente directe. C'est la technologie qui a donné son élan au marketing de réseau.»

Dans le marketing de réseau, on n'a pas besoin de parrainer la terre entière pour faire fortune. Vous parrainez trois distributeurs et vous les formez pour qu'ils puissent en former chacun trois autres. Vous aurez intégré neuf personnes de plus dans votre réseau. Ensuite, vous formez ces trois premiers distributeurs pour qu'ils forment les neuf autres à former trois autres distributeurs chacun, ce qui vous en donne 27. En ajoutant encore un palier, votre réseau comptera 81 personnes.

J'ai surmonté ces obstacles en apprenant comment aider mes clients potentiels à se fixer des buts et en les visualisant. Je demeure cependant très sélectif quant à ceux avec qui je choisis de travailler. J'ai compris que le succès est directement lié à ceux qui occupent nos pensées et ce vers quoi nous canalisons notre énergie. Les mots magiques sont : élargissez rapidement et recrutez le plus grand nombre de distributeurs. Les 90 premiers jours de prospection dans le marché chaud sont beaucoup plus personnels et demandent énormément de soutien puisque les nouveaux distributeurs concentrent leurs efforts sur leur famille et leurs amis. Pour gagner des revenus semblables à ceux des héros de l'industrie, il faut recruter massivement, en particulier lorsqu'on s'est attaqué au marché froid.

Prenez maintenant l'exemple de parrainage de quatre distributeurs. Voyons ce qui se produit. Lorsque vous parrainez quatre distributeurs, vous formez quatre distributeurs pour qu'ils en forment chacun quatre, ce qui donne 16. Puis, vous formez les quatre distributeurs initiaux pour qu'ils puissent enseigner aux 16 suivants comment former leurs quatre distributeurs. Ce qui vous donne un total de 64 personnes. Ajoutez un palier supplémentaire et, en un tournemain, votre groupe comptera 256 personnes.

En prenant l'exemple du parrainage de deux, de trois et de cinq distributeurs, les chiffres parleront d'eux-mêmes.

$$2 \times 2 = 4 \qquad 3 \times 3 = 9 \qquad 5 \times 5 = 25$$
$$4 \times 2 = 8 \qquad 9 \times 3 = 27 \qquad 25 \times 5 = 125$$
$$8 \times 2 = 16 \quad 27 \times 3 = 81 \quad 125 \times 5 = 625$$

Là est la différence monumentale.

Pour conclure, vous ajouterez que la véritable différence n'est que de trois puisque chaque distributeur n'a parrainé que trois distributeurs de plus. Nombreux sont ceux qui comprennent facilement le concept du parrainage. Le chiffre 5 en haut de la troisième colonne représente des personnes qui souhaitent s'investir sérieusement pour se mettre à leur compte. Mais il vous faudra peut-être parrainer 10 ou 20 personnes afin de pouvoir compter sur cinq distributeurs qui s'investiront à fond.

Quel que soit le type d'entreprise de marketing de réseau, si l'on tient compte uniquement de la consommation du produit par les 125 distributeurs du réseau, le chiffre d'affaires est déjà considérable. Ce calcul ne tient même pas compte de ceux qui ne font qu'acheter les produits sans devenir distributeurs.

Il arrive régulièrement que les distributeurs d'autres réseaux, qui travaillent avec d'autres produits, s'étonnent de notre rapidité d'expansion. Souvent, ce sont même de vieux routiers du marketing de réseau qui nous demandent quel est notre secret. Nous leur répondons par une question : «Combien de distributeurs chevronnés avez-vous au premier palier?» Les distributeurs au premier palier sont ceux que vous formez vous-même. En général, la réponse à notre question se situe dans une fourchette de 25 à 50 distributeurs, parfois plus. Certains comptent plus de 100 distributeurs au premier palier. C'est beaucoup trop. Lorsque vous aurez assimilé les principes énoncés dans ce volume, votre entreprise devancera la leur en l'espace de six mois seulement, même si ces distributeurs sont actifs depuis six ou huit ans.

Lorsque le principe de doublage de la croissance exponentielle entre en jeu, la croissance est explosive. Certains distributeurs de réseau ont des organisations regroupant des milliers, voire des centaines de milliers de distributeurs. Essayez d'imaginer la commission versée sur un tel volume de vente. Pas étonnant que certains distributeurs de réseau mènent une vie digne de gens riches et célèbres. Dans le marketing de réseau, vous touchez une commission sur les produits et services que vous recommandez, lesquels vous utilisez et conseillez de toute façon. Vous ne pouvez pas perdre. De plus, c'est le système de marketing le plus efficace, le plus honnête du monde.

Comment fonctionne le marketing de réseau ? Pensez-vous qu'il vous soit possible de convaincre chaque mois une seule personne de se joindre à votre organisation ? Juste un associé, attiré par la liberté, la reconnaissance, le bonheur et la sécurité. Un associé intéressé à améliorer sa vie et celle de sa famille. Une personne décidée par mois, voilà tout ce dont vous avez besoin.

Comment, à partir d'une personne par mois, en obtient-on 4 096 ? Une fois que vous aurez convaincu cette personne de se joindre à votre organisation, vous devenez son formateur, vous n'avez pas à concentrer tous vos efforts sur la vente de produits, vous devez seulement former votre recrue à bien imiter votre système.

Ensuite, en deux mois, vous enseignerez à votre premier associé comment reproduire ce que vous-même avez fait, c'est-à-dire comment recruter une personne, pendant que vous-même recrutez une deuxième personne. Donc, à la fin du deuxième mois, vous avez personnellement parrainé deux personnes pendant que votre premier associé en a parrainé une. Vous constituez maintenant un groupe de quatre : vous et trois autres personnes. Vous poursuivez donc la duplication du système infaillible de votre parrain et enseignez à vos nouveaux partenaires à vous imiter pour les troisième, quatrième et cinquième mois, et ainsi de suite. À la fin de votre première année, vous aurez personnellement recruté 12 personnes : une chaque mois. Chacune d'elles aura également parrainé une personne par mois.

Avant d'aller plus loin, appliquons notre théorie à un autre domaine pour mieux comprendre ce qui vient d'être dit. Prenons l'exemple de l'armée de terre, de la marine ou de l'air. Peu importe l'échelon ou la hiérarchisation, personne ou presque n'a plus de cinq ou six personnes directement sous ses ordres. Cette règle est issue d'une organisation fondée sur des centaines, voire des milliers d'années d'expérience. Dès lors, comment peut-on prétendre bien gérer une entreprise de marketing de réseau avec un effectif de 50 distributeurs au premier palier ? C'est un pari impossible. D'ailleurs, nombreuses sont les entreprises de ce type qui échouent. S'il est vrai qu'un effectif supérieur à cinq distributeurs au premier palier est contre-productif, il ne faut pas non plus travailler avec une seule personne. Toutefois, veillez à bien travailler en profondeur pour que chaque ligne descendante se développe correctement.

Arrivé à un certain stade, un distributeur que vous avez parrainé quittera peut-être votre groupe pour former un sous-groupe indépendant. Ceci vous donnera en fait la possibilité de travailler avec une autre personne tout en gardant un nombre de distributeurs inférieur à cinq. Certes, une entreprise peut déjà être efficace avec trois ou quatre distributeurs au premier palier, mais aucune ne peut le demeurer avec un effectif supérieur à cinq personnes.

Pour que le réseau puisse exister, il faut avoir constitué trois paliers. Ce n'est qu'à ce stade que la duplication intervient. C'est là le message le plus important à transmettre lors d'un parrainage, car il constitue la clé du succès de l'entreprise.

Votre dernière tâche consiste à partager les produits que vous distribuez avec ceux qui voyagent avec vous. Vous leur donnez par là l'occasion d'essayer le produit et de constater les avantages qu'il offre. Lorsque quelqu'un vous demandera où l'on peut se procurer le produit, devinez ce que vous allez leur dire. «Cela tombe bien, je suis justement distributeur.» Voilà pourquoi il est bon d'en parler à ses amis. Pour plusieurs, c'est à ce moment qu'intervient la vente au détail. Il est important de noter que jamais, jusqu'ici, nous n'avons parlé d'une obligation de vente au sens habituel du terme, mais plutôt de partager avec vos amis ou des inconnus. Ces derniers deviendront eux aussi vos amis une fois qu'ils auront constaté les avantages du produit et ce que représente votre système de marketing.

L'enthousiasme est contagieux. Lorsque nous recrutons, nous laissons volontairement paraître notre excitation et notre entrain. Dans le marketing de réseau, si vous n'éprouvez pas de plaisir, c'est que vous devez vous y prendre mal.

Il n'est pas indispensable d'avoir un grand nombre de clients mais ceux qui en ont 25 sont déjà très bien lotis. Cela signifie que ce principe ne constitue qu'une petite partie du travail. En effet, il serait toujours possible de se rendre au but en n'obéissant qu'aux trois premiers principes.

Comme il s'agit de parrainage, vous devez dès le début faire entrer à jamais le chiffre 5 dans l'esprit de votre futur distributeur : il est chargé de parrainer cinq distributeurs. Il faut simplement expliquer au futur distributeur qu'il devra sacrifier 5 à 10 heures de son temps libre hebdomadaire à son travail. Cette observation semble aller de soi, mais il arrive fréquemment que les gens s'engagent dans un programme de marketing de réseau en pensant que les choses se feront d'elles-mêmes. N'oubliez pas que la boîte de vitesse n'est pas automatique.

Maintenant, je vous félicite d'avoir franchi cette étape qu'est l'engagement à long terme, puisque c'est un fait auquel la plupart des gens ne font que rêver. Vous avez décidé de vous engager à long terme et vous êtes résolu à bâtir une entreprise qui vous permettra de réaliser vos souhaits dans la vie. Vous savez que bâtir votre entreprise comporte son lot de difficultés, mais vous savez comment réagir quand la situation pose un problème et qu'il n'est pas question d'abandonner.

Faisons une analogie avec un jeu de cartes dans lequel il y a 52 cartes. Dans chaque jeu, il y a quatre as représentant les bâtisseurs d'entreprises. Maintenant, brassez les cartes et regardez la position des as. Brassez à nouveau, une deuxième et une troisième fois. Avez-vous remarqué que, chaque fois, les as sont

126

placés différemment? Les as sont quelquefois faciles à repérer, mais parfois il faut tourner 40 cartes avant de les dénicher. Claude-Louise et moi avons bâti un centre d'affaires avec quatre cartes, mais nous avons dû tourner 30 cartes avant de mettre le deuxième centre d'entreprise sur pied.

Le côté positif à brasser les cartes est que tout en y cherchant des as, des chefs de file pour votre entreprise, vous y trouvez aussi des utilisateurs de produits et d'autres gens qui veulent simplement gagner 100 $ par mois. C'est formidable parce que vous travaillez votre organisation en profondeur, ce qui lui assure des fondations solides. Quand vous travaillez de cette façon, il arrive souvent qu'un simple utilisateur de produits se transforme en chef de file ou que vous aidez un chef de file qui vous a été présenté par quelqu'un d'autre. Que serait-il arrivé si Claude-Louise et moi avions abandonné?

Le taux d'abandon dans notre industrie ne dépasse probablement pas celui des autres professions versant des commissions directes ou indirectes. Nous devons tout de même faire de notre mieux pour aider nos nouveaux associés à prévoir les conflits inévitables et leur fournir les armes nécessaires pour vaincre. Le marketing de réseau, même durant les premières étapes, peut être amusant et se faire relativement sans douleur. La préparation et la prévoyance sont d'importance égale. Nous tenons surtout à vous aider à persévérer, et si vous arrivez à survivre à la première année sans abandonner ni perdre votre sens de l'humour, les chances de continuer pour obtenir du succès et devenir riche sont grandes. Certains des leaders internationaux de notre industrie, les plus prospères, ont survécu à leur première année en suivant les simples instructions consignées dans cet ouvrage. Survivez à votre première année et vous aurez une grande chance de joindre les rangs de ces légendes.

Travaillez avec les leaders et faites ce qu'il faut pour maintenir un bon état d'esprit; vous devez rester concentré sur votre entreprise si vous voulez qu'elle fonctionne. Il faut apprendre à considérer la déception de façon philosophique: «J'ai essuyé neuf "non" aujourd'hui, je suis donc sur le point d'obtenir un "oui".» L'abandon est un phénomène inévitable, il faut donc aller de l'avant et se concentrer sur le nouveau venu. Si vous n'avez pas de nouveaux associés enthousiastes, trouvez-en. Mieux vaut côtoyer des gens enthousiastes, intéressés et prêts à apprendre. Un vieux dicton dans notre industrie dit que lorsque votre moral est bon, adressez-vous aux membres de vos échelons inférieurs et lorsque votre moral est bas, adressez-vous aux membres de vos échelons supérieurs.

Les pros du marketing de réseau travaillent toujours à deux. Ainsi, la confiance est à son plus haut niveau. Lorsque deux distributeurs font une présentation, l'un parle tandis que l'autre observe. Lorsqu'ils travaillent ensemble, ils accomplissent bien plus que lorsque chacun travaille de son côté. Les professionnels recherchent toujours un maximum d'efficacité.

Si vous laissez votre nouveau distributeur seul dans sa tâche de parrainage, cela signifie que vous vous attendez à ce que vos nouveaux distributeurs aient une maîtrise immédiate de l'affaire, une confiance inébranlable en eux-mêmes et en votre affaire et qu'ils puissent assumer seuls tous les rejets, qu'ils soient des professionnels instantanés du marketing de réseau rien que par le fait d'avoir rempli leur formule d'adhésion. Vous conviendrez qu'on ne peut s'attendre à tout cela. La solution idéale serait donc le travail en groupe.

Lorsque deux personnes travaillent ensemble, cela leur permet d'évaluer chacune leur présentation; elles peuvent analyser les points positifs et négatifs d'une présentation particulière, ce qui leur permettra d'améliorer les suivantes. Les deux points de vue, c'est-à-dire celui de la personne qui présente et celui de la personne qui observe, constituent un atout majeur.

Le temps des récoltes. L'idée du marketing de réseau est de se consacrer à la formation de ses propres distributeurs. Ne vaut-il pas mieux avoir 5 ou 10 distributeurs qui parrainent à tour de rôle que tout faire soi-même? Ne vaut-il pas mieux parler aux amis de nos amis au lieu de vouloir à tout prix aborder des gens qu'on ne connaît pas?

QUELQUES CALCULS RAPIDES

Si vous parvenez à faire travailler ne serait-ce que 5 de ces distributeurs et que ceux-ci en parrainent chacun 10 autres, votre groupe compterait bientôt 50 nouveaux distributeurs. Vous disposeriez de cinq distributeurs formés qui pourraient à leur tour travailler avec leurs propres distributeurs. C'est là l'efficacité. Plutôt que d'avoir des centaines de distributeurs qui se débrouillent plus ou moins seuls, vous aurez bientôt une bonne centaine de distributeurs dans votre groupe au bout de deux à trois mois seulement. Vous pouvez prendre trois mois pour former ces cinq à huit distributeurs principaux en équipes de deux. Vous pourrez vous occuper des uns le mardi et le samedi, et des autres le mercredi et le jeudi, puis, en deux à trois mois, vous serez à la tête d'un réseau qui fera pâlir d'envie tous vos collègues.

Votre rôle consiste à soutenir vos distributeurs jusqu'au moment où un nouveau leader viendra remplacer ces vendeurs tranquilles qui connaissent au moins une personne qui pourrait devenir un élément de qualité dans votre réseau. De nombreux parrains professionnels admettent volontiers que ce ne sont pas eux qui ont parrainé les meilleurs éléments de leur groupe, mais que ceux-ci ont été amenés par d'autres. Les leaders apparaissent souvent au deuxième, au troisième et même seulement au dixième niveau de l'organisation. N'hésitez donc pas à parrainer des distributeurs qui ne feront pas immédiatement grossir le volume de votre groupe, car leur objectif peut changer d'un jour à l'autre. Et s'ils ne se découvrent pas eux-mêmes l'attitude d'un leader, ils vous amèneront peut-être un jour la personne qu'il vous faut et celle-là, vous ne l'auriez probablement pas rencontrée sans sa collaboration.

Persévérez et évitez à tout prix de vous écarter du système. Devinette : le distributeur A qui habite à Rimouski parcourt 150 kilomètres pour arriver à Québec où il veut parrainer un nouveau distributeur. Pendant ce temps, le distributeur B, qui habite à Québec, fait 150 kilomètres pour aller parrainer un nouveau distributeur qui habite à Rimouski. Qui gagne ? Bien sûr, la réponse est : la station-service.

Travailler de manière intelligente ne signifie pas nécessairement travailler dur. Une question: votre employé vend vos produits pour un montant de 1 000 $ et un autre pour 10 000 $. Lequel des deux recevra un meilleur salaire? Il est évident que vous donnerez dix fois plus à la deuxième personne. Si nous désirons accroître nos revenus, il nous faut produire plus ou offrir un meilleur service. Nous devons donc trouver un moyen de travailler de manière intelligente. Travailler pour un patron signifie travailler dur, tandis que monter sa propre affaire correspond à un travail intelligent.

La meilleure éducation, c'est le marketing de réseau. Voyons maintenant combien d'années nous passons, en moyenne, sur les bancs d'école:

- école primaire: six ans;
- école secondaire: cinq ans;
- cégep: trois ans;
- université: sept ans;
- total: vingt et un ans.

Nous passons 21 ans de notre vie à étudier, mais nous ne suivons aucun cours lié à la réussite personnelle. Ne croyez-vous pas qu'il vaudrait mieux investir un peu de notre temps dans une formation et l'achat de quelques bons ouvrages qui nous apprendront à réussir? Monsieur, vous avez passé 17 ans de votre vie pour apprendre comment on devient un bon employé, ne voudriez-vous pas investir 300 $ et deux mois de votre vie pour vérifier si vous pourriez également avoir du succès en tant que patron de votre propre entreprise? Saisissez la chance lorsqu'elle se présente. Qui gagne plus d'argent, le propriétaire de l'entreprise ou l'employé? Qui travaille pour lui? Le propriétaire, bien sûr. Monsieur, vous avez maintenant la chance unique de monter votre propre affaire et de décider vous-même de l'argent que vous voulez gagner. Voulez-vous rester un employé toute votre vie et laisser vos supérieurs fixer le montant de votre salaire, ou bien désirez-vous monter votre propre affaire en devenant distributeur dès maintenant?

En tant que parrain professionnel, vous devez faire un tri qui vous permettra de déterminer lesquels de vos contacts ont une chance de donner des résultats. Il est d'ailleurs nettement plus facile de trouver des personnes intéressées que de convaincre celles qui ne montrent aucun intérêt au départ. Je ne me fixe aucune limite. Je suis prêt à payer le prix et à fournir l'effort nécessaire pour vivre la vie d'un aigle. L'effet parle de lui-même, mais les histoires vendent. Vous pouvez gagner énormément de temps en qualifiant à l'avance les personnes avec qui vous allez parler.

Choisissez des clients potentiels qui ont des désirs. Les amateurs du marketing de réseau perdent un temps fou à vouloir changer l'avis des gens qui n'ont aucun désir. Dans notre domaine, ce qu'il nous faut, c'est quelqu'un qui puisse consacrer de cinq à dix heures de travail en même temps que son emploi normal. La personne débordée de travail qui vous dira qu'elle ne pourra y consacrer que quatre heures par semaine vous conviendra aussi ; elle aura au moins pris cet engagement. En règle générale, on sait que les gens occupés tiennent leurs engagements.

Les objectifs du marketing de réseau. Aucune des grandes compagnies ne possède la *superstar* des parrains, qui aurait personnellement parrainé un millier de distributeurs, mais elle en compte beaucoup plus qui ont parrainé un certain nombre d'excellents distributeurs, qui en ont eux-mêmes parrainé plusieurs, pour parvenir à un réseau de 100 à 200 personnes. Pour obtenir un groupe solide, ne vaut-il pas mieux former soi-même de 5 à 10 personnes qui deviendront autonomes à leur tour plutôt que d'en trouver 1 000 qui n'auront pas bénéficié de la formation et qui travailleront seules et sans grande motivation ?

La discipline et la persévérance procurent de belles récompenses. L'aspect le plus fascinant du marketing de réseau est que, dans bien des cas, contrairement à ceux qui abandonnent, la survie conduit inévitablement à la richesse et au succès. Dans notre industrie, l'abandon est un facteur important. Jusqu'à maintenant, nous avons peu souvent rencontré quelqu'un ayant assidûment travaillé dans le marketing de réseau et n'ayant pas réussi. Les rares personnes qui échouent sont habituellement celles qui tentent continuellement de réinventer la roue et qui compliquent sans cesse le chemin vers la prospérité le plus simple de toute l'histoire du capitalisme. Dans le marketing de réseau, il faut persévérer ou périr; abandonner est la seule façon sûre d'échouer. Survivre à la première année établit le nouveau distributeur sur des bases solides et l'oriente vers le succès. Notre analyse démontre qu'approximativement 95 % de ceux qui survivent 10 ans dans le marketing de réseau deviennent immensément riches, plus riches qu'ils n'avaient pu l'imaginer dans leurs rêves les plus audacieux. Ces survivants obtiennent une rémunération renversante ou une complète liberté de temps.

COMMENT OBTENIR UN OUI

La pire crainte des gens qui songent à adopter le marketing de réseau est d'être contraints à se transformer en super vendeurs, faute de quoi ils ne pourront atteindre les échelons les plus élevés. Cet ouvrage propose un système simple qui facilite le recrutement de nouveaux distributeurs. Il ne s'agit pas d'astuces, mais de techniques et de stratégies qui fonctionnent si on y consacre l'effort requis. Si vous promettez de mémoriser et de mettre en pratique la technique pendant 14 jours sans en modifier un iota, je vous promets que les résultats dépasseront vos rêves les plus fous.

Mon conseil, à titre de consultant ou associé, a permis à diverses entreprises de faire des centaines de millions de dollars, de recruter des milliers de nouvelles personnes et d'augmenter leurs profits de 20 %, 50 %, 100 %, 500 % et 1 000 %. Je n'exagère pas du tout! Ce que cet ouvrage enseigne pourrait changer radicalement votre vie, mais seulement si vous adoptez totalement le système.

Le présent ouvrage vous enseignera sans détour que faire, que dire et comment le dire pour obtenir un «oui» à l'occasion d'une rencontre avec un associé potentiel. Le succès est un jeu: plus vous jouez, plus vous gagnez, et plus vous gagnez, plus vous jouez avec succès.

Plus vous approcherez de gens, plus il y en aura qui se joindront à votre entreprise. Plus vous insisterez auprès d'eux, plus vous perfectionnerez votre approche. Parlez à quiconque aura la patience de vous écouter. Si vous parcourez votre liste de noms[13] et que vous les étiquetez vieux, riches, jeunes, pauvres, intelligents ou autre, vous cheminez vers l'échec. Au cours des premières années d'exploitation de votre entreprise, vous devez parler à beaucoup de gens parce qu'il vous faut pratiquer. En agissant ainsi, la loi de la moyenne vous permettra forcément de connaître le succès.

Votre degré de succès vous déprime? Doublez le nombre de vos présentations. La vitesse de croissance de votre entreprise ne vous plaît pas? Augmentez vos activités. Parlez à tout le monde, c'est la première règle. Téléphonez et téléphonez encore. Même si vous êtes le meilleur des présentateurs, votre entreprise fermera ses portes si le nombre de contacts potentiels est insuffisant. Vous pouvez être un excellent étalagiste doté d'une personnalité attirante, mais un volume de présentations trop bas vous maintiendra tout au plus dans la moyenne.

Tenir un registre de vos moyennes et de vos statistiques assure un esprit positif et fixé sur votre but, ce qui aide à nourrir une motivation soutenue et à accepter le rejet. Si vous vous concentrez sur vos moyennes, vous ferez fi de tout le reste en plus d'être hautement motivé à établir rapidement votre prochain contact.

Celui qui accepte et comprend la loi de la moyenne n'est nullement affecté par les refus. En tenant un registre de vos appels, présentations et nouveaux associés, vous mettrez rapidement au point votre propre série de moyennes. La clé : ne pas chercher de nouveaux distributeurs, mais des associés potentiels qui prendront le temps d'écouter votre présentation. La loi de la moyenne s'occupera des résultats ; c'est une affaire de chiffres. La loi de la moyenne vous assurera toujours des résultats. Tenir compte de vos ratios vous maintient sain d'esprit,

---

13. Dans le chapitre sur le marché, une partie, à la page 141, est réservée à cette liste chaude de 100 noms.

vous permet d'établir les points à améliorer et révèle le niveau de succès que vous êtes en mesure d'atteindre. Un tel procédé vous permet de vous concentrer sur les activités productives au lieu de vous soucier de ce que l'on se souviendra par la suite.

J'offre de la formation depuis quelques années à des distributeurs et, au cours de cette période, j'ai tenu un registre des résultats obtenus par des individus et des compagnies qui ont atteint le plus haut niveau de succès. La moyenne typique en marketing relationnel est 10 contre 6 = 3 + 1 + 1 + 1. Sur les 10 personnes qui ont écouté votre présentation, six seront des associés potentiels, enthousiastes et prêts à lancer une entreprise de marketing de réseau. Parmi ces six personnes, trois donneront suite à leur projet, une réussira, une disparaîtra et une autre continuera à acheter les produits. Ainsi, 10 représentations vous vaudront un associé qui persistera et qui réussira.

Parler de votre entreprise à 10 personnes, combien de temps cela exige-t-il? Dans le domaine des assurances, tous parviennent au chiffre d'affaires magique de 1 000 000 $, mais pas au même rythme. Certains auront besoin de trois à cinq ans pour y parvenir alors que d'autres atteindront ce chiffre en une année. Les récompenses et les prix d'excellence sont réservés à ceux qui parviennent à atteindre cet objectif le plus rapidement possible.

FAITES UNE PRÉSENTATION INTÉRESSANTE

Pourquoi les gens soulèvent-ils des objections? Un jour, j'ai demandé à un associé de me faire le compte rendu de sa rencontre avec un associé potentiel : la personne n'était pas intéressée. Pourquoi ? Je ne sais pas vraiment, il n'était pas intéressé, tout simplement. Les distributeurs potentiels non intéressés n'existent pas; par contre, les présentations non intéressantes existent. Ce que l'associé potentiel disait vraiment, c'est que la présentation n'était pas très intéressante. Un distributeur potentiel sera toujours attiré par une présentation intéressante. Les quatre clés qui donnent accès au coffret de trésors de marketing de réseau et qui permettront à vos associés potentiels d'exprimer leurs vrais désirs pendant que vous les écoutez sont :

1. Briser la glace;
2. Découvrir le point chaud;
3. Presser le bouton «point chaud»;
4. Obtenir un engagement.

Le but de cette étape est d'établir une relation avec votre associé potentiel en lui parlant de vous-même et en désirant en apprendre davantage à son sujet. L'objectif visé est de vendre, et rien d'autre. Si votre contact vous apprécie, il est fort probable qu'il appréciera aussi votre message tant verbal que non verbal. Par contre, s'il fait preuve de méfiance et de rejet à votre endroit, toute présentation s'avérera inutile. Quelle est la durée de cette étape? Aussi longtemps qu'il faut pour vendre et établir un climat de confiance. À partir du moment où ce climat est établi, votre associé potentiel vous écoutera, et vous aurez atteint votre but. Avec certaines personnes, trois ou quatre minutes suffiront alors que d'autres en exigeront 30 ou 40.

Découvrez le point chaud. Il est essentiel de bien comprendre ce qui peut survenir à ce stade. Votre contact pourrait être enthousiasmé, préoccupé, déprimé ou même fâché. S'il est en colère, ce sera à cause de lui-même et non à cause de vous. Cette partie de la présentation ne laisse aucune place au laisser-aller. Quiconque est satisfait de lui-même quant à ses buts et à ses ambitions le sera quant à ses habitudes de travail. Votre réseau n'a que faire de ce genre de personnes. Les gens fortement motivés qui se joindront à un réseau feront fructifier leur entreprise par la suite. Cette étape vous apprendra comment déterminer le facteur principal de motivation de votre associé potentiel, qui est aussi la raison qui le motivera à joindre votre réseau. Toute personne est motivée par l'une ou l'autre de ces deux choses: gagner quelque chose ou éviter de souffrir. Cette vérité vous permettra de découvrir le facteur principal de motivation de votre contact, puis il vous suffira de savoir l'enflammer. C'est à cette étape que la personne vous exprime les gains qu'elle espère faire et les souffrances qu'elle souhaite éviter. Cette étape est la plus importante, car c'est au cours de celle-ci qu'elle vous fera part de ses espoirs, de ses rêves et de ses craintes.

Pourquoi les gens se joignent au marketing de réseau. Les résultats de nos recherches révèlent que les raisons ou les facteurs principaux de motivation qui poussent les gens à adopter le marketing de réseau sont:

- gagner un revenu additionnel;
- payer les études des enfants;
- posséder sa propre entreprise;
- voyager;
- acheter maison, bateau, voiture, etc.;
- payer moins d'impôts;
- établir de nouveaux contacts;
- s'assurer une meilleure retraite.

En étudiant cette liste, vous découvrirez le facteur principal de motivation pour lequel vous avez décidé de lancer votre propre entreprise en marketing relationnel. Bien qu'il existe sûrement quelques facteurs secondaires, il y en aura toujours un qui aura la préséance et qui deviendra votre objectif. Bien que le but soit extrêmement important, il est essentiel que vous compreniez que l'objectif de l'autre n'est pas forcément le vôtre. Ne tirez pas de conclusions trop hâtives par rapport au but de quelqu'un d'autre, vous risquez de manquer le bateau. Même si vous misez juste, vous semblerez véhiculer votre idée et, pour cette raison, elle n'aura pas le même impact et la même puissance de motivation.

Comment obtenir un oui. Voici une technique simple qui vous aidera à présenter votre liste de motivations pour obtenir un «oui». En premier lieu, demandez à votre associé potentiel: «Savez-vous pourquoi les gens adoptent le marketing de réseau?» La simplicité de cette question vous permettra, en réponse au «non», de poursuivre la conversation en disant: «Laissez-moi vous montrer.» C'est le moment de faire la lecture de votre liste d'objectifs[14]. Par contre, si votre associé potentiel a répondu «oui» à la question, vous poursuivez en lui posant une deuxième question: «Pour quelles raisons?» Il en proposera quelques-unes, plus ou moins vraies, pour lesquelles, selon lui, les gens adoptent le marketing de réseau. Lorsqu'il aura terminé, demandez-lui:

---

14. Voir aussi le modèle de feuille de travail des objectifs à l'annexe 5, à la page 283.

«Ensuite?» Il vous répondra: «C'est tout.» Poursuivez en lui proposant: «Laissez-moi vous montrer.»

Puis, posez-lui ces questions incontournables:

1. Quel objectif est le plus important pour vous?
2. Pourquoi?
3. En quoi est-il si important?
4. Quel avantage voyez-vous à l'atteindre?

À l'occasion, vous rencontrerez un associé potentiel qui affirmera n'avoir aucun objectif dans la vie. Il existe deux groupes de personnes qui ne se fixent pas d'objectifs principaux. D'abord, il y a celles qui ne se fixeront jamais d'objectifs, qu'ils soient primaires, secondaires ou tertiaires. Remerciez-les de vous avoir écouté et poursuivez votre route. Ne perdez pas votre temps avec des personnes sans espérance, sans rêve et sans objectif. Ensuite, il y a celles qui ne se fixent pas d'objectifs par crainte de les voir se réaliser.

Voici comment s'y prendre avec ces dernières:

Vous:

«Quel objectif est le plus important pour vous?»

A. P. (associé potentiel):

«Je n'en ai vraiment aucun.»

Vous:

«Aucun, vraiment?»

A. P.:

«Aucun des objectifs énumérés n'a d'importance pour moi en ce moment.»

Vous (avec désinvolture):

«Eh bien, si l'un d'eux avait une certaine importance, lequel choisiriez-vous?»

A. P.:

«Probablement la liberté financière.»

Vous:

«Pourquoi avez-vous choisi celui-là?»

A. P. :

« Parce qu'il est important d'avoir de l'argent. »

La puissance du silence. Chaque question posée doit être suivie d'un silence total de votre part jusqu'à ce que votre associé potentiel ait terminé sa réponse. Vous vous devez de résister à la tentation de l'aider à faire son choix parce que ce doit être le sien et non le vôtre. Il importe qu'il vous communique pourquoi il doit se joindre à votre entreprise. Séparez les brebis des chèvres. Celles qui restent les yeux fixés sur des objectifs bien définis et qui nourrissent des rêves réussiront bien sans vous, mais peut-être réussirez-vous tout de même à les aider à atteindre leurs buts plus rapidement.

Bâtir une entreprise de distributeurs, c'est comme planter un jardin. Vous labourez le sol de votre jardin et y ajoutez des fertilisants, en éliminez les mauvaises herbes et le protégez des intempéries. Votre tâche consiste à arroser, à ajouter des fertilisants et à éliminer les mauvaises herbes. Les bonnes semences pousseront quoi que vous fassiez. Le secret : semer de bonnes semences. C'est là le but des cinq questions incontournables qui consistent à évaluer la force de la semence avant de la mettre en terre. Parrainez le plus grand nombre de distributeurs possible, mais réservez un fort pourcentage de votre temps pour les bonnes semences.

Pressez le bouton « point chaud ». Le plan d'affaires ne représente rien de plus qu'une solution à un problème donné et une façon de réaliser un rêve. Vous serez maître de votre destinée et vous disposerez de plus de temps libre avec votre famille. Au moment de votre retraite, vous pourriez jouir d'un style de vie et du confort dont vous avez toujours rêvé. En utilisant les propos de votre contact, votre plan d'affaires devient le sien, significatif et motivant, et ainsi le produit de leurs idées et de leurs mots.

Pour obtenir un engagement, demandez à votre associé potentiel de se joindre à votre entreprise et il devrait être tout feu tout flamme à l'idée de faire un geste logique : lancer sa propre entreprise. Adoptez une attitude qui démontre que c'est la seule décision logique qui découle de votre présentation d'affaires.

138

Dites-lui sans ambiguïté, avec confiance et fermeté, que vous désirez le voir joindre votre entreprise aujourd'hui et non demain, et vous verrez tout ce qui peut en découler.

LE MARCHÉ

LE MARCHÉ CHAUD

Cette partie du livre est réservée à l'aspect plus technique du marketing de réseau. C'est ici que vous devez prendre le plus de notes possible. Ne dites pas que c'est un système compliqué avant de l'avoir mis en pratique. N'essayez pas d'inventer une nouvelle méthode, vous échoueriez à coup sûr. Notre méthode est éprouvée et fonctionne. La liste chaude, le commerce par indication et les technologies sont les principaux outils utilisés par les distributeurs.

LA LISTE DE 100 NOMS

La «liste chaude», ou «liste de 100 noms», est simplement le point de départ du nouveau distributeur puisque c'est dans celle-ci qu'il pourra trouver ses 10 premiers clients et ses premiers distributeurs. Ceux qui font un réel effort pour se souvenir de 100 noms et qui trouvent rapidement leurs 10 clients sont habituellement ceux qui réussiront.

Mettre sur pied une entreprise de marketing de réseau exige d'abord la création d'une liste chaude qui doit inclure les noms de toutes vos connaissances actuelles ou passées qui se souviennent immédiatement de vous à la seule mention de votre nom.

Une telle liste se révèle utile, car durant les premiers mois elle permet aux nouveaux distributeurs de prendre d'abord contact avec des gens avec lesquels ils aimeraient entretenir des relations d'affaires durables. Votre liste chaude est votre principal outil pour réussir. Dressez une longue liste chaude, car plus elle comportera de noms, plus solidement vous établirez votre entreprise. Des psychologues ont constaté qu'à l'âge de 30 ans une personne connaît en moyenne 2 000 personnes. Les nouveaux distributeurs doivent commencer par faire la liste d'au moins 200 personnes qu'ils connaissent. Nous vous entendons déjà soupirer : « Pourquoi recommandent-ils de dresser une liste aussi longue ? »

Lorsque nous demandons aux distributeurs de mettre par écrit les noms de 100 personnes, ils en trouvent 60 ou 70, puis décident que ça suffit amplement. Lorsque nous insistons pour qu'ils en trouvent deux fois plus, ils parviennent à une centaine de noms et s'excusent de ne pas en avoir davantage. Une fois bien avancé dans votre liste, choisissez vos 25 personnes favorites, celles avec qui vous apprécieriez le plus vous associer dans les affaires. Nous croyons que la liste chaude parvient mieux que n'importe quelle autre ressource à orienter les nouveaux distributeurs dans la bonne direction.

Prenez tout le temps nécessaire pour dresser votre liste et utilisez toutes les ressources disponibles. Un nouveau distributeur devrait d'abord s'isoler dans une pièce silencieuse en emportant avec lui tous les outils susceptibles de raviver sa mémoire[15] et tenter de mettre par écrit 200 noms. Deux ou trois jours vous seront sans doute nécessaires pour bien démarrer, mais vous devriez approcher du but après un mois. Vous ne regretterez jamais d'avoir élaboré ce puissant outil.

Souvenez-vous qu'il s'agit ici d'exploration, ne permettez de dire non à aucun des noms de la liste. Nous établirons les priorités dans un moment, pour l'instant, tous les noms sont bons. Pourquoi 100 noms ? Parce qu'une erreur est fréquemment commise par les nouveaux distributeurs lorsqu'ils décident d'aller parler de leur produit et de l'occasion d'affaires : ils pensent immédiatement à quatre ou cinq personnes et n'écrivent pas ces noms sur un papier, ils les gardent simplement en

---

15. Afin de vous aider à dresser votre liste chaude, un aide-mémoire vous est offert aux annexes 6 et 7 (voir aux pages 284 et 285).

mémoire et s'emparent du téléphone pour appeler immédiatement l'une d'entre elles. Il y a de bonnes chances que cette personne ne soit pas intéressée pour quelque raison que ce soit. Et si cette première personne dit non, voilà un quart ou un cinquième de ses clients potentiels qui s'élimine d'un coup. Quel mauvais départ! Cependant, quand vous avez une liste de 100 personnes et qu'une d'entre elles dit non, il est facile de vous dire: «Ce n'est pas grave, je vais la rayer de ma liste pour l'instant.» Un pour cent, il n'y a rien d'alarmant.

Souvenez-vous de deux choses. D'abord, nous faisons de la prospection, nous explorons toutes les possibilités afin de découvrir précisément où trouver de l'or. Ensuite, il y a trois règles à respecter: CO, CN, PIS (certains disent oui, certains disent non, peu importe, au suivant). Une liste de cinq personnes ne vous donne pas beaucoup de suivants.

Je le répète, il ne s'agit pas de convaincre les gens, mais de faire un tri afin de déceler si ces personnes sont ouvertes à votre produit et à la possibilité de se lancer en affaires. Le téléphone est un des meilleurs outils pour trier rapidement vos clients potentiels et mettre rapidement le cap sur le succès. Tôt ou tard, en marketing de réseau, il faut parler à des inconnus et y prendre plaisir.

Le monde est rempli de perles. Présentement, elles vous sont toutes inconnues. Comment les atteindre? Comment franchir les barrières et créer un nombre toujours grandissant de nouvelles relations prospères? Comment transformer des inconnus en amis? La réponse est: en ayant du plaisir.

Il est important de mettre la liste de clients potentiels en ordre parce que nous voulons sélectionner les clients qui seront les plus réceptifs à ce que nous avons à leur offrir. Les personnes que nous voulons choisir d'abord, appelons-les groupe A, aiment le monde et débordent d'énergie. Il est toujours agréable d'être avec elles, elles attirent les gens grâce à leur personnalité joyeuse et amicale et quand elles aiment quelque chose, elles en parlent à tout le monde. Pour bien comprendre, divisons cette liste en trois groupes. Plusieurs de mes clients potentiels du groupe A ont décidé d'utiliser mes produits, mais ils ne sont pas intéressés à l'aspect affaires tout de suite. Par contre, ils m'ont donné les noms de quatre ou cinq amis ou membres de leur famille qui pourraient être intéressés par mon produit. Avant longtemps, ma liste comprendra 150 noms et elle s'allongera à partir de noms du groupe A donnés par mes clients potentiels. Dans deux ou trois ans, vous aurez une grande entreprise de marketing de réseau prospère. Vous aurez de 50 à 100 leaders et une organisation comptant quelques milliers de personnes. Combien de ces personnes connaissez-vous aujourd'hui? En fait, vous n'en connaissez, pour ainsi dire, que très peu.

Le groupe B comprend les gens positifs. La façon la plus simple de les identifier consiste à procéder par élimination, à trouver d'abord les gens négatifs et à mettre un crochet à côté de leur nom.

Le groupe C comprend les gens qui ont réussi, qui prospèrent dans leur vie et leur travail. Ne jugez pas ces gens trop vite et accordez-leur une grande priorité. Nous faisons souvent l'erreur d'éviter les gens qui ont réussi parce que nous tenons pour acquis qu'ils sont trop occupés, qu'ils n'ont pas besoin d'argent, etc. Pourtant, ce sont eux qui reconnaissent le plus rapidement une bonne occasion quand elle se présente. Et souvenez-vous, les gens qui réussissent fréquentent des gens qui réussissent. Si ces gens aiment ce qu'ils voient, ils s'impliqueront rapidement dans cette entreprise.

Il est important que vos distributeurs trient leur liste de clients potentiels avec soin, car il faut prendre contact avec les bonnes personnes en premier. Habituez-les à joindre d'abord les personnes à l'attitude gagnante. Un des avantages du marketing de réseau est qu'on peut se monter une entreprise prospère à l'échelle nationale.

LE TÉLÉPHONE

Utiliser le téléphone est la troisième étape dans votre programme de prospection. C'est par téléphone que vous invitez vos clients potentiels prioritaires à prendre connaissance de votre produit et de votre occasion d'affaires. Vous êtes peut-être une des rares personnes à posséder un téléphone de deux kilos.

Pour certains, le téléphone est un objet froid et impersonnel. Je vous suggère de placer un miroir près de votre téléphone et d'y inscrire en grosses lettres «SOURIRE», puis faites vos appels en vous regardant dans le miroir avec ce grand sourire. Utilisez le téléphone, d'abord et avant tout, pour prendre des rendez-vous et non pour faire des présentations. Trop souvent, nous essayons de vendre ainsi, et il n'est pas le meilleur moyen de communication pour faire des présentations, à moins d'être un professionnel de la vente par téléphone.

Rappelez-vous que donner trop d'informations au téléphone diminue les chances que vos clients potentiels acceptent de se présenter à vos réunions. Au téléphone, essayez de piquer leur curiosité plutôt que de la satisfaire. Durant ce premier appel, évitez de fournir trop d'informations et de répondre à trop de questions. Communiquez-leur votre enthousiasme et convenez tout de suite du moment où ils viendront vous rencontrer. Assurez-vous que chaque mot que vous prononcez provient du cœur et n'invitez que ceux avec qui vous désirez être associé dans les affaires.

La liste de noms doit être rédigée afin d'éviter les oublis et pourra être augmentée à n'importe quel moment. En effet, il peut arriver que vous passiez dans un quartier dans lequel vous n'étiez pas venu depuis longtemps et que vous tentiez de vous souvenir qui, parmi vos connaissances, y habite. Comme vous avez toujours votre liste sur vous, vous pourrez immédiatement inscrire le nom qui vous vient à l'esprit. Quelques jours plus tard, quand vous voudrez prendre contact avec quelqu'un, vous consulterez votre liste et tomberez sur ce nom, comme par hasard. Si vous ne l'aviez pas ajouté à la liste au moment où vous y avez pensé, vous n'auriez peut-être jamais pris contact avec cette personne.

Certaines sociétés de vente directe dépendent d'un marché froid, c'est-à-dire qu'elles vendent à des inconnus, ce qui peut être le travail le plus difficile qui soit. Cela s'applique aussi aux ventes par catalogue ou par téléphone. Dans votre marché froid, vous devez à tout prix prouver la crédibilité de votre employeur et la vôtre. Le marketing de réseau adopte l'approche du marché chaleureux, puisque vous approchez des gens que vous connaissez et avec qui vous voulez sincèrement partager un nouveau concept, un nouveau produit ou service, des gens qui croient en votre jugement, qui sont prêts à vous écouter.

De récentes études gouvernementales estiment que nous connaissons tous 800 personnes sur lesquelles nous pouvons avoir une certaine influence : amis, relations professionnelles et sociales. Ces gens sont ceux qui ont confiance en nous, des gens que nous aimerions aider avec un nouveau produit, service ou concept, des gens dynamiques et entreprenants qui, tout comme nous, aspirent à trouver dans le marketing de réseau une carrière viable ou une excellente occasion de gagner un second revenu. Eh oui, certaines occasions d'affaires ont plus de chances de succès que d'autres et s'offrent à quiconque y démontre de l'intérêt, du dynamisme et de l'initiative !

La plupart des distributeurs débutants peuvent facilement invoquer une douzaine de bonnes raisons de ne pas connaître 100 clients potentiels et de ne pas commencer d'abord par leurs amis et les membres de leur famille. Nous connaissons chacun de ces arguments, mais aucun n'est valable. Les distributeurs désirant réussir ne peuvent se permettre de brûler cette étape, ils doivent absolument prendre le temps de dresser leur liste.

Si vous désirez rentabiliser au maximum votre liste chaude, vous devrez apprendre à obtenir d'autres noms. Lorsqu'une personne sur votre liste refuse votre proposition, il faut alors lui demander les noms d'un ou de deux collègues susceptibles d'être intéressés par votre affaire. La meilleure façon consiste à rester spécifique : qui, parmi tes connaissances au travail, songe à démissionner ? Qui, parmi tes amis au travail, est le plus dynamique ou que tous admirent ? N'oubliez pas de toujours demander d'autres noms. Si vous apprenez à remplacer chaque nom par un nouveau client potentiel, votre liste chaude ne se tarira jamais.

Appelez chaque personne de votre liste en commençant par celles habitant votre ville et avec qui vous appréciez le plus faire des affaires. Prenez contact avec 20 ou 30 amis ou membres de la famille et invitez-les à venir s'enquérir de votre occasion d'affaires. Il est préférable d'expliquer en quoi consiste votre entreprise à de petits groupes constitués de trois à six personnes à la fois. Vous devez donc inviter le double de gens pour compenser ceux qui ne se présenteront pas. Invitez votre entourage à créer des relations d'affaires qui amélioreront sa qualité de vie. Passez ensuite le reste de l'année à prendre contact avec les autres personnes dont les noms figurent sur votre liste, à fixer des rendez-vous et à expliquer votre proposition d'affaires.

Le travail d'équipe rend le marketing de réseau vraiment efficace. Voici quelques phrases que nous vous conseillons d'utiliser lorsque vous parlez avec les gens de votre liste chaude et en attendant que votre conviction se transforme en excitation : «Je viens tout juste de me joindre à une entreprise qui me fascine tellement que je ne peux m'empêcher de t'en parler. Ces gens gagnent plus en un mois que la plupart de nous en un an. Leur mode de vie m'a particulièrement impressionné ; ils travaillent à la maison, à leur propre rythme et se créent des revenus résiduels ahurissants. J'ignore si tout cela est bien réel, mais je ne peux m'empêcher d'y penser. Lorsque j'ai vu les gens formidables qui s'y joignaient, j'ai immédiatement pensé à toi et à ton conjoint ; vous êtes les deux personnes avec lesquelles j'aimerais le plus me lancer en affaires. En outre, tu connais presque tout le monde dans la communauté et tous te respectent. Je crois avoir vraiment découvert quelque chose d'intéressant, j'aimerais que vous y jetiez un coup d'œil et me disiez si je délire ou non. J'ai invité quelques bons amis à la maison mercredi soir pour leur expliquer toute l'affaire, mais peut-être que mardi vous conviendrait mieux ?»

Les distributeurs du XXIe siècle devront apprendre à bâtir leur organisation en tirant parti des relations qu'ils entretiennent avec leur marché chaud plutôt qu'en triant un grand nombre de clients potentiels avec l'espoir qu'un d'entre eux sera intéressé. Assurez-vous d'enseigner à vos nouveaux distributeurs comment se servir d'outils pour stimuler leur mémoire de façon qu'ils puissent se souvenir des noms de 200 amis et connaissances. Ne cédez devant aucun des arguments ou excuses utilisés par vos nouveaux distributeurs qui cherchent à se soustraire de la prospection dans leur marché chaud. Abandonnez votre zone de confort et offrez à tous les gens figurant sur votre liste chaude la possibilité de se joindre à votre entreprise, particulièrement ceux que vous considérez comme trop prospères dans leur emploi actuel pour être intéressés par votre proposition.

Ne laissez pas vos échecs passés avec d'autres compagnies en marketing de réseau vous retenir de prendre contact à nouveau avec vos amis et les membres de votre famille. Un tel handicap peut facilement être transformé en atout. Assurez aux gens que vos recherches et vos analyses vous ont permis cette fois-ci de trouver la bonne compagnie.

Gardez l'enthousiasme en dépit des revers inévitables. Après quelques mois, 90 % du travail requis par notre industrie devient un véritable plaisir. Le succès en marketing de réseau exige une personnalité positive et inspirante, de faire preuve d'entrain et d'enthousiasme. Il est impossible de convaincre les gens de changer de carrière ou même de participer, à temps partiel, à notre affaire si nous ne semblons pas prendre plaisir à ce que nous faisons. En réalité, nous ne devrions jamais rencontrer des gens ou décrocher le téléphone dans le but de faire de la recherche ou d'offrir des services si nous ne sommes pas dans un état d'esprit positif. Il est souvent facile de réorienter nos réactions face au rejet des membres de la famille et d'en faire une force positive qui nous aidera à bâtir notre entreprise.

Lorsque vous recrutez, tentez de vous percevoir vous-même comme un éducateur et non comme un vendeur. Lorsque vous prenez contact avec les gens pour la première fois, efforcez-vous de piquer leur curiosité et non de la satisfaire. Lorsque vous appelez les gens de votre marché chaud pour leur proposer de se joindre à votre entreprise, mettez l'accent sur la liberté de temps et l'argent plutôt que sur les produits qu'elle offre.

Les gens dorment, et pour qu'ils sortent de leur torpeur assez longtemps pour accepter une nouvelle idée ou une nouvelle façon de voir les choses, leur conscience doit subir un choc. Nous sommes arrivés à la conclusion qu'à moins que vous ne les surpreniez avec l'énorme potentiel de revenu de cette industrie, la plupart des gens ne sortiront pas de leur léthargie. Seule la promesse d'un revenu de 2 500 $, 5 000 $, 10 000 $ ou même de 20 000 $ par mois, ce que gagnent les distributeurs prospères de notre industrie, est habituellement un choc qui suffit à éveiller les gens et à les convaincre de se présenter à une réunion.

La confiance découle de la réussite. Quittez votre zone de confort et offrez à tous les gens de votre liste la chance de se joindre à vous. Vous devez cependant vous mettre au travail et recruter autant d'associés que possible. En tant que leaders, nous ne devons pas avoir peur aussitôt que nous sommes convaincus du potentiel d'un individu; nous devons plutôt l'inciter à s'affirmer ouvertement et à poursuivre jusqu'au bout.

Votre entreprise pourrait intéresser une légion de clients: d'anciens clients et des gens avec qui vous avez déjà fait affaire. Ne faites pas preuve de retenue, car les clients potentiels doivent savoir que vous êtes un croyant. Laissez voir à quel point vous êtes convaincu. Cette industrie possède le pouvoir de changer votre vie et la leur.

Pour bâtir une grande entreprise internationale, il vous faudra faire de la recherche dans tous les groupes avec lesquels vous avez des affinités plutôt que de concentrer toute votre énergie sur un seul groupe. Procurez-vous un classeur de 30 centimètres de long, 12 feuilles intercalaires numérotées, une pour chaque mois, 31 feuilles pour chaque jour du mois et quelques centaines de fiches sur lesquelles vous inscrirez les données relatives à chaque client.

Nom : _____

Tél. : _____

Appelé la dernière fois le : _____

Action : _____

Résultats : _____

Remplissez une fiche chaque fois que vous obtenez le nom et le numéro de téléphone de qui que ce soit, particulièrement lorsqu'il s'agit de personnes que vous venez tout juste de rencontrer. Pour les adeptes de l'ordinateur, il existe bien entendu des logiciels pouvant faciliter cette tâche. L'important est de posséder un système pour assurer le suivi de vos clients potentiels.

Passons maintenant à la partie la plus importante. Vous devez prendre contact régulièrement (soit tous les six mois) avec chaque personne inscrite sur vos fiches, jusqu'à ce qu'elle se joigne à votre entreprise ou décède. Il ne faut jamais vous débarrasser d'une fiche avant que la personne en question soit devenue un distributeur ou que vous ayez assisté à ses funérailles. Si vous n'arrivez pas à joindre une personne, replacez sa fiche le jour suivant. Le travailleur à temps plein, en Amérique, en Europe ou en Asie, change d'emploi en moyenne tous les 3,7 ans. Appelez donc vos clients potentiels tous les six mois. Peu importe combien de gens rejettent catégoriquement vos propositions, vous finirez bien un jour par les attraper quand ils se trouveront entre deux emplois.

Notre devoir ne consiste pas à faire le travail pour les autres, mais plutôt à leur enseigner à fonctionner par eux-mêmes. Nous sommes des éducateurs puisque nous enseignons aux gens une nouvelle façon d'acheter, de vendre des produits et de gagner leur vie. Plus nous éduquerons de gens, plus nous ferons d'argent. Vos arguments principaux devraient être la rentabilité, le temps libre et le désir de vous associer dans les affaires pour la vie.

Lorsque le marketing de réseau est expliqué correctement à une personne qui se trouve dans une de ces inévitables périodes de transition, il exerce un attrait presque irrésistible. Il s'agit avant tout d'aborder les gens au moment propice, peu importe alors comment le tout leur est présenté, ils seront fort probablement intéressés.

Le succès dépend plus de l'attitude que du talent, alors votre plus grand atout sera votre enthousiasme. Vous devez enseigner au plus grand nombre de gens possible qu'il existe une meilleure façon de vivre et de s'assurer un revenu résiduel. Lorsque vous appelez pour la première fois les gens de votre marché chaud, votre seul objectif devrait être de les amener à réfléchir sérieusement à votre proposition. Il est fort peu probable que, dans toute l'histoire du marketing de réseau, un distributeur ait possédé assez de talent de persuasion pour réussir à convaincre en un seul appel les gens de se joindre à son entreprise. Nous ne connaissons aucun distributeur qui parvienne à vendre régulièrement les produits et les services par téléphone ; ne vous y risquez donc pas. Peut-être pouvez-vous d'abord vous contenter de présenter un vidéo à vos clients potentiels, mais vous devrez tôt ou tard les rencontrer en personne.

Grâce à un véhicule comme le marketing de réseau, vous avez la liberté de partir à l'aventure, alors, ne laissez pas les circonstances extérieures vous dicter la façon d'être heureux ni limiter la possibilité d'atteindre vos objectifs. Parfois, des gens se présenteront dans votre vie comme s'ils avaient attendu cette occasion, mais à d'autres moments, vous vous demanderez où est passé tout le monde. C'est une entreprise fondée sur le choix du moment opportun. Sachez discerner les besoins de vos distributeurs et clients potentiels et ne retenez que ceux qui sont prêts. Soyez sélectif.

À l'occasion, votre sélection s'effectuera parmi un grand nombre de personnes rendues à des stades différents de leur vie. Si elles disent non, ça ne signifie pas qu'elles vous rejettent, mais plutôt qu'elles ne souhaitent pas, pour l'instant, entendre ce que vous avez à leur proposer. Retournez à vos affaires, laissez-les aux leurs, mais ne vous inventez surtout pas de raisons pour expliquer leur refus, ne rejetez pas la faute sur les autres et restez concentré sur votre objectif. Ces gens sont les associés dans les affaires que vous recherchez, ceux avec lesquels vous établirez des rapports et une étroite collaboration. Rappelez-vous bien ceci : certains de vos meilleurs associés seront d'abord des clients privilégiés, des utilisateurs de produits, maintenez le contact, vous ne savez jamais à quel moment ils seront prêts, ce n'est peut-être pas maintenant, mais cela pourrait fort bien être demain. Voilà qui m'amène à un autre sujet, les objections.

Sachez que la réponse aux objections fait partie intégrante de cette entreprise. Certaines personnes dans notre industrie interprètent tout de suite les objections de façon négative. Qu'est-ce qui arrive si, au lieu de voir d'un point de vue négatif les objections soulevées, vous les envisagiez comme des possibilités méconnues ? Écoutez la question qui se cache derrière la possibilité à saisir. Soyez plus attentif que jamais. Il est facile de se laisser dérouter par les objections, mais pas quand on comprend un processus tout simple pour en venir à bout. Nous avons découvert que, la plupart du temps, quand les gens envient ce que nous possédons, c'est qu'ils ne voient pas comment trouver le moyen de l'obtenir.

Notez les trois mots suivants et mémorisez-les :

1. Ressentir ;
2. Ressenti ;
3. Découvert.

« Je sais ce que vous pouvez ressentir, j'ai ressenti la même chose, et voilà ce que j'ai découvert. » Évidemment, vous n'avez pas à vous sentir obligé d'utiliser exactement les mêmes mots, mais rappelez-vous du concept. Ma réponse à une objection sera probablement différente de la vôtre, ce qui est important, c'est de comprendre le processus et de l'utiliser parce qu'il fonctionne.

Voici les quatre objections les plus souvent entendues et des exemples de réponses à leur apporter.

1. Objection : « Raymond, je n'ai vraiment pas le temps de m'occuper d'une entreprise comme celle-là. » Réponse : « Je sais ce que vous pouvez ressentir, Louise, j'ai déjà ressenti la même chose, je n'avais pas de temps non plus, mais j'ai découvert qu'il n'en fallait pas tellement pour bâtir une entreprise comme la nôtre. Je sais, Louise, que vous êtes très occupée et que vous n'avez pas beaucoup de temps, mais c'est ce qui fait de vous la candidate idéale pour cette entreprise. »
2. Objection : « Raymond, je n'ai pas d'argent pour me lancer dans une entreprise pareille. » Réponse : « Je sais ce que

vous pouvez ressentir, Louise, j'ai déjà ressenti la même chose, puis j'ai découvert qu'en m'associant et en travaillant en équipe je pouvais partager mon entreprise sans effort particulier. C'est comme partager un bon film ou un repas au restaurant avec des amis. Je sais qu'avec ce que nous avons mis sur pied, vous pouvez bâtir une entreprise prospère en partageant et en aidant à faire la même chose que vous.»

3. Objection: «Raymond, c'est de la vente pyramidale!» Réponse: «Louise, comment décririez-vous une pyramide?» Louise: «Vous savez bien, c'est une de ces organisations où la personne au sommet ramasse tout l'argent et où les autres plus bas travaillent pour elle.» Raymond: «Je sais ce que vous pouvez ressentir, Louise, j'ai déjà ressenti la même chose. Permettez-moi de vous poser une question. Disons que vous travaillez pour Monsieur Tremblay, êtes-vous payée plus cher que votre patron? Bien sûr que non et vous ne pensez pas non plus que votre salaire sera plus élevé que le sien. Si vous étudiez toutes les formes d'organisation dans le monde, que ce soit les affaires ou le gouvernement, vous verrez qu'elles ont toutes une structure pyramidale. Ça explique pourquoi je trouve cette occasion d'affaires si formidable. Elle est vraiment fondée sur le principe de la libre entreprise qui a servi de fondement à notre pays. Chacun est récompensé selon ses efforts. Certains des membres de votre organisation peuvent gagner plus d'argent que vous.» Dans cet exemple, je réponds à une question par une autre question.

4. Objection: «Est-ce que c'est du marketing de réseau?» Réponse: «Eh bien, Louise, quelle expérience avez-vous du marketing de réseau?»

Après avoir compris le sens de l'expression «au suivant», je suis toujours allé de l'avant sans me retourner. Le marketing de réseau exige d'appeler beaucoup de gens dans votre cercle de connaissances. Vous finirez ainsi par trouver ceux pour qui le moment est propice, et c'est alors que vous commencerez à cultiver des relations personnelles. Ce qui explique pourquoi nous appelons parfois cette industrie: marketing relationnel.

Le leadership est une qualité naturelle, donc les leaders ne peuvent être créés. Beaucoup de gens ont cependant des talents de leader inexploités qui ne se manifesteront qu'au moment opportun. Pour trouver ces leaders, il vous faut continuer la prospection et le recrutement; le sang nouveau est un élément vital dans une organisation de marketing de réseau. Le recrutement est la seule façon viable de remplacer ceux qui abandonneront. Il s'agit d'abord d'une question de nombre de personnes avec lesquelles on a pris contact, ensuite d'une affaire fondée sur les relations qu'ont les distributeurs avec leurs parrains lorsqu'ils sont incorporés à l'organisation. Tout serait si simple si nous pouvions gambader jusqu'à la banque chaque mois pour y retirer 10 000 $ et ne travailler qu'avec une poignée d'associés; la nature humaine veut croire qu'il existe un moyen facile d'arriver à ses fins.

LES TECHNOLOGIES

L'industrie du marketing de réseau est, à notre connaissance, celle qui se fonde à la fois sur les nouvelles technologies et sur la technique du bouche à oreille. Je passe une information à mon entourage proche qui, lui-même, la repasse à son entourage. Cette technique, qui remonte à la nuit des temps, est simple et efficace.

Après la Deuxième Guerre mondiale, plusieurs nouvelles technologies ont vu le jour et ont transformé la vie des gens dans le monde entier. L'automobile, le téléphone, l'avion à réaction et le photocopieur à eux seuls ont eu un impact énorme. Imaginez le marketing de réseau sans tous ces éléments technologiques. Impensable! Vous voyez où je veux en venir? Le marketing de réseau existe grâce aux nouvelles technologies, ce sont elles qui nous donnent la possibilité d'œuvrer au sein d'une entreprise unique. Les distributeurs en marketing de réseau d'aujourd'hui ont accès à des techniques qui n'existaient pas hier et, de plus en plus, les chefs de file dans ce domaine les utilisent. Ce qui veut dire que les distributeurs d'aujourd'hui ont accès à des formes de communication que leurs prédécesseurs n'avaient pas: ils peuvent échanger de l'information, faire de la recherche, parrainer et enseigner sur de très longues distances.

Je connais des chefs de file qui enseignent à leurs distributeurs avec des outils de communication à la fine pointe de la technologie. Ils utilisent une cassette audio pour trouver des entrepreneurs potentiels avant même de les rencontrer. Ce n'est qu'après une courte introduction sur l'entreprise que ces entrepreneurs potentiels apprennent de quelle compagnie, ou de quels produits ou services il s'agit. Ainsi, lorsqu'un distributeur rencontre quelqu'un pour lui faire une présentation, il sait qu'il parle à un entrepreneur potentiel, pour autant que les outils utilisés soient professionnels et correspondent à l'éthique de l'entreprise.

J'appuie tout système de prospection qui peut aider les distributeurs sérieux tant que les clés sont la formation et la duplication. Avec les principes éprouvés et les systèmes simples enseignés, vous pouvez créer un réseau national, voire international, et les seules limites imposées sont les ententes de mise en marché de votre compagnie. Vous pouvez faire de la recherche et le suivi par interurbain, télécopier la documentation, enseigner quoi dire et quoi faire par téléphone, utiliser cet ouvrage, envoyer des cassettes, faire des conférences téléphoniques et tout ce que je vous ai enseigné avec quelqu'un qui se trouve à 5 000 kilomètres de chez vous.

De nos jours, les grands chefs de vente utilisent énormément les nouvelles technologies. La conférence téléphonique est un très bel exemple du mariage entre les principes enseignés et les nouvelles technologies. Les listes d'envois et la publicité permettent d'appeler et de recruter des gens partout au pays ou dans le monde. Non, vous ne pourrez pas assister aux soirées d'information de vos distributeurs lointains, du moins pas avant que celles-ci regroupent au moins 50 personnes par semaine. À ce moment, vous pourrez vous y rendre par avion une fois par mois. Mais vous pouvez mettre en pratique ces principes, ces outils et ces techniques et enseigner à vos distributeurs à faire de même où qu'ils soient.

Utilisez votre téléphone, votre messagerie vocale, votre modem, votre télécopieur, votre appareil vidéo et votre ordinateur pour dupliquer ce que vous avez appris. John Nesbitt appelle cela «la haute technologie». C'est là que se trouvent l'avenir du marketing de réseau ainsi que le vôtre.

Les méthodes de recrutement utilisant de nouvelles technologies seront bientôt disponibles, mais la meilleure manière de réussir sera toujours de rester fidèle à un système de recrutement simple puisqu'un système se prêtant mal à la duplication ne peut mener au succès. Nous connaissons des distributeurs qui rencontrent des clients potentiels grâce à Internet et qui les forment par courrier électronique. Cependant, presque 75 % des *baby-boomers* ne sont pas branchés sur Internet. Alors, pourquoi limiter son marché et ne s'adresser qu'à 25 % de la population ?

D'autres personnes ont tenté de travailler avec l'aide d'appareils de composition automatique, de systèmes de télécopie automatique et d'autres technologies. Lorsqu'elles sont employées parallèlement à une approche directe, ces méthodes peuvent se révéler utiles. Toutefois, s'en remettre entièrement à l'une de ces technologies pour prendre contact avec vos clients potentiels ne suffira pas. Ne laissez jamais vos associés croire que les nouvelles technologies sont la base de votre système de recrutement, car ils penseront se procurer absolument cet équipement même s'ils ne peuvent pas tous se le permettre.

Le transfert d'appels permet à un abonné d'envoyer ses communications à un autre numéro en cas d'absence. Pourquoi ne pas imaginer notre secrétaire-téléphoniste chez elle, s'adonnant à sa passion, la peinture, pendant qu'elle reçoit effectivement les 15 appels de la journée qu'elle pourra traiter grâce aux données disponibles sur son ordinateur, relié à celui de son patron qui habite à 15 kilomètres de là ? Les gens qui ont réellement fait fortune l'ont rarement fait sur la base d'un salaire. Les fondateurs d'empires économiques, les magnats de la presse, les stars du rock ou autres idoles du *showbusiness* n'ont jamais été rémunérés sur le temps qu'ils ont passé à travailler. Ils ont mis en place des leviers permettant une rémunération basée sur le bénéfice réalisé sur le nombre de journaux ou de disques vendus.

Sur Internet, le consommateur peut dépenser son argent plus facilement que jamais. C'est pourquoi il devient impératif que les gens se mettent à penser en entrepreneurs plutôt qu'en consommateurs. En achetant eux-mêmes en ligne, les distributeurs peuvent utiliser la puissance d'Internet comme un levier qui accroîtra leurs richesses au lieu de faciliter leurs dépenses. Le réseau Internet est déjà le King Kong des affaires; d'ici cinq ans, toutes les entreprises y seront ou non.

Il en est ainsi avec Internet : pour quelques dollars par mois, c'est le monde au bout des doigts. Les frais d'utilisation diminuent sans cesse, alors que la rapidité d'accès et la quantité d'informations disponibles augmentent encore.

Ce monstre est déjà énorme malgré son jeune âge. Pensez-y, déjà 300 millions de gens sur 6 milliards y ont accès, soit 1 personne sur 20 ou presque. Les experts prévoient que d'ici 2010, un milliard de personnes auront accès à Internet. Un milliard de personnes sur la terre, séparées par la distance mais réunies par un autoroute électronique. Un milliard de personnes qui n'ont qu'à pointer et à cliquer pour communiquer avec les uns, acheter des autres et vendre aux uns et aux autres. De la vraie science-fiction.

Internet est une bibliothèque, un annuaire téléphonique, un quotidien, une aire de jeux vidéo, une agence de voyages, un musée, une banque, un agent de change et une galerie d'art. C'est aussi une encyclopédie, un bureau virtuel, un album de photos, un disquaire, un club vidéo, une salle de réunion, un comité d'actions politiques, un bureau de poste, etc. Chacune de ces fonctions justifierait à elle seule l'existence d'Internet, mais il est tout cela en même temps, et plus encore. Internet modifie considérablement notre façon de vivre et de travailler. Le commerce électronique, soit la vente et l'achat de biens et de services, est la fonction la plus médiatisée d'Internet. La revue *Fortune 500* qualifie le commerce électronique comme le plus grand cadeau aux consommateurs depuis l'avènement du grand magasin et va jusqu'à dire qu'Internet fait du nouveau millénaire l'âge du consommateur.

Le commerce électronique est déjà une grosse affaire et nous n'en sommes qu'au début. Un chroniqueur financier compare l'évolution d'Internet à un match de base-ball où nous n'en serions qu'à l'exercice au bâton d'avant-match. Le vrai match n'est même pas encore commencé! Les prévisionnistes constatent que le cybercommerce fait déjà de l'argent à ne savoir qu'en faire, mais que le vrai pactole reste à venir.

En quoi le cybercommerce est-il une telle bénédiction pour le consommateur? Pas de bouchon de circulation, pas de bousculade dans les magasins, pas d'attente à la caisse, ouverture des commerces 24 heures sur 24, 7 jours sur 7 et 365 jours par année. Quant aux bas prix, le client est vraiment celui qui mène la barque; voici pourquoi: de par sa nature, Internet est vaste, rapide et efficace, il est beaucoup moins coûteux de créer et d'exploiter une si belle entreprise bâtie de clics et de pages Web, qu'il ne l'est de construire et d'exploiter un magasin traditionnel fait de briques et de mortier. Sans oublier que le cybercommerce supprime les intermédiaires; donc, toutes ces économies sont refilées aux consommateurs.

L'âge du consommateur ou celui de l'entrepreneur. Activez vos neurones pour un moment. En fin de compte, pourquoi ces cybercommerces sont-ils dans les affaires? Pour le profit, bien sûr. À première vue, ils se vantent de vous faire une faveur en vous vendant moins cher. Mais voyez comment l'âge du consommateur est en fait celui de l'entrepreneur.

Le cybercommerce indicationnel, c'est l'étape révolutionnaire du commerce par indication de clients. On ne parle que d'Internet, de commerce électronique, de banque électronique, de commerce de détail électronique, d'électronique partout où l'on va. Mais quand la cyberpoussière sera retombée, les grands gagnants du commerce électronique seront les entreprises marginales qui auront réussi la transition vers ce nouveau média en ligne appelé Internet. Voilà pourquoi le commerce par indication est tellement avantagé sur Internet, parce que les affiliés sont conditionnés à revenir sur le même site. Plus le client affilié achète, plus ses rabais sont importants, plus il indique de nouveaux clients, plus sa commission augmente. C'est l'avantage numéro un.

Un autre avantage est la fidélité à une marque. La plupart des compagnies qui privilégient l'indication de clients offrent un produit exclusif qu'on ne peut obtenir que par l'intermédiaire d'un membre.

Dans un monde de commerce effréné, régi par les rabais extrêmes, la loyauté et la marque sont les clés qui ouvrent aux entreprises la porte des parts de marché et des profits. L'importance des marques est telle que c'est pour cette raison que Nike a payé Tiger Woods 40 millions de dollars pour donner une visibilité à son logo – que ce soit sur une casquette ou sur une chemise de golf. Tiger Woods valait-il autant pour promouvoir Nike? Non. Aux yeux de la compagnie, il valait plus. Trois ans plus tard, Nike déchirait ce fameux contrat de 40 millions pour en conclure un meilleur de 100 millions de dollars.

En commerce indicationnel en ligne, le budget de publicité est la commission d'indication. Les commerces par indication qui utilisent les voies électroniques ont depuis longtemps compris l'importance de la marque, mais plutôt que de payer un super athlète 100 millions de dollars pour faire la promotion, ils mettent cet argent à la disposition de leurs associés sous forme de commissions d'indication de clients. Ce qui veut dire qu'au lieu d'avoir une seule super vedette gagnant 100 millions de dollars, le commerce répartit cet argent à 1000 personnes en les payant annuellement 100 000 $ en commission d'indication de clients et de distributeurs. Ce qui contribue à l'expansion du commerce de ces dernières.

Voilà pour la puissance du commerce par indication électronique. Chaque mois, des millions de clients satisfaits se voient offrir une part du gâteau parce qu'ils ont su tirer profit de la puissance et de la commodité d'Internet. Je vous le demande : préférez-vous vraiment acheter des produits à rabais fort avantageux à une société «.com» qui paie des millions de dollars en publicités astucieuses grâce à des vedettes dans le seul but de s'approprier des clients? Ne préférez-vous pas plutôt acheter en ligne d'un commerce sans budget de publicité, mais qui refile ses économies à ses associés sous forme de commissions?

Lorsque vous êtes associé à un commerce indicationnel en ligne, vous obtenez en retour l'occasion de posséder votre propre commerce en ligne et de travailler à votre prospérité. Dans les dix prochaines années, des milliers de gens se partageront des millions de dollars en commissions grâce au commerce indicationnel. Si une occasion de créer votre propre commerce et d'en retirer une plus grande prospérité vous tente, le commerce indicationnel en ligne peut combler vos souhaits.

LE MARCHÉ FROID

Comment pouvez-vous ajouter cinq années de plus à votre vie? En gagnant de l'argent tout en gagnant du temps? N'y aurait-il pas un concept révolutionnaire qui mériterait d'être étudié? Et s'il y avait un moyen d'acheter des produits à un prix juste et raisonnable et de les faire livrer à votre porte plutôt que de devoir supporter la circulation, faire la file, transporter de lourds sacs d'épicerie sur une distance interminable, puis, rendu dans un stationnement bondé, vous apercevoir subitement que vous ne savez plus où se trouve votre voiture? S'il y avait un moyen par lequel vous pourriez lancer votre propre entreprise à domicile et gagner des montants pouvant atteindre des centaines de milliers de dollars par mois? N'y aurait-il pas là un concept révolutionnaire qui mériterait d'être étudié?

Ce concept existe, est fonctionnel et attend d'être exploité par des gens comme vous et moi. Il s'agit de la puissance du marketing de réseau. Achetez intelligemment, pour moins cher, et enseignez aux autres à vous imiter. Ce concept révolutionnaire associe une industrie éprouvée pendant 50 ans appelée le commerce d'indication de clients qui se propage à la vitesse du commerce électronique. Ce commerce, le cybercommerce par indication de clients, est en train de changer la façon de vivre et de travailler pour le monde entier.

Ne vous en faites pas, presque personne n'avait entendu parler d'Internet avant le milieu des années 1990, mais en moins de cinq ans il est devenu la force motrice derrière une économie mondiale en pleine croissance. Il crée plus de richesses que n'importe quelle industrie de l'histoire. Lorsque vous combinez l'efficacité, la vitesse et la portée du commerce électronique à la puissance du marketing de réseau, vous créez une structure révolutionnaire d'affaires qui apportera des milliards de dollars à des millions de gens du monde entier dans la prochaine décennie.

Maintenant, apprenez comment ce concept révolutionnaire qu'est le commerce d'indication peut vous donner la force de l'amener à servir vos propres intérêts et vous apporter ce que vous voulez vraiment dans la vie. Ce qui m'amène à vous demander: «Que voulez-vous vraiment dans la vie?» Plus de temps? Bien sûr. Plus d'argent pour jouir de ce temps? Pensez-y! Plus de temps et plus d'argent, ce ne serait pas qu'un rêve réalisé, ce serait votre rêve réalisé.

La convergence du réseau et du commerce électronique a donné naissance à un concept de commerce par indication de clients dynamique, créateur de prospérité, appelé le cybercommerce par indication. Certains experts qualifient ce concept «d'occasion d'affaires du nouveau millénaire». Les occasions peuvent vous tomber littéralement dans les mains si vous placez vos mains là où il faut. Répondre à la question: Qu'est-ce que j'obtiens pour ce prix? vous révélera la véritable valeur d'un produit ou d'un service. Les propriétaires de Mercedes vous diront qu'ils obtiennent beaucoup en contrepartie du supplément de coût, par exemple la sécurité, la fiabilité, le confort, le style, la classe, la valeur de revente, etc. Ces avantages surpassent tellement, à leurs yeux, le supplément de coût qu'ils restent fidèles à la marque.

Qu'obtiennent les distributeurs en contrepartie? Ce n'est pas toujours le prix qui compte, c'est ce que vous obtenez en retour. Le distributeur obtient en retour une occasion d'affaires des plus intéressantes puisqu'il y trouve l'occasion de gagner des centaines, des milliers et, pourquoi pas, des millions de dollars simplement en achetant de façon plus avisée et en convainquant les autres d'agir pareillement. «Si tu m'aides à faire de l'argent, je t'aiderai à faire de même.» C'est là le concept du marketing de réseau.

Petit cours accéléré en commerce par indication de clients. En achetant intelligemment, pour moins cher, et en enseignant aux autres à faire de même, ces gens gagnent des centaines, voire des milliers de dollars par mois. Croissance exponentielle: $1 + 1 = 4$. Avec le temps, la croissance exponentielle peut engendrer des chiffres faramineux. Alors, comment le commerce par indication croît-il de façon exponentielle?

Voici comment fonctionne ce concept. Imaginons qu'un ami vous demande de tester un nouveau supplément vitaminique distribué dans le réseau du commerce par indication. Vous appréciez l'effet du produit, il vous donne plus d'énergie et vous fait perdre quelques livres sans effort. Vous êtes donc la preuve vivante de son efficacité, ce qui justifie tout à fait le fait de promouvoir les produits de cette entreprise auprès de vos connaissances. Après une semaine d'utilisation des produits, vous en parlez à l'un de vos amis et lui mentionnez la possibilité d'un revenu d'appoint s'il se joint à vous dans l'exploitation de cette nouvelle affaire de vente par indication. La deuxième semaine, le résultat de vos efforts conjugués sera dédoublé, c'est-à-dire que vous aurez parlé du produit et de l'occasion d'affaires à quelqu'un d'autre et votre nouveau partenaire aura fait de même. À la fin de cette deuxième semaine d'affaires, vous aurez déjà quatre personnes dans votre organisation: vous-même, vos deux amis et la personne que votre premier ami aura recrutée.

Si vous réussissez la duplication des membres recrutés semaine après semaine, l'importance de votre organisation de commerce par indication doublera mois après mois jusqu'à ce que les membres de votre réseau se comptent par milliers. Il vous aura suffi d'encourager une personne par semaine à utiliser un produit et à l'inciter à agir comme vous.

Si, au cours d'une année ou deux, les membres de votre organisation atteignent 100 personnes ou plus, vous pourrez toucher une commission sur les produits achetés par tous ces gens durant un mois donné. Comme il n'est pas inusité pour un commerce par indication de compter des milliers de membres, voire des centaines de milliers, qui achètent chaque mois des millions de dollars en produits, il n'est pas étonnant que des milliers de gens dans le monde y aient trouvé l'indépendance financière. Le commerce par indication est l'esprit du marketing de réseau.

Vous vous souvenez de ma définition du marketing de réseau : achetez intelligemment, à meilleur prix, puis enseignez aux autres à faire de même. Puisqu'on ne peut se dispenser d'acheter des produits comme du shampooing, du détergent et des aliments chaque mois, ne serait-il pas approprié de le faire d'entreprises qui vous paieront une commission pour chaque client que vous lui envoyez ? C'est exactement ce qui se produit lorsque vous délaissez la structure de pensée de consommateur pour adopter l'esprit d'entrepreneur dans le cadre du commerce par indication. Non seulement gagnerez-vous de l'argent tout en dépensant, mais vous en gagnerez encore plus grâce à vos associés lorsqu'ils dépensent.

La différence entre l'entrepreneur par l'achat de votre entreprise d'indication et la simple consommation par l'achat au magasin peut être vue comme la différence entre la propriété et la location, entre épargner et dépenser, entre un actif et un passif, entre un investissement et une dépense. C'est la différence entre alimenter votre compte bancaire et le vider. Je me suis aperçu que les gens font des pieds et des mains pour partager des aubaines avec les autres. Nous nous informons de l'endroit où se trouve l'essence la moins chère, les produits alimentaires en promotion, les voitures mises en solde et les meilleurs tarifs aériens.

Achetez plus intelligemment en achetant de votre propre magasin et enseignez à d'autres à faire la même chose. Posez-vous les questions suivantes : Est-ce que j'aimerais que mes entrées dépassent mes sorties ? Est-ce que j'aimerais gagner de l'argent tout en dépensant ? Est-ce que j'aimerais bâtir ma propre entreprise et gagner des commissions d'indication en recommandant des produits et des services de qualité utilisés quotidiennement ? Le secret de la prospérité n'est pas de cesser de consommer, mais de devenir entrepreneur. Des millions de gens ordinaires, tout autour du globe, font partie du nombre et se sont engagés sur le chemin qui mène à la liberté financière.

Ce qui me pousse à vous poser deux autres questions: Pourquoi pas vous? Pourquoi pas maintenant? Cliquez et prospérez. Internet n'est pas qu'une structure d'affaires périphérique, c'est un moyen de bâtir une nouvelle et très grande industrie. C'est un monde branché, très branché finalement. L'ère Internet ne fait plus partie de l'avenir, elle est ici aujourd'hui et maintenant. Internet est si puissant et si envahissant qu'aujourd'hui même des millions de gens pourraient travailler et vivre en ligne sans jamais avoir à sortir du cocon de leur foyer. Le futur, c'est maintenant. Le monde est branché et, chaque jour, des milliers de gens accèdent à Internet. Si vous n'êtes pas en ligne aujourd'hui, vous le serez demain. Des experts disent que d'ici dix ans, un milliard de gens dans le monde auront accès à Internet, ce qui signifie qu'une personne sur six sera en liaison avec les autres. Les perspectives sont inimaginables.

Voyez-vous, c'est cela la puissance du commerce par indication. Acheter de vous-même en ligne peut contribuer à vous enrichir, votre famille et vous. Le secret de la fortune dit que la solution est de réévaluer vos façons de dépenser. Son conseil sensé, c'est d'être un entrepreneur. Vous devriez vraiment considérer chaque achat comme un investissement. Attacher ce levier à vos débours augmenterait tellement vos épargnes et bénéfices que la réussite viendrait plus vite que prévu.

Le perdant gagne la même chose que le gagnant. Internet n'est encore qu'un jeune enfant; sous peu, il s'immiscera dans votre téléviseur, votre téléphone cellulaire et chaque appareil de votre maison. Bientôt, en passant devant votre réfrigérateur, il vous dira: «Il faut du beurre, du lait, des œufs. Dois-je les commander?» Dans un peu plus de temps, en regardant la télévision, si vous êtes intéressé par l'habillement de l'un des comédiens, il vous suffira de cliquer sur son image et une boîte de dialogue apparaîtra indiquant les marques des vêtements et le prix. Comme votre taille, votre adresse et votre numéro de carte de crédit auront été préenregistrés dans une base de données numériques, tout ce qu'il vous restera à faire sera de choisir la couleur. Le lendemain, la marchandise sera livrée à votre porte. Ça, c'est la commodité! Rappelons-nous la leçon de la publicité de Mercedes, ce n'est pas toujours le prix qui compte, c'est ce que vous obtenez en retour qui importe.

LE CYBERCOMMERCE INDICATIONNEL

Qui veut être millionnaire? Les cartes de débit et de crédit sont de plastique, donc elles ne sont pas vraiment de l'argent, voilà pourquoi il est plus facile d'acheter avec elles. Dans votre esprit, vos achats à crédit sont gratuits, enfin jusqu'à ce que le compte surgisse de votre boîte aux lettres. Parce que l'achat par Internet se révélera, avec les années, de plus en plus facile, il est crucial que les gens s'organisent pour devenir des entrepreneurs au lieu de consommateurs. Bientôt, nous achèterons de plus en plus à partir d'Internet, c'est évident, et puisque nous allons le faire de toute façon, ne serait-ce pas sensé de nous associer à une entreprise de cybercommerce indicationnel, de sorte que nous puissions gagner de l'argent tout en le dépensant?

Le mot «électronique», normalement associé à la vitesse de la lumière, dans «commerce indicationnel électronique» est si puissant et dynamique que les mots «exponentiel» et «facteur exponentiel» font du cybercommerce indicationnel un commerce à part. Le profit à court terme est mince dans ce type de commerce, mais à long terme, son potentiel est immense. C'est là la puissance de la croissance exponentielle. De petits mais constants efforts produisent au départ de petits résultats, mais ces mêmes petits et constants efforts peuvent, avec le temps, se multiplier et donner d'énormes rendements durant la croissance exponentielle de votre entreprise, jour après jour, mois après mois, année après année. Imaginez recevoir un chèque de 49 152 $ pour un mois de travail. Impossible? Pas du tout! Des milliers de gens partout dans le monde reçoivent de tels chèques et plus en utilisant comme levier le pouvoir du commerce par indication. Ces choses peuvent arriver lorsque les gens reportent leurs gains à court terme en faveur d'investissements à long terme. Et c'est ce qui se passe lorsque les gens construisent d'importantes organisations ayant pour base le commerce indicationnel.

165

Des milliers de gens partout dans le monde ont fait l'expérience de fortes émotions, celles que ressentent les partenaires de cybercommerce indicationnel lorsqu'ils reçoivent par courrier leurs chèques mensuels pour rabais et commissions d'indication de clients et de distributeurs. Électronique, exponentiel et émotionnel : vous désirez ajouter ces trois mots à votre vie, il vous faut vous enquérir du cybercommerce indicationnel, une occasion que plusieurs experts appellent l'«occasion du nouveau millénaire».

Ne soldez pas vos rêves ! Nous sommes les faiseurs de musique et les rêveurs de rêves, nous sommes les chapardeurs et les secoueurs du monde. Changez votre pensée, changez votre vie ! Mes amis, vous pouvez également changer le cours de votre vie en changeant votre pensée. Mais pour générer la richesse que vous méritez et pour vivre au maximum de vos possibilités, il vous faut aller plus loin dans votre pensée, provoquer un changement encore plus grand : il vous faut changer la façon de vous considérer vous-même. Voyez-vous, j'avais l'habitude de penser que les gens évitaient le changement et passaient à côté des chances qui s'offraient à eux parce qu'ils avaient peur de l'échec.

En effet, bien des gens refusent les changements. Et pour cette raison, en gagnant en âge et en sagesse, je me suis aperçu qu'il y a plus de gens qui ont peur du succès que de gens qui craignent l'échec. Les gens qui ont peur du succès l'évitent, ou pire, le sabotent parce qu'ils considèrent qu'ils ne le méritent pas. Nous sommes programmés à nous sentir indignes, nous intériorisons les critiques que nous recevons et nous nous conformons aux limites que les gens nous assignent.

On nous a appris à penser, depuis la naissance, que nous devons limiter nos ambitions parce que nous avons tout au plus quelques capacités. On nous a appris à penser que nous pouvons être des employés, mais pas des propriétaires. On nous a appris à penser que nous sommes dignes de gagner une vie confortable, mais indignes de l'indépendance financière. On nous a appris à penser que nous pouvons être des suiveurs, mais pas des meneurs. On nous a appris à penser que nous

166

pouvons prendre notre retraite à 65 ans, mais pas à 45 ans. On nous a appris à penser que nous avons suffisamment de valeurs pour occuper un emploi, mais pas assez pour saisir une occasion. Enfin, on nous a appris à penser que nous avons droit d'avoir de petits rêves, mais pas de grands.

Moi je dis : ne soldez pas vos rêves, ne vous vendez pas à rabais. Vous êtes digne d'avoir du succès, d'accéder à l'indépendance financière, d'être un meneur, de posséder votre propre entreprise. Vous avez le droit d'avoir de grands rêves. Savez-vous pourquoi ? Parce que vous êtes un enfant de Dieu, Il doit être très fier de vous, vous méritez cette chance. Les amis, cessez de tergiverser, de balayer cette occasion sous le tapis simplement parce que vous vous considérez comme indigne ! L'occasion est réelle, et sa croissance est aussi vaste et rapide que celle d'Internet.

Des milliers de gens ordinaires qui ont changé leur mentalité sont en train de bâtir mondialement des cybercommerces par indication et de gagner chaque mois des commissions d'indication substantielles en récompense de leurs efforts. Pour la première fois dans leur vie, des milliers de gens se rendent compte que le succès et l'indépendance financière ne sont pas que pour les autres. Le succès est accessible à quiconque prend le temps d'acheter intelligemment, pas moins cher, et d'enseigner aux autres à faire de même.

Des millions de gens manifestent une certaine ouverture d'esprit, ont modifié leur façon de dépenser et de penser. Depuis, ils sont fiers de leurs réalisations, de posséder une entreprise bien à eux et de leur prospérité toute neuve. Fiers d'avoir osé et d'avoir saisi l'occasion qui s'offrait à eux. Allez-y, rendez-vous fier de vous-même. Vous êtes une personne de grande valeur, je vous défie de changer votre structure de pensée en apprenant plus sur les possibilités du cybercommerce par indication. Je vous défie de changer votre vie par l'achat en ligne de votre propre cybercommerce par indication et d'enseigner aux autres à agir de même.

LES CONFÉRENCES

LA PRÉSENTATION MAISON

Il n'existe pas de meilleure façon pour se lancer en affaires que d'organiser sa première réunion maison. Le marketing de réseau consiste à distribuer des produits et à offrir des services dont la promotion se fait de bouche à oreille. Après avoir trouvé votre petit groupe de clients au détail, votre but devrait être de bâtir votre organisation en imitant le système de vos mentors et d'enseigner à vos associés à faire de même. Osez offrir aux membres de votre famille et à vos amis la possibilité d'améliorer leur niveau de vie. Les premiers mois du distributeur sont cruciaux et constituent la période de formation. Appliquer ce que nous vous enseignons dans cet ouvrage vous aidera à faire partie des survivants prospères et non de ceux qui abandonnent.

Dans nos réunions, que ce soit lors d'une conférence maison ou d'une conférence ouverte au public, nous tentons de communiquer un message très simple : nous sommes une entreprise de distribution qui requiert seulement un investissement minimal et dont les frais généraux sont très bas. Les gens ordinaires peuvent, grâce à leurs efforts, se hisser au sommet en faisant simplement la promotion de produits ou de services.

Réfléchissons un peu au fonctionnement de notre industrie. Nos revenus proviennent des commandes et de l'utilisation de produits ou de services : plus notre organisation sera importante, plus elle recevra de commandes. Les dirigeants des compagnies de marketing de réseau préfèrent récompenser le bouche à oreille plutôt qu'aménager des magasins dispendieux et avoir recours aux services d'agences publicitaires. Plus de gens nous recruterons et formerons, plus importante sera notre organisation et, par conséquent, nos revenus s'accroîtront. Vos réunions de recrutement et vos séances de formation doivent donc être efficaces. En marketing de réseau, personne ne vous paiera à rester assis à perdre votre temps ; le seul moyen de travailler et de bâtir votre entreprise est d'en parler aux gens. Les distributeurs ne seront jamais aussi enthousiastes qu'au cours de leur première année.

Une compagnie de marketing a rendu plus de femmes millionnaires que toute autre compagnie avant l'arrivée de télécopieurs, d'ordinateurs et de magnétoscopes. Une compagnie qui a 40 ans d'existence a bâti un empire milliardaire en préconisant les rencontres privées à domicile. Son chiffre d'affaires est de quatre fois supérieur à celui de son plus proche rival.

Les gens des échelons inférieurs acceptent beaucoup plus facilement d'organiser des réunions à leurs domiciles après avoir vu ce que je faisais moi-même. Nous désirons vous aider à vous créer un revenu semblable au nôtre en minimisant autant que possible les frais généraux.

Nous tenons à vous faire comprendre ce qui rend les réunions maison aussi efficaces, ainsi qu'à vous enseigner comment employer judicieusement votre temps. Nous cherchons à vous éviter de tomber dans des pièges qui pourraient vous amener à abandonner durant votre première année. Il ne faut jamais oublier que notre industrie repose sur la duplication ; vous devez donc adopter un modèle de réunion et y rester fidèle, en ne modifiant aucunement votre système, particulièrement au cours des deux premières années. Dans une réunion idéale, chaque détail, de l'emplacement au mot de la fin, peut facilement être enseigné et reproduit.

Nous tenons à vous communiquer ce que nous croyons être la meilleure méthode en marketing de réseau aujourd'hui, soit celle qui se prête le mieux à la duplication : une réunion maison. Nous avons nous-mêmes tenté toutes les méthodes technologiques et nous avons conclu qu'aucune ne fonctionne aussi bien qu'une simple réunion maison durant laquelle vous présentez à vos clients potentiels votre proposition d'affaires.

Un modèle de réunion est immanquablement voué à l'échec et devra être abandonné si la personne la moins articulée de votre groupe ne peut l'imiter et l'enseigner. L'idéal est d'adopter un modèle et d'y rester fidèle à un point tel que si vous assistiez à la réunion d'un membre de votre organisation, dans n'importe quelle ville, les informations communiquées seraient exactement les mêmes que les vôtres. C'est ainsi que s'y prennent les leaders des plus grandes compagnies. Et nous espérons qu'à la fin de votre première année, vous serez déjà riche et disposerez de tout le temps nécessaire pour faire tout ce dont vous avez envie.

La présentation est la base de votre entreprise. Le dictionnaire définit une présentation comme une performance ou le geste d'offrir un cadeau à quelqu'un. Chaque fois que vous prenez la peine de parler de votre produit, de votre compagnie ou de votre occasion d'affaires à quelqu'un, vous lui offrez un cadeau. Votre temps est précieux. Si vous êtes convaincu que votre proposition est un cadeau, vous serez content de l'avoir faite, qu'elle soit acceptée ou non.

Voici les cinq étapes pour faire une présentation efficace :

1. Captez l'attention de votre client potentiel.
2. Découvrez ses intérêts.
3. Éveillez son désir de réussir.
4. Offrez le choix.
5. Félicitez-le.

Tout d'abord, tenir des réunions ailleurs que chez soi n'est pas judicieux, car la plupart des gens ne pourront vous imiter du fait que ces rencontres entraînent des frais généraux inutiles. Alors, évitez autant que possible de rencontrer vos clients potentiels à leur domicile, puisque vous n'avez aucun contrôle sur la situation.

Les gens nous disent souvent: «C'est facile à dire pour vous, vous habitez dans un château.» C'est vrai, mais nos débuts furent des plus modestes. Que vous viviez dans un appartement, une roulotte ou une maison, tenez toujours vos réunions dans la pièce la plus grande. Trois éléments sont essentiels : un téléviseur, un magnétoscope et un tableau. Ne servez pas de nourriture durant vos réunions. Si vous tenez absolument à servir quelque chose, offrez de l'eau ou des tisanes énergisantes.

Le moment idéal pour inviter des gens à vos réunions est la première heure de l'après-midi ou la dernière heure de la matinée durant la semaine ; vous permettez ainsi à vos clients potentiels de se présenter à vos rencontres en allongeant leur heure de repas. Si cela s'avère impossible, tenez vos réunions les soirs de la semaine plutôt que la fin de semaine. Vous devez absolument donner l'impression que notre industrie est tout à fait légitime et que l'on y fait des affaires durant les heures normales.

Vos rencontres devraient idéalement réunir de quatre à huit clients potentiels. Vous déterminerez peut-être que certains professionnels doivent absolument être rencontrés en privé, mais en général, les petits groupes sont parfaits. Il est normal que des gens ne se présentent pas. Invitez toujours le double de clients potentiels que vous désirez réellement voir se présenter ; si vous en voulez cinq, invitez-en dix. On observe habituellement dans ces rencontres un taux d'absentéisme de 50 %. Les gens donnent toutes sortes d'excuses pour éviter de se présenter.

Notre travail consiste à communiquer notre enthousiasme à nos amis et aux membres de notre famille, non pas nos connaissances approfondies des produits que nous distribuons et des services que nous offrons. Qu'elles servent au recrutement ou à la formation, les réunions devraient être courtes, simples et faciles à reproduire.

Mettez le client à l'aise en lui disant que la plupart des gens achètent votre produit, ce qu'il lui en coûtera au total et les raisons pour lesquelles il devrait l'acheter. Présentez-lui des faits, rien que des faits, et ce sera à lui de prendre la décision finale quant à l'achat. Plusieurs compagnies de marketing de réseau offrent une garantie de « satisfaction ou argent remis ». C'est une politique courante et requise par la loi dans plusieurs États lorsque vous vendez quelque chose par téléphone ou par la poste. La nature humaine est telle que l'on répugne à demander un retour d'argent. Alors, cette garantie, combinée au fait que la plupart des produits du marketing de réseau sont réellement spéciaux et efficaces, rend cette approche sécurisante. Si vous offrez un produit qui se vend entre 20 $ et 70 $, et que vous offrez une garantie de satisfaction, les gens seront prêts à l'essayer sur votre recommandation personnelle. Transmettez votre enthousiasme et complimentez votre client potentiel.

Montrez vos produits. Faites-les goûter, s'il y a lieu, toucher, sentir ou regarder. Impliquez les sens de votre client potentiel. Évitez les chiffres; 95 % des gens à qui vous parlerez voudront savoir ce que le produit peut leur apporter. L'an dernier, il s'est vendu aux États-Unis 2,8 millions de mèches de perceuses de un centimètre de diamètre. Les gens qui les ont achetées ne tenaient nullement à connaître les composantes de ces mèches, mais à percer des trous de un centimètre. Alors, restez simple.

Une communication réellement efficace est, d'abord et avant tout, un transfert d'enthousiasme. Souvenez-vous que c'est une entreprise de duplication : plus vous faites preuve d'enthousiasme, plus vous aurez de succès rapidement. Et comme je vous l'ai déjà dit, la clé de l'enthousiasme, c'est la conviction. Vous devrez être votre meilleur client. Si vous constatez que de moins en moins de gens s'intéressent à votre produit ou à votre occasion d'affaires, examinez votre niveau d'enthousiasme; il a probablement commencé à décliner.

Si votre but est de prendre rendez-vous, offrez un choix de jours et d'heures qui seraient propices à votre rencontre. Ne demandez pas : «Quand pouvons-nous nous rencontrer?» Si votre but est d'envoyer un échantillon ou du matériel de promotion, tenez pour acquis que c'est ce que le client veut et demandez-lui à quelle adresse vous pouvez le lui envoyer. Considérez toujours que le client veut ce que vous lui offrez. Avec cette attitude, vous aurez raison la plupart du temps.

Une méthode simple qui contribuera à l'amélioration de vos présentations consiste à en enregistrer régulièrement une. Dites à votre client potentiel que vous voulez enregistrer votre présentation afin de l'améliorer et demandez-lui si cela le dérange. Il est rare que les gens s'y opposent. Un magnétoscope est un outil merveilleux ; il démontre à votre client potentiel que vous prenez votre entreprise au sérieux et encouragera ce dernier à prendre une part plus active dans votre présentation. Ensuite, écoutez la cassette à plusieurs reprises et voyez comment améliorer vos techniques de communication ou exprimer certaines choses plus clairement. Trouvez des moyens pour y parvenir. Écoutez votre première présentation pendant deux semaines. Trouvez des façons de l'améliorer. Enregistrez votre présentation suivante et comparez les deux cassettes. Vous pouvez enregistrer des cassettes toutes les deux semaines, pendant 60 ou 90 jours et je vous promets qu'à la fin de cette période vos présentations seront dix fois mieux qu'au début. Vous aurez maîtrisé l'art de faire des présentations efficaces.

« Bonjour, Denyse. Ici Raymond, as-tu quelques minutes de libres pour que nous parlions ? Oui ? Super ! Denyse, je t'appelle parce que je viens de m'impliquer dans quelque chose de fascinant et j'ai pensé à toi parce que les gens te respectent beaucoup et je sais que tu pourrais avoir beaucoup de succès dans une telle entreprise. Je ne peux pas te donner de garantie, Denyse, je ne suis pas tout à fait certain que ça s'adresse à toi. J'aimerais qu'on se rencontre quelques minutes et qu'on en discute. Tu verras que c'est une occasion d'affaires fantastique et comment, avec elle, nous pourrions avoir beaucoup de plaisir et faire beaucoup d'argent ensemble. Alors, Denyse, je t'invite à dîner cette semaine. Quel jour te convient le mieux, mardi ou jeudi ? »

Pour ce qui est de l'invitation, je vous recommande d'écrire un scénario avant de faire vos appels. Avec les grandes lignes à portée de la main, vous n'aurez pas à faire d'effort pour penser à ce que vous voulez dire ; ainsi, vous pourrez concentrer toute votre attention sur votre enthousiasme. Parfois, on vous dira : « Je ne sais pas, Raymond, je suis très occupée, je ne crois pas que ça m'intéresse. » Vous pouvez répondre : « Denyse, je sais que tu es occupée, c'est l'une des raisons pour laquelle je t'appelle, car tu es une femme d'action. Si, en 25 minutes, tu ne trouves pas ma proposition intéressante, je ne t'en reparlerai plus jamais. Alors, je t'invite toujours à dîner. Quel jour te convient le mieux, mardi ou jeudi ? »

Rester en contact avec les gens est la véritable clé de votre succès. Demandez conseil, dites-leur simplement que vous vous lancez en affaires et que vous désirez leur présenter votre occasion d'affaires et montrer vos produits afin qu'ils vous donnent leur opinion. Je vous recommande de préparer deux scénarios distincts : un pour votre famille et vos amis intimes, et un autre pour vos connaissances et les gens que vous connaissez peu.

Apprenez à aimer votre téléphone. Plus vous devenez ami rapidement avec cet instrument de deux kilos, plus vous pourrez utiliser rapidement son pouvoir incroyable afin de construire votre entreprise avec succès. Engagez-vous à appeler un nombre précis de personnes chaque jour, chaque semaine, chaque mois, et faites-le. Vous serez surpris de la vitesse à laquelle cette charge s'allégera. Je vous suggère de vous procurer un téléphone qui vous plaît et dont l'usage est agréable. Il y a sur le marché des téléphones tout à fait inusités.

La plupart des gens à qui je parle achètent de notre marketing de réseau à paliers multiples parce qu'ils comprennent comment cette décision pourra contribuer à augmenter leurs revenus. Après tout, les frais d'adhésion, soit 100 $, sont moindres qu'une petite annonce dans un journal. Il faut savoir que les deux raisons principales pour lesquelles les gens refusent d'adhérer sont les suivantes : ils n'en ont pas compris le fonctionnement ou ils ne peuvent absolument pas débourser les 100 $.

Voici les raisons pour lesquelles cette technique fonctionne à coup sûr. Vous avez expliqué à votre client potentiel que la majorité des gens achetaient votre produit ou saisissaient l'occasion qui se présentait à eux. Il faut rassurer votre client car il ne veut pas être le premier à acheter le produit, il veut savoir si d'autres l'ont fait avant lui. Puisque la majorité des gens achètent votre produit, votre client potentiel aura naturellement tendance à vouloir rejoindre la majorité. En annonçant tout de suite la couleur, vous libérez son esprit et il pourra écouter ce que vous avez à lui dire à propos des propriétés et des avantages de votre produit. Si vous lui annoncez d'emblée le prix, vous établissez une relation de confiance avec votre client; il saura qu'il a en face de lui un homme ou une femme d'affaires honnête. Grâce à cette technique, vous éliminerez presque entièrement la pression qui se crée d'ordinaire au cours d'un entretien de vente. Ainsi, le produit se vend pratiquement de lui-même. En éliminant cette peur, vous permettez au client de se concentrer sur les avantages du produit en toute tranquillité. Vous avez fait savoir à votre client potentiel que tout le monde l'achète à moins d'être borné ou complètement fauché.

Voici un programme éprouvé qui donne d'excellents résultats. D'abord, il dure un mois et requiert un soir par semaine de votre temps. Votre nouveau distributeur invite de six à huit clients potentiels. La première semaine, il fait très peu, il souhaite la bienvenue à ses invités et vous présente. C'est comme une soirée d'information en miniature et c'est vous qui êtes l'animateur. Installez un petit étalage de produits et ayez à portée de la main le matériel du nouveau distributeur. Dirigez cette soirée comme une présentation, aidé de votre manuel de présentation.

Le tout doit demeurer très informel, ne vous mettez pas à réaménager le salon de votre nouveau distributeur. Faites la réunion autour de la table de la salle à dîner ou sur la table à café dans le salon. Montrez les produits aux invités et parlez des bienfaits que vous avez ressentis. Votre nouveau distributeur peut contribuer en parlant des bienfaits que lui-même a ressentis. Assurez-vous de répondre aux cinq questions clés quand vous parlez des bienfaits des produits et des services de l'entreprise: Est-ce une entreprise simple? Est-ce que c'est agréable? Est-ce que je peux y gagner de l'argent? Est-ce que j'aurai de l'aide? Est-ce que c'est le temps idéal pour m'impliquer?

À la fin de la réunion, dites à vos invités que vous serez là la semaine suivante, à la même heure, au même endroit, et qu'ils seront les bienvenus ainsi que leurs amis et parents. Après la réunion, le nouveau distributeur fait un suivi afin de s'assurer que tous ses clients potentiels sont heureux et satisfaits.

La semaine suivante, demandez à votre nouveau distributeur d'inviter plus de gens et laissez-le faire une partie de la présentation; il doit toutefois prendre des notes et enregistrer votre présentation afin d'étudier ce que vous avez fait. Puis, il devra choisir la partie avec laquelle il se sent le plus à l'aise, que ce soit celle sur la compagnie, sur les produits ou sur les services, et la présenter lors de la deuxième soirée. Chaque semaine, votre nouveau distributeur fait une plus grande part de la présentation et vous en faites moins. La dernière semaine, vous êtes un invité spécial; votre distributeur et possiblement un ou plusieurs de ses nouveaux distributeurs font eux-mêmes la présentation. Allez-y à votre rythme.

Peu importe le nombre d'heures que vous pouvez consacrer à votre entreprise chaque semaine, vous pouvez utiliser la structure de duplication pour ces petites soirées d'information. La structure est toujours la même, le temps est flexible. Si vous travaillez dans votre entreprise à temps partiel, vous pouvez faire une ou deux soirées par semaine et travailler avec un nouveau distributeur à la fois. Si vous avez beaucoup de temps à y consacrer, faites la même chose, mais plus souvent; c'est la fréquence qui augmente le nombre de distributeurs.

Je vous donne un exemple. La dernière fois que Richard s'est lancé en affaires, il voulait que ça aille vite, que ça explose et il était prêt à s'engager à faire n'importe quoi pour que son entreprise réussisse rapidement. Alors, en une semaine, il a parrainé cinq personnes qui voulaient sérieusement se lancer en affaires, il a présenté des soirées d'information miniatures chez chacune d'elles pendant un mois. Il en faisait une par semaine chez chacun de ses distributeurs. À la fin du mois, il s'était dupliqué dans ces cinq personnes qui ont commencé à faire la même chose de leur côté avec leurs propres distributeurs. Il a immédiatement parrainé cinq autres distributeurs sérieux et a refait la même chose avec eux. Il leur a donné la formation, a présenté chez chacun d'eux quatre réunions d'information en un mois.

Il a fait cela pendant trois mois, après quoi il avait des douzaines de rencontres d'information dans des dizaines de foyers partout dans la ville. Il n'avait même pas à y être puisque, grâce à la duplication, ses distributeurs présentaient ces soirées pour leurs nouveaux distributeurs. Il a commencé à donner une formation avancée pour les distributeurs grâce à laquelle ils ont amélioré leur présentation et appris à gérer des groupes toujours plus grands.

Il a aussi commencé à voyager pour présenter ses produits et son occasion d'affaires dans de nouvelles villes, et c'est là qu'il a récolté les meilleurs bienfaits de cette approche. Il quittait fréquemment la ville où il habitait durant un mois ou plus afin d'établir son entreprise dans un nouvel endroit. Durant son absence, il s'attendait à ce que son entreprise d'origine décline un peu. Eh bien non, le contraire s'est produit puisqu'il avait créé un réseau solide de gens qui savaient enseigner efficacement à leurs nouveaux distributeurs.

L'acceptation de l'échec. Quel distributeur peut dire qu'il n'a jamais connu cette soirée où il avait invité cinq personnes qui avaient promis de venir et qui ne se sont jamais présentées? Ici, comme ailleurs, le chemin vers le succès est fait d'échecs surmontés, de persévérance et de persistance. Par sa formation permanente, le marketing de réseau est très éloigné des métiers de vente classique. Toute personne qui décide de lancer son affaire doit nécessairement comprendre le fonctionnement de ce nouveau métier. Comme il s'agit de transmettre l'information de génération en génération de distributeurs, il est nécessaire que chacun connaisse cette information et apprenne à la transmettre.

Les objections ne sont que des opportunités masquées. La clé pour régler les objections de façon efficace est d'être comme un scout: toujours prêt. Accompagnez votre nouveau distributeur dans ses premières présentations. Vous, son parrain, êtes là pour l'appuyer, pour lui enseigner et pour répondre à des questions. Cet esprit d'équipe est une excellente façon de former vos nouveaux distributeurs et de vous assurer qu'ils réussissent leur première vente au détail et leur premier parrainage.

Pour un nouveau distributeur, une objection est un obstacle. Parfois les objections servent à retarder une décision. Ici encore, l'objection naît d'une incertitude, d'une question restée en suspens. Peut-être que le client potentiel n'est pas conscient de sa question, c'est votre tâche de la dévoiler, d'aider votre client à mettre le doigt dessus, puis de lui répondre. L'efficacité de ce système réside dans sa globalité, vous pouvez l'utiliser pour déceler les questions que sous-tendent les objections pour mettre au jour ces questions, sans créer de charge émotive, et pour répondre honnêtement de façon que votre client potentiel comprenne et se sente en sécurité avec la réponse. Ce qui ne signifie pas qu'avec ce système tous vos clients potentiels vont acheter vos produits ou se joindre à votre entreprise.

Souvenez-vous qu'une objection est une question déguisée[16].

- Écoutez comme jamais auparavant.
- Ouvrez grand vos oreilles.
- Écoutez les questions de votre client potentiel.
- Ne l'interrompez jamais.
- Ne tenez jamais pour acquis que vous savez ce qu'il va dire.

Quelle question cache l'objection suivante: «Je n'ai vraiment pas le temps de faire ça.» Serait-ce: «Est-ce que je pourrais avoir du succès dans cette entreprise en lui accordant le peu de temps que j'ai de disponible?» Les objections ont toujours l'air d'exprimer les faits établis quand, en fait, elles sont des questions. Il y a un moyen facile de démasquer des questions cachées. Ajoutez à l'objection: «Est-ce vrai?» Vous pouvez ensuite répondre à cette question pour lui et la meilleure façon d'y arriver est de passer à l'étape suivante: reconnaissez la validité de cette objection.

Si vous ne comprenez pas ou si vous n'êtes pas certain qu'il comprenne, demandez-lui qu'il vous explique. «Pierre, je ne suis pas certain de bien comprendre, pourrais-tu m'expliquer d'une autre façon?» Ou simplement: «Peux-tu m'en parler un peu plus?»

---

16. Voir l'annexe 6, à la page 284, pour le modèle de feuille de travail sur les questions fréquentes.

Répondez de préférence en racontant une histoire. Pour répondre à la plupart des objections-questions, j'aime utiliser l'approche du ressent-ressenti. Par exemple, par rapport à la question temps, reconnaissez d'abord que vous comprenez comment votre client potentiel se sent. Développez ensuite une relation de confiance avec lui en partageant à quel point vous vous êtes senti comme lui par le passé. Puis, révélez-lui que vous avez découvert comment ça se passe réellement d'après votre propre expérience.

Quand vous êtes rendu à l'étape de la décision, offrez-lui le choix. Quand votre client potentiel est satisfait de vos réponses, la décision suit d'elle-même. Demandez seulement à votre client une question qui amènera votre présentation à sa conclusion. Par exemple, si Pierre m'a fait part de son manque de temps et que je lui ai répondu avec l'approche du ressent-ressenti et qu'il est d'accord avec mon exposé, je pourrai lui dire : «Je suis très content, Pierre, il y a plusieurs manières dont tu pourrais débuter. Tu pourrais te procurer certains produits et les essayer quelques semaines pour en sentir toi-même les bienfaits. N'oublie pas la garantie de satisfaction. Si tu veux saisir cette merveilleuse occasion d'affaires, nous pouvons remplir ta convention de distributeur tout de suite et aussitôt qu'elle aura été traitée par la compagnie, tu pourras commander tes produits directement et obtenir le rabais de distributeur. En attendant, nous pouvons commencer à mettre ton entreprise sur pied. Quelle est la meilleure façon pour toi, Pierre, de commencer?»

Il est primordial que vous encouragiez votre client potentiel à prendre une décision soit pour acheter les produits, soit pour devenir distributeur, soit pour vous accompagner à une première réunion. Il importe que vous lui donniez toujours le choix entre deux choses ou plus : le choix des heures, des jours, des choses à faire, etc. Avoir le choix est un cadeau. Je veux que vous compreniez bien une chose : donner le choix à votre client potentiel lui rend un grand service. La décision finale requiert d'abord toutes les étapes de votre présentation : poser des questions, partager l'information et les anecdotes, discuter des bienfaits, les appuyer avec des caractéristiques, etc.

L'étape finale consiste à donner le choix à votre client potentiel. C'est à ce moment que votre client doit prendre une décision. Prendre une décision est très difficile pour certains parce qu'ils voient cela comme un processus complexe et lourd, hors de leur portée. Mais faire un choix est simple parce que les possibilités sont moins énormes. Si vous leur offrez un choix, vous pouvez les aider à analyser chaque option et les encourager à choisir entre deux choses positives. S'ils sont d'accord avec vous depuis le début, leur choix est soit d'essayer les produits, soit de devenir distributeur, ou les deux. Quand vous arrivez à cette étape, la réponse n'est pas oui ou non, la réponse est oui. Votre client potentiel n'a qu'à choisir entre deux oui. Pour moi, quelqu'un dit oui tant qu'il n'a pas dit non clairement.

Si mon client potentiel me présente encore des objections, ce n'est pas un non, ce sont des questions. Un non est une réponse directe et je respecte toujours un non même si je ne suis pas du tout d'accord. «Cela ne m'intéresse pas», «Cela ne me convient pas», «Je te souhaite beaucoup de succès, mais ce n'est pas ça que je veux faire». Ce sont là des non solides. Acceptez-les, remerciez votre client ou distributeur potentiel, laissez la porte ouverte et passez à un autre oui. J'ai utilisé ici un exemple de présentation pour illustrer ces six étapes, mais elles s'appliquent à toutes les situations, comme prendre un rendez-vous, faire un suivi, etc.

Vous pouvez imprimer la liste des objections que vous affrontez le plus fréquemment. Vous pouvez apprendre à y répondre en jouant des rôles. Vos distributeurs peuvent tenter de découvrir quelle question se cache sous chaque objection et passer à travers les six étapes pour chaque question. Demandez-leur ensuite de partager leurs trouvailles avec le groupe. Des centaines, voire des milliers, de distributeurs ont déjà répondu à 95 % des objections. Vous en aurez peut-être quelques-unes qui sont particulières à votre produit ou à votre occasion d'affaires, mais habituellement les mêmes reviennent tout le temps.

La préparation est la clé du succès, c'est pourquoi votre formation devrait comprendre une feuille de travail et une session sur les objections. De plus, vous devriez enseigner à vos distributeurs comment répondre aux questions qu'elles cachent. Souvenez-vous : une once de prévention, c'est-à-dire de préparation, vaut une livre de guérison.

Une bonne préparation peut éviter un rejet. C'est d'autant plus navrant car il n'est pas nécessaire. Selon vous, qu'est-ce qui pèse le plus lourd dans la balance : la préparation ou le rejet ? Moi, je dis la préparation parce que c'est ça qui fonctionne pour moi, encore et toujours ; peu importe quel aspect du marketing de réseau nous explorons, la clé du succès est de nous préparer adéquatement. Transformer une objection en une demande d'information ou découvrir la question cachée par une objection est une manière d'être bien préparé. Le *brainstorming* de réseau crée des maîtres dans l'art de la formation et il est une très bonne façon d'informer, d'inspirer et d'impliquer les gens de votre réseau, et de préparer une session sur les objections ou sur tout autre aspect de votre entreprise. Voici comment faire.

Le palmarès des dix meilleures objections. Demandez maintenant aux participants de sélectionner les objections les plus fréquentes ; essayez d'en obtenir une dizaine. Assurez-vous que le groupe demeure concentré. Guidez-le à chaque étape et répondez aux questions. Quand vous avez trouvé la question cachée dans chacune des dix principales objections, demandez au groupe de répondre à ces questions. Encore une fois, vous pouvez avoir recours au *brainstorming* pour répondre ou diviser le groupe en équipes de trois à cinq personnes qui trouveront elles-mêmes leurs réponses, ou vous pouvez former des paires qui interagissent. Alors, qu'avez-vous fait ? Vous avez créé un réseau, vous pouvez sentir le pouls de l'énergie créatrice dans la pièce.

Tous, ou presque, sont à l'aise avec la feuille de travail des objections[17] parce que ce sont eux qui l'ont rédigée. Ils ont intégré le concept parce qu'ils ont pensé par eux-mêmes, ce qui est très différent de se le faire dire par un tiers. Ils sont informés, ont trouvé les objections, les questions et les réponses, sont

---

17. Voir l'annexe 6, à la page 284, pour le modèle de feuille de travail sur les questions fréquentes.

impliqués, ont tous participé au processus, sont tous inspirés et ont vu que le réseau est puissant, créatif et agréable. Tout distributeur, même nouveau, qui est enthousiaste et plein d'énergie peut diriger cet exercice. C'est ça, actualiser son potentiel. Quel genre de succès auraient les joueurs de golf ou de tennis s'ils arrêtaient leur élan à l'impact de la balle ? Ils n'obtiendraient pas de succès fulgurant, leur coup manquerait de puissance, la balle n'irait pas loin et sa direction serait aléatoire. La même chose est vraie pour les distributeurs qui ne font pas de suivi.

LE LANGAGE VERBAL ET NON VERBAL

Je vous propose six techniques subtiles mais fort efficaces qui ajouteront de la puissance à vos présentations : la technique des ponts, le signe de tête, les paroles modérées d'encouragement, les regards dirigés, le miroir et la bonne impression.

Technique 1 : La technique des ponts permet d'assurer une conversation sans interruption et d'éliminer toute situation où vous parlez trop et votre contact trop peu. Voici quelques expressions puissantes :

- à savoir ;
- par exemple ;
- ce qui veut dire ;
- par conséquent ;
- par la suite, vous avez ;
- ce qui signifie.

Vous tentez de construire des ponts. Penchez-vous vers votre interlocuteur, les mains tendues. Insistez sur le dernier mot de chaque réplique, laissez-vous aller en arrière et taisez-vous.

Sachez vous taire, résistez à la tentation d'ajouter quelques paroles de sagesse pour mettre fin au silence qui vous semble interminable. De cette façon, vous cédez à l'autre le monopole de la situation, alors laissez-le parler. En utilisant les expressions «ce qui veut dire» et «par exemple», vous l'inciterez à exprimer ce qu'il pense, ce qu'il ressent et ce qu'il croit, et surtout c'est l'autre qui parle. La technique des ponts est rassurante, car en plus d'ajouter du piquant à vos présentations, elle vous permet de maintenir silencieusement la direction de la conversation.

Technique 2 : Le signe de tête. Si vous êtes animé de sentiments positifs, vous bougerez la tête ; si vous bougez la tête, vous ressentirez progressivement des sentiments positifs. Après avoir esquissé un signe de tête, terminez chaque phrase par l'une ou l'autre des expressions suivantes :

- N'est-ce pas ? ;
- Vous ferez de même, n'est-ce pas ? ;
- C'est vrai, n'est-ce pas ? ;
- D'accord.

Après avoir posé une question ouverte ou utilisé la technique du pont et que vous obtenez une réponse, accompagnez celle-ci d'un signe de tête. Lorsque l'autre aura terminé, hochez la tête cinq fois au rythme d'un hochement à la seconde. Habituellement, après quatre secondes de silence, votre interlocuteur aura repris la parole. Et, tant et aussi longtemps que vous demeurerez retiré vers l'arrière, la main au menton, vous ne vous sentirez nullement pressé de prendre la parole. En agissant ainsi, vous éviterez d'être perçu comme un interrogateur. Lorsque vous écoutez, portez une main à votre menton et frottez-le doucement. Des études ont démontré que ce geste encourage les autres à parler davantage.

Technique 3 : Les paroles modérées d'encouragement. Pendant que l'autre parle, encouragez-le à poursuivre en utilisant, à titre d'exemple, les expressions suivantes avec modération :

- Je vois ;
- Oui, oui ;
- Vraiment ;
- Continuez.

Technique 4 : Les regards dirigés. Les recherches ont démontré qu'à l'occasion d'une rencontre en face-à-face, l'information est communiquée à 87 % par les yeux, 9 % par les oreilles, ce qui ne laisse que 4 % aux autres sens. Par exemple, si votre présentation est à la fois auditive et visuelle, votre contact ne retiendra que 9 % de votre message. Par contre, si les messages verbaux et visuels concordent, votre contact retiendra 25 % de votre message. Assurez-vous que vos mains soient visibles lorsque vous parlez, assurant ainsi le maintien d'une atmosphère non menaçante.

Technique 5 : Le miroir. Lorsque deux personnes sont mentalement sur la même longueur d'onde, leurs corps le sont aussi et, conséquemment, elles adoptent la même posture et les mêmes gestes. Le but de ce comportement est d'établir une bonne relation entre les participants en évitant les conflits. «Je ne suis aucunement supérieur», «Je suis d'accord avec toi» et «J'approuve ton attitude» sont les messages que véhicule ce langage non verbal.

Faites bonne impression. Imiter le langage non verbal de l'autre et la façon de s'exprimer représente des moyens dynamiques d'établir rapidement une relation avec votre interlocuteur. Lorsque vous rencontrerez une nouvelle personne, imitez sa façon de s'asseoir, sa posture, l'angle de son corps, ses gestes, ses expressions et le ton de sa voix. En peu de temps, vous aurez fait bonne impression, lui serez sympathique et elle vous décrira sans doute comme quelqu'un de plaisant puisque vous êtes le reflet de ce qu'elle est.

La femme saisit le sens de ce qui est dit en étant sensible au ton de la voix de celui qui parle et de son langage non verbal pour ensuite exprimer sa compréhension en reflétant les émotions communiquées. La plupart des hommes craignent d'utiliser la rétroaction faciale durant les moments d'écoute alors que c'est exactement ce qu'ils doivent faire pour s'attirer fermement l'attention d'une femme. Les dividendes sont plus intéressants pour ceux qui maîtrisent cette forme d'expression. Des résultats de scanographie ont démontré que les émotions étaient aussi fortes chez l'homme que chez la femme, bien que celui-ci s'abstienne de leur laisser libre cours en public. Pour parvenir à utiliser la technique du miroir avec un homme, il est utile de se rappeler qu'il communique avec son corps et non avec son visage.

Technique 6 : La bonne impression. Il existe de formidables techniques pour faire bonne impression. Les gens forment, en quatre minutes ou moins, 90 % de leur opinion au sujet de l'autre en plus de porter 25 jugements différents à l'égard de son âge, de sa situation financière, de son niveau d'éducation, de son degré d'autorité, de sa gentillesse et de sa loyauté. C'est pour toutes ces raisons qu'il est important de faire bonne impression aux yeux de votre interlocuteur.

Si vous faites une présentation et utilisez continuellement la position paumes vers le bas, vous essuierez sans doute le rejet de votre auditoire. Le poing fermé, sauf pour l'index, fait figure d'un bâton qu'utilise l'orateur pour soumettre son auditoire. Le poing fermé est d'ailleurs un des gestes les plus irritants qu'un orateur puisse faire surtout lorsque son geste est en accord avec son débit. Des résultats de recherche sur les positions paumes vers le bas et poing fermé révèlent que les auditeurs considèrent les orateurs qui font ces gestes plus agressifs, présomptueux, suffisants ou arrogants. De plus, ils se souviennent beaucoup moins du message entendu puisqu'ils s'arrêtent à ce que fait l'orateur plutôt qu'à ce qu'il dit.

Prétendons que vous venez d'accueillir un nouveau contact par une poignée de main. Votre geste aura inconsciemment communiqué les trois attitudes suivantes :

1. La domination : « Il tente de me dominer, je me dois d'être prudent. »

2. La soumission : « Je peux le dominer, il répondra à tous mes désirs. »

3. L'égalité : « Il me plaît, ce type, nous parviendrons à bien nous entendre. »

Si vous donnez la main et que votre paume pointe vers le bas, vous donnez une attitude de domination. Bien que votre paume ne soit que partiellement tournée vers le sol, dans l'esprit de l'autre, vous désirez vous imposer. Des études effectuées auprès de 54 cadres ayant atteint un certain niveau de réussite ont révélé que seulement 42 d'entre eux tendaient la main les premiers ou communiquaient une attitude de domination. Ce genre de poignée de main ne favorise pas la création d'un bon rapport avec l'autre puisqu'il intimide la plupart des gens. En règle générale, l'homme l'utilise plus que la femme.

Pour créer un rapport avec l'autre grâce à une poignée de main, votre paume ne doit être pointée ni vers le haut ni vers le bas; ainsi, vous ne communiquerez ni la domination ni la soumission, mais l'égalité. Ce genre de poignée de main ne fait ni vainqueur ni perdant et fait en sorte que personne ne soit intimidé. Elle rend les interlocuteurs réceptifs à de nouvelles idées et moins empressés à porter des jugements. Apprenez à porter vos dossiers, feuilles de papier, porte-documents, sac à main et boissons de la main gauche.

La puissance du sourire. Nos recherches ont démontré que plus vous souriez, plus vos hôtes se tiendront près de vous, vous regarderont dans les yeux, vous toucheront et prolongeront le contact. Conséquemment, un sourire stimulera votre succès en affaires et dans la vie en général puisque votre geste démontrera aux autres que vous n'avez nulle intention de les intimider.

La plupart des gens de classe moyenne, ayant grandi dans des villes où la langue anglaise prédomine, préfèrent maintenir une distance d'environ 46 centimètres entre eux. Respectez l'espace de l'autre et la zone de confort qu'il vous impose. Si l'autre évite de vous toucher, ne le touchez pas. Par contre, si une personne d'origine italienne ou française semble vous toucher constamment, faites de même, sinon elle pourrait penser que vous ne l'aimez pas.

Comment se vêtir pour réussir? Puisque vos vêtements couvrent près de 90 % de votre corps, ils influenceront considérablement la perception des autres à votre endroit: confiance, sérieux, compétence, autorité, succès auprès des gens et en affaires.

Une tenue vestimentaire confortable est régie par la réponse à la question suivante: Quelles sont les attentes de votre contact envers votre tenue vestimentaire? Comment devrez-vous vous vêtir pour lui laisser l'impression que vous êtes vraisemblable, agréable, autoritaire, prospère, compétent et accessible? Quel genre de complet, chemise, cravate, blouse, jupe, chaussures, montre, maquillage et coiffure choisirez-vous? Il s'agit des attentes de l'autre et non des vôtres. Souvenez-vous que l'opinion de votre associé potentiel est la plus importante;

en conséquent, vous devrez vous vêtir en tenant compte de ses attentes.

Si vous passez en revue les plus grands leaders et hommes d'affaires du monde, vous observerez que leur tenue vestimentaire respecte une certaine norme. Ne laissez pas vos goûts et vos exigences quant à votre confort vous handicaper. Portez des vêtements qui répondront aux attentes de vos associés potentiels. Imiter la tenue vestimentaire de votre associé potentiel lui permettra de se sentir à l'aise sans toutefois l'engager forcément à vous suivre.

Il est important d'être bien habillé. Je travaille dans l'industrie de la santé et de l'abondance, laquelle vous intéresse en premier? La prospection n'est rien qu'un jeu; à bien y penser, la vie aussi. Cette entreprise est d'abord et avant tout une entreprise à caractère humain.

Savoir lire le langage non verbal. L'impact de votre message lors d'une rencontre en face-à-face se traduit comme suit:

* les mots: de 7 % à 10 % de l'impact total;
* la voix: de 20 % à 30 % de l'impact total;
* le langage non verbal: de 60 % à 80 % de l'impact total.

Par conséquent, vos gestes, votre apparence, votre sourire, votre habillement et les mouvements de votre corps sont extrêmement déterminants de l'attitude qu'adoptent les autres à votre endroit. Votre façon de lire les choses est trois fois plus importante que le contenu de votre message.

Les trois règles du savoir-lire. Règle numéro un: Lisez les groupes gestuels. Le langage non verbal, comme tout autre langage, fait usage de mots, de phrases et de ponctuations. Chaque geste représente un mot porteur de plusieurs sens qui n'est compris que lorsque plusieurs mots forment une phrase. Dans le langage non verbal, ces phrases sont appelées groupe gestuel. Ne tentez jamais de lire un geste isolément, il ne pourrait s'agir que d'un nez qui pique. Règle numéro deux: Tenez compte du contexte. Règle numéro trois: Tenez compte des différences culturelles.

La joie fait naître le sourire, la tristesse et la colère font froncer les sourcils, et le hochement de la tête signifie presque toujours oui ou représente une forme d'inclination de la tête.

Pourquoi les femmes sont-elles de meilleures réceptrices? Le cerveau de l'homme n'est pas conçu pour capter les petits signaux verbaux et non verbaux. Voilà ce qui explique pourquoi tous les hommes, aux yeux des femmes, sont indifférents et insensibles aux sentiments et aux besoins des autres. On entendra souvent une femme dire à un homme: «N'as-tu pas remarqué mon regard? Tu aurais compris rapidement que je désirais rester à la maison.» Conclusion évidente pour la plupart des femmes mais pas pour les hommes. Ceux-ci ne sont pas insensibles, leur cerveau n'est pas programmé pour comprendre les messages non verbaux subtils. Lorsqu'une femme dit qu'elle peut voir la souffrance et le désaccord, elle le voit vraiment. Tenter de mentir à une femme lors d'un tête-à-tête n'est pas prudent, il serait plus sage d'utiliser le téléphone. Comment apprendre à lire le langage non verbal? Réservez 15 minutes par jour pour lire et analyser les gestes des autres et pour acquérir une meilleure connaissance des vôtres.

LE LANGAGE NON VERBAL

Voici un certain nombre de signes associés au langage non verbal les plus fréquemment observés durant une présentation.

Croiser les bras devant soi: ce geste est l'expression d'une attitude de détachement et d'un esprit fermé. La plupart des gens placent le bras gauche sur le droit, et apprendre à faire l'inverse est presque impossible. De prime abord, ce geste semble indiquer le désir de protéger le cœur et les poumons contre toute attaque.

Tentez la simple expérience suivante. Reculez-vous dans votre fauteuil et croisez les bras. Comment vous sentez-vous? Exclu et non intéressé à participer? Une étude démontre que si vous croisez les bras, quel que soit votre métier, vous sentirez les effets négatifs de votre geste. Il s'agit d'un support de cause à effet. Les gens qui favorisent généralement cette position affirment qu'elle leur accorde un sentiment de confort. Vous doutez que le geste exprime une attitude négative, celui qui vous écoute vous aura quand même perçu inconsciemment comme une personne négative et inaccessible. Éliminez le croisement de bras de votre gestuelle, sinon vos interlocuteurs retiendront votre message, jugeront votre performance plus sévèrement et vous apprécieront moins. Adoptez plutôt un langage non verbal plus ouvert.

Autant que possible, utilisez des chaises munies d'appuie-bras, car elles évitent le croisement des bras et favorisent la participation. D'autre part, assurez-vous d'une distance raisonnable entre les chaises dépourvues d'appuie-bras afin d'empêcher les gens de votre auditoire de se croiser les bras et d'éviter le contact avec leur voisin. Plusieurs des membres de votre auditoire ont croisé les bras ; invitez-les à poser des questions en levant la main. Proposez-leur un ou plusieurs exercices qui les forceront à bouger : distribuez des stylos ou des feuilles pour prendre des notes, ou servez-leur une boisson chaude.

Porter la main à la figure : tout chercheur qui a étudié ce geste reconnaît qu'il exprime des émotions négatives. Les Occidentaux et les Européens font toujours ce geste lorsqu'ils mentent. Par contre, les Asiatiques évitent de porter la main à la tête pour des motifs religieux, mais ils bougent davantage les pieds lorsqu'ils mentent.

Quelques stratégies utiles. Sachez observer la gestuelle de la main à la figure tout en tenant compte du contexte ; ne vous laissez pas tromper par un nez qui pique. Ne portez jamais la main au visage durant vos présentations puisqu'un tel geste réduira le niveau de confiance de l'auditoire. Pratiquez-vous devant une caméra vidéo ou un miroir. Si quelqu'un porte la main à la figure durant votre présentation, essayez ce qui suit : « Je crois que vous avez une question, pourrais-je savoir laquelle ? »

Pencher la tête de côté est perçu comme un geste positif. Les gens le font pour exprimer leur intérêt envers ce qu'ils entendent. Alors si les associés potentiels penchent la tête de côté, poursuivez votre présentation. Par contre, si leur tête se redresse ou s'affaisse sur leur poitrine, suscitez leur participation.

Porter la main à la joue : ce geste confirme que votre contact apprécie votre présentation. La main touche la joue sans soutenir la tête alors que le doigt est posé sur la tempe : la main soutient progressivement la tête, l'intérêt diminue. Porter des lunettes à la bouche : votre contact peut aussi porter à la bouche un stylo ou un crayon ou même s'amuser avec ses lèvres, il évalue la situation et tente d'arrêter une décision finale ; il peut aussi utiliser ce geste pour retarder toute décision puisque sa bouche est occupée.

Se pencher vers l'avant : les gens s'approchent des personnes ou des choses qui les intéressent ou qui les attirent. Bien qu'elle lui ressemble, évitez de confondre cette position avec la position de départ où le sujet, les deux mains sur les genoux, semble prêt à engager une course en direction de la sortie.

Le clocher : ce geste est pris isolément ; il communique une attitude qui démontre le calme et la confiance. Mais confiance en quoi, en notre baratin ou en leur connaissance du sujet ?

Les gens ne sont pas ouverts aux changements à moins d'être détendus. Une des choses que vous désirez accomplir durant votre présentation est de changer l'opinion de votre client potentiel face à votre produit et votre occasion d'affaires. La détente est donc un élément essentiel.

LE LANGAGE VERBAL

Vous devez également porter une attention particulière au langage verbal de votre client potentiel. Les gens utilisent des expressions qui correspondent à un trait de caractère dominant. Si vous parvenez à utiliser le même genre d'expressions, vous pourrez créer un rapport instantané parce qu'ils sentiront que vous êtes comme eux. Écoutez attentivement et essayez de déterminer laquelle des expressions suivantes votre client potentiel utilise le plus souvent.

- « Je vois » est utilisé fréquemment par les personnes à dominante visuelle.
- « Je t'entends » est utilisé par les auditifs.
- « Je sens que » dénote les kinesthésiques, ceux à dominante émotive.
- « Je pense » dénote les intellectuels.

Quand vous aurez trouvé une dominante, vous pourrez utiliser les mots qui y correspondent : « Tu vois ce que je veux
dire ? » ou bien « Est-ce que ça te parle ? »

Demandez-leur de vous en dire plus long surtout sur leurs
expériences et leurs aspirations dans les affaires. Quand vous
aurez établi un bon rapport avec votre client potentiel,
demandez-lui s'il s'est déjà lancé en affaires ou s'il a déjà été
impliqué dans le marketing de réseau.

« Jean-Pierre, dans les 30 minutes qui suivent, le but de ma
présentation est de te parler de ma compagnie, de sa philosophie et des gens qui en font partie. Je vais te montrer mes produits et te les faire regarder, goûter ou essayer selon ce qui
s'applique. Je vais te parler un peu de la compagnie et de l'occasion d'affaires qu'elle offre. Je te fais grâce des détails, mais je
veux t'en donner une petite idée. À la fin de cette courte présentation, si tu n'y vois aucun intérêt, je promets de ne plus t'en
parler. Si, par contre, le produit ou l'occasion d'affaires t'intéresse, je t'expliquerai rapidement comment tu peux t'impliquer.
Est-ce que ça te va ? »

Le ton de la voix a un impact cinq fois plus important que la
parole prononcée. La personne fondera de 35 % à 40 % de sa
décision sur le ton de votre présentation. Quand je peux amener
la personne que je veux parrainer à être sur la même longueur
d'onde que moi, je suis sur la voie de la réussite.

J'ai une théorie à laquelle je crois fermement : la théorie des
1 000 contre un. Parlez-lui de ses buts, de ses intérêts, de ses
désirs, je crois que les semblables s'attirent. Selon cette théorie,
les gens ont tendance à s'aimer 1 000 fois plus qu'ils n'aiment
les autres, y compris vous et moi. Pensez à votre client potentiel
et à vous. Je crois que vous serez d'accord pour dire qu'il a tendance à s'aimer mille fois plus qu'il ne vous aime. Il n'y a rien de
mal à cela, nous sommes faits ainsi.

Pourquoi est-ce que je parle de cela ? Parce que lorsque
vous êtes en face d'un client potentiel que vous voulez voir
comme bâtisseur de réseau, pourquoi diable lui parlez-vous de
vos réalisations et de vous-même ? Il ne s'intéresse pas à vous.
À qui donc s'intéresse-t-il ? À lui-même. Par conséquent,

parlez-lui de ses buts, de ses désirs et de ses intérêts. Il est plus intéressé à ses réalisations qu'aux vôtres. Il est assis là, il assiste à votre présentation et il essaie de voir ce qu'il a à gagner.

Comment y arriver? Comme pour le langage non verbal, vous devez imiter la personne que vous interrogez ou à laquelle vous présentez votre programme de mise en marché. Si elle parle doucement, je veux que vous parliez doucement, je veux que cette personne voie en vous quelqu'un qui, inconsciemment, lui rappelle sa propre personne. Si elle parle fort, je veux que vous parliez fort; parlez lentement si elle parle lentement; parlez rapidement si son débit est rapide. Ce client vous parle comme il se parle à lui-même et en l'imitant, il aura ainsi l'impression qu'il se parle. Si vous pouvez communiquer avec lui, il communiquera avec lui-même, et votre message pourra être reçu plus favorablement. Dorénavant, soyez attentif au ton, au rythme, au débit et aux expressions familières des clients potentiels lorsqu'ils vous parlent, et reproduisez leur façon de parler.

Tout le monde cherche un ami. Tout le monde cherche quelqu'un qui lui ressemble. Tout le monde cherche quelqu'un avec qui il est à l'aise. Si vous pouvez mettre cette personne à l'aise en votre présence, vous la convaincrez de devenir bâtisseur de réseaux ou d'acheter vos produits. Vous avez vu des représentants ou des bâtisseurs de réseaux réussir et vous vous êtes demandé quel élément leur avait valu leur réussite. Ces gens ne sont pas nécessairement très scolarisés, ne sont pas de grands orateurs, ne disposent pas d'un plan élaboré, mais ils ont la capacité d'élaborer des rapports harmonieux avec leurs semblables, de mettre les gens à l'aise, de foncer.

Appliquez-vous à communiquer avec les gens afin qu'ils reçoivent correctement l'information que vous vous efforcez de leur transmettre. Demandez-vous si vous communiquez avec les gens de la façon dont ils communiquent avec eux-mêmes. Avez-vous remarqué à quel point les choses semblent différentes chez plusieurs personnes? Je suis certain que vous vous êtes souvent dit, en présentant votre plan, que même si vous avez fait cette présentation à plusieurs reprises, elle est parfois extrêmement efficace, d'autres fois moins. Pourquoi? Parce que les gens reçoivent différemment l'information. En d'autres mots, l'information parvient à leur cerveau en empruntant des canaux différents.

LES CINQ SENS

Tous les êtres humains viennent au monde avec cinq sens : la vue, l'ouïe, le toucher, le goût et l'odorat. Trois sens prévalent par rapport aux deux autres, ceux de la vue, de l'ouïe et du toucher, et l'un de ces trois sens domine tous les autres. Par conséquent, le sens dominant est votre façon d'amener l'information de l'extérieur à celui qui prend les décisions, votre cerveau. En tant que bâtisseurs de réseaux, ou représentants, nous devons établir le sens dominant chez chacun de nos interlocuteurs et communiquer par son biais. S'il ne le voit pas, il ne le croira pas. Examinons ces trois sens dominants.

Branchez-vous sur le même canal. Les visuels doivent visualiser ce que vous dites ; ils doivent se former une image mentale à partir de ce qu'ils voient. Les auditifs doivent analyser les avantages de votre programme ou de votre plan à partir de ce qu'ils entendent. Les autres doivent se former une image à partir de ce qu'ils ressentent. Si ce qu'ils ressentent n'est pas positif, il n'y aura pas de vente.

La personne visuelle est souvent expressive, démonstrative, volubile et colorée. Elle se tient très droite, regarde, imagine, s'identifiant souvent aux bijoux qu'elle porte. Ses yeux lui servent à assimiler l'information ; si elle ne voit rien, elle n'y croira pas. Si vous tentez de parrainer une telle personne ou de lui vendre un produit, elle voudra voir les résultats et les avantages qu'elle pourra en tirer. Sa décision sera fondée sur ce qu'elle voit, et si cela lui semble bon, elle l'achètera ; si cela ne lui semble pas valable, elle n'achètera pas. Par conséquent, si vous tentez de vendre votre plan, vous avez intérêt à être explicite et précis. S'il aime ce qu'il entend, votre client potentiel prendra une décision favorable.

La personne auditive saute vite aux conclusions ; vous devez lui montrer rapidement les caractéristiques et les avantages de votre entreprise et passer vite à la conclusion. Par exemple, «Ma compagnie est établie depuis plusieurs années et nous avons le meilleur plan de rémunération.» Puis, posez une question pour conclure: «Préférez-vous le plan A, le plan B ou le plan C?» Enfin, remplissez votre formulaire d'entente.

La personne kinesthésique est motivée par ce qu'elle ressent. Elle vous voit et entend ce que vous dites, mais elle assimile et digère l'information que vous lui fournissez en se fondant sur ce qu'elle ressent. Les statistiques indiquent que près de 60 % des gens appartiennent à ce groupe. Ceux-ci sont plus calmes, plus détendus, se déplacent plus lentement, parlent doucement et ont une attitude réservée. Ils vous écoutent et vous regardent, mais ils digèrent l'information à partir de leur âme, de leur cœur.

Si vous présentez un produit, faites en sorte que le client le voie, faites-lui voir les résultats, l'étiquette. Faites en sorte qu'il tienne le produit entre ses mains – d'ailleurs, la plupart des gens aiment toucher l'objet en question. Il prendra sa décision en se fondant sur ce qu'il voit, entend et touche.

Comment pouvez-vous déterminer si rapidement ces catégories de personnes? Ce n'est pas facile, mais c'est possible grâce à un peu de pratique. Je vous suggère d'abord de trouver à quelle catégorie vous appartenez. Êtes-vous un visuel, un auditif ou un kinesthésique? La meilleure façon de le trouver, à mon avis, consiste à poser quelques questions du genre: qui? quoi? où? quand? pourquoi? Conversez avec votre client et observez sa posture, le ton de sa voix, les mouvements de son corps et de ses yeux et déterminez à quel groupe il appartient. Établissez quel est son canal. Dès que vous aurez fait cela, vous pourrez adapter votre présentation en fonction de votre nouvelle information.

L'ASPECT TECHNIQUE DES CONFÉRENCES MAISON

Je vous suggère de vous rappeler que votre qualité de vie et de votre future carrière en marketing de réseau se fondera sur la qualité de vos communications avec les autres et vous-même. Le secret consiste à communiquer avec les gens comme ils communiquent avec eux-mêmes. «Plus vous me ressemblerez, plus je vous aimerai. Si je vous aime bien, je serai sans doute plus enclin à acheter votre produit ou à être parrainé par vous.» Il n'y a pas d'ingrédients magiques pour réussir.

Si vous avez dit à votre client potentiel que votre présentation durerait 30 minutes, respectez ce délai. S'il vous demande de continuer, allez-y, mais respectez d'abord et avant tout la durée de votre entretien telle qu'elle a été établie au début. Tenez pour acquis que votre client potentiel est intéressé par votre occasion d'affaires et qu'il désire en savoir plus long sur votre produit. S'il ne s'intéresse pas à l'occasion d'affaires, axez votre présentation sur le produit et demandez-lui de l'essayer. Une présentation efficace s'en tient au minimum et il faut dire les bonnes choses aux bonnes personnes.

Votre client potentiel décidera si votre occasion d'affaires l'intéresse ou non selon deux critères. Premièrement, est-ce un produit de qualité? Deuxièmement, serais-je capable de faire avec succès ce que cette personne fait présentement? Si votre client croit qu'il doit devenir vendeur ou expert afin de s'impliquer dans votre occasion d'affaires, il doutera probablement de ses capacités à réussir et vous dira qu'il n'est pas intéressé en invoquant une excuse quelconque. Au contraire, lorsque c'est simple et facile à reproduire, cela permet aux gens de se mettre à votre place, de se visualiser en train de faire des présentations efficaces et de réussir en marketing de réseau.

LES PRODUITS

La vente au détail. Le distributeur doit disposer d'un stock suffisant pour pouvoir faire un peu de vente au détail. Que penser d'une personne qui aborde quelqu'un pour lui proposer une affaire mais qui ne peut rien livrer faute de confiance dans le produit? Aussi, retourneriez-vous chez l'épicier qui vous dit que vos légumes seront livrés une semaine plus tard?

Les produits de démonstration. Il est important de disposer de quelques outils de démonstration pour pouvoir les prêter au client potentiel afin que celui-ci puisse prendre le temps de se convaincre. C'est un moyen inestimable de conclure une vente parce que, en quelque sorte, nous créons un besoin chez le consommateur.

Lorsque vous parrainez un nouveau distributeur, celui-ci ne peut pas toujours attendre que vous lui fournissiez un inventaire qui lui permettra de démarrer. Veuillez à avoir les produits à votre disposition pour pouvoir les lui fournir sans délai. Si vous parrainez régulièrement de nouveaux membres, vous devriez vous constituer un petit inventaire prévu à cet effet. Le simple fait de se constituer une réserve plus ou moins importante créera déjà une motivation pour vous lancer, car vous avez déjà investi de l'argent dans votre affaire. Il est important de dire que nous ne gagnons pas d'argent en faisant remplir un grand nombre de formulaires d'adhésion, mais que ce sont les quantités commandées par les distributeurs qui déterminent nos revenus. Par conséquent, donnons-leur la meilleure chance de réussir à leur tour.

LES CONFÉRENCES HÔTEL

Vous découvrirez très vite que la croissance de votre entreprise est impossible sans les présentations. Certaines personnes ne craignent pas d'en donner, mais je peux vous dire que j'étais de ceux qui ont une peur bleue des présentations. La seule façon d'en venir à bout, c'est de ressentir la peur et de donner sa présentation quand même. Apprenez les étapes et les façons appropriées de faire votre présentation, puis donnez-la. Plus vous en donnerez, plus vous serez efficace et naturel. C'est comme pour la prospection : votre attitude, votre passion, votre enthousiasme et votre posture ont beaucoup plus d'importance que ce que vous dites.

Peut-être qu'après une présentation vos distributeurs potentiels refuseront de prendre connaissance de l'information ou d'adhérer à votre entreprise, mais si vous considérez que vous venez de leur offrir un présent, vous aurez tout lieu d'être fier de leur avoir offert un cadeau, qu'ils l'aient accepté ou non. J'ai constaté que ceux qui comparent leur présentation à un présent voient souvent leurs efforts couronnés de succès. Leur assurance et leur aisance à partager leur entreprise sont magnétiques. On le sait, les gens réagissent mieux à la sincérité et à la passion qu'à la nervosité et au désespoir. On constate que ça devient naturel et agréable de discuter de l'entreprise tout comme convaincre les autres d'explorer l'occasion d'affaires.

Je vais maintenant vous apprendre comment arriver à faire des présentations efficaces sur l'entreprise. D'abord et avant tout, je veux clarifier une chose. Si votre intention est de présenter les produits, n'utilisez pas les méthodes suivantes car ces présentations doivent porter exclusivement sur les produits et leurs avantages.

Il y a quelques possibilités qui s'offrent à vous pour donner des présentations efficaces sur l'entreprise : à la maison, en face-à-face ou en groupe. La première est la méthode la plus souvent utilisée par les nouveaux associés ; il s'agit des présentations vidéo à domicile. Rien de plus simple puisque, comme nous venons de le voir, tout le monde sait faire fonctionner un magnétoscope. De plus, vos clients potentiels seront plus portés à s'engager s'ils peuvent voir de quoi il est question. Ils verront qu'ils n'ont qu'à inviter des gens chez eux, à mettre le magnétoscope en marche, et le tour est joué.

Cette méthode fonctionne à merveille durant la période où vous devenez plus sûr de vous-même et où vos connaissances s'approfondissent. C'est la présentation personnelle, soit face à face, soit en trio. En face-à-face, vous-même et votre distributeur potentiel vous rencontrez ; en trio, un membre de votre lignée ascendante ou descendante vient se joindre à vous et à votre client potentiel. Cette méthode fonctionne très bien si vous êtes débutant et si votre lignée ascendante est là pour vous aider. Il en va de même si vous êtes l'expert sur les lieux en compagnie d'un nouvel associé. Si vous apprenez bien en tant que débutant, vous enseignerez bien en tant qu'expert. Les présentations en face-à-face ou à trois sont idéales lorsque vous n'avez pas de magnétoscope à votre disposition, par exemple lors d'un repas ou dans un avion. Il est préférable, chaque fois que c'est possible, de réunir trois personnes plutôt que deux parce que vous ajoutez de la crédibilité et de l'efficacité à votre présentation.

La troisième et dernière méthode est la présentation de groupe en direct. Vous expliquez sur place votre occasion d'affaires à un groupe de personnes tout en illustrant vos propos à l'aide de matériel visuel, comme un étalage de produits, un tableau blanc, des diapositives ou une présentation PowerPoint. Si vous habitez dans une localité où se tiennent des présentations de groupe en direct, vous avez tout intérêt à y participer en compagnie de vos distributeurs potentiels. Je tiens à souligner qu'il n'est pas recommandé de faire des présentations de groupe en direct avant d'en avoir acquis l'expérience et de pouvoir réunir un groupe assez nombreux pour les justifier. Ces présentations se tiennent généralement dans une salle de conférence d'hôtel ou d'immeubles à bureaux, mais on peut aussi les donner à domicile au lieu d'une présentation vidéo.

Savoir conclure correctement la présentation et donner des indications aux invités prêts à s'inscrire, voilà le moment le plus important de la présentation. Il ne faut pas avoir peur de conclure, car c'est le moment de proposer aux participants une ou des options. Les gens prêts à s'engager ont besoin d'une orientation et d'indications sur ce qu'ils doivent faire par la suite. La règle de conduite à se rappeler est celle-ci : demandez et vous recevrez.

Un mot sur la façon de conclure. La meilleure manière pour conclure une présentation est la méthode des trois réponses : « Préférez-vous être client ? client-membre ? ou distributeur ? » Posez-lui des questions sur sa santé, écoutez ses réponses, puis posez-lui des questions sur l'occasion d'affaires.

Demandez à votre invité : « Voyez-vous là une occasion à saisir pour vous-même ? » Laissez-lui le temps de répondre et continuez. « Avez-vous les moyens d'en profiter ? » Attendez encore un peu et demandez-lui : « À quelle étape envisagez-vous de démarrer ? » Autrement dit : « En fonction de quelle option du programme de marketing voulez-vous vous engager ? » Attendez sa réponse, puis demandez-lui enfin : « Quel mode de paiement voulez-vous utiliser ? » Indiquez-lui que votre compagnie accepte l'argent comptant, les chèques et les principales cartes de crédit. Encore une fois, laissez-lui le temps de répondre. Remplissez le formulaire, faites-le-lui signer et félicitez-le.

Si vous débutez, il est recommandé de faire appel à un expert pour conclure vos présentations durant les 30 à 60 premiers jours ; soyez très attentif à ce qu'il dit car bientôt ce sera à vous d'agir en tant qu'expert.

Voici un conseil pour conclure une présentation qui a lieu dans une autre localité. Si vous débutez et qu'un expert de votre lignée ascendante habite dans une autre ville, vous devriez installer un téléphone à haut-parleur. Ainsi, vous pourrez faire intervenir l'expert de votre lignée ascendante à la fin de votre présentation. Il pourra répondre aux questions et vous aider à conclure la présentation au téléphone. Cette méthode fonctionne à merveille pour un petit groupe réuni à votre domicile.

Les fondateurs et les leaders du marketing de réseau ont compris depuis longtemps que ce sont les émotions qui font agir les gens. Le désir de s'enrichir est une valeur sûre lorsqu'il s'agit de motiver les clients potentiels qui se présentent à vos réunions, mais il est inutile de tenter de convaincre les gens à tout prix.

On me demande souvent quelle tenue vestimentaire il faut porter pour faire une présentation efficace. Eh bien, tout dépend des personnes que vous rencontrez et à quel endroit. Si vous rencontrez votre client potentiel à son bureau dans une compagnie d'assurances, il est alors tout indiqué d'avoir une tenue d'allure professionnelle ; dans le cas d'une présentation de groupe en direct dans la salle de conférence d'un hôtel, il faudra là aussi opter pour une tenue professionnelle comme s'il s'agissait d'une présentation d'affaires. Si vous donnez une présentation vidéo à domicile ou si vous rencontrez une personne chez elle, une tenue décontractée convient mieux à un environnement plus détendu. C'est une question de simple bon sens. J'ajoute qu'il est préférable d'être trop bien vêtu que pas assez ; il y a un fond de vérité dans le vieux dicton : « Qui recherche le succès s'habille en conséquence. »

Je voudrais aussi vous préparer à l'éventualité d'entendre un non. Il est normal d'avoir à affronter une attitude négative ;

souvent, quand on se fait dire : « Écoute, ça ne m'intéresse vraiment pas », c'est facile de baisser les bras et d'être négatif envers son entreprise. Par contre, si la prochaine personne que vous approchez se montre enthousiaste et veut commencer tout de suite, alors votre moral revient, vous vous montrez positif envers votre entreprise et prêt à en parler autour de vous. C'est l'effet des montagnes russes.

Ce qu'il faut retenir, c'est que lorsqu'on a le moral à plat, il faut remonter la pente : appelez votre lignée ascendante, mais surtout évitez d'appeler votre lignée descendante. Dites-vous que vous pouvez éviter les hauts et les bas simplement en tombant amoureux de l'ensemble du processus. Quand vous comprenez que les non en font tout simplement partie, ils vous dérangent moins. Alors, passionnez-vous pour le processus et tout rentrera dans l'ordre.

Voici d'autres conseils sur les présentations efficaces :

- D'abord, tenez-vous-en à des présentations les plus courtes possible, elles ne devraient pas durer plus de 35 minutes. Passé ce délai, les gens retiennent moins bien l'information ;
- Restez simple et allez droit au but ;
- Racontez des histoires dans la mesure du possible. On dit que les faits racontent, mais que les histoires vendent ;
- Ayez du plaisir, soyez vous-même et détendez-vous.

Les gens me demandent souvent comment j'en suis arrivé à faire d'aussi bonnes présentations. Et je leur dis toujours la vérité : c'est tout simplement après en avoir raté beaucoup. Croyez-moi, l'apprentissage passe avant tout par la répétition.

Le but d'une soirée d'information est de charger à bloc les batteries de votre entreprise et de donner à tout le monde le goût du succès. Elle s'adresse à vous, à vos clients potentiels, aux nouveaux distributeurs et aux distributeurs établis.

La soirée d'information est en fait une grande réunion hebdomadaire, bimensuelle ou mensuelle où tout le monde vient, paré de ses plus beaux atours, pour partager ses histoires de réussite. Ces réunions s'adressent à tous les distributeurs de votre région, quelle que soit leur lignée. Le but est d'y attirer le plus de monde possible, une cinquantaine ou une centaine de personnes. Plus on est de fous, plus on rit. La synergie, dont nous reparlerons plus loin, engendrée par ces réunions est régénératrice.

Après avoir fait vos présentations, de nombreuses personnes utilisent vos produits ou vos services et je sais que vous les avez appelés pour vous assurer de leur satisfaction. Maintenant qu'elles ont commencé à ressentir les bienfaits des produits, peut-être seront-elles désireuses d'en connaître un peu plus sur votre entreprise. Le moment est venu de leur offrir une plus grande vision des choses. C'est l'heure de les inviter à une soirée d'information. Celle-ci donne une dimension inspirante à votre entreprise au moment où elle en a le plus besoin, c'est-à-dire au début.

Vous êtes libre d'en changer la forme. Par exemple, la technologie d'aujourd'hui vous permet de prendre les éléments importants d'une soirée d'information et de les utiliser au téléphone. Récemment, j'ai participé à une soirée d'information par conférence téléphonique. C'était ahurissant! La popularité et l'efficacité de la conférence téléphonique pour de telles soirées ont ouvert récemment la voie à la diffusion d'émissions télévisées par satellite. Des compagnies et des individus (parmi les meilleurs vendeurs) produisent maintenant eux-mêmes leurs propres émissions. Certaines d'entre elles sont transmises en direct pour permettre aux gens d'appeler afin de trouver les réponses à leurs questions.

Le nouveau client qui commence à peine à jouir des bienfaits d'un produit et le nouveau distributeur qui se lance en affaires ont deux choses en commun : l'enthousiasme et le doute. C'est normal. Et une soirée d'information peut effacer tous ces doutes.

Il n'est pas rare que la soirée d'information soit le premier contact du client potentiel avec un produit et une occasion d'affaires. Ces clients rencontreront des gens comme eux qui commencent à s'intéresser à cette industrie ou qui viennent de mettre sur pied leur propre entreprise. Ils rencontreront aussi des distributeurs expérimentés qui jouissent déjà d'un certain succès; ils apprendront ce que la compagnie peut leur offrir. Mais plus important encore, ils auront une expérience directe de cette organisation excitante et professionnelle et voudront dorénavant en faire partie. Celle-ci fournit un contexte idéal pour vos clients potentiels puisqu'elle leur démontre que toutes les possibilités présentées auparavant sont bel et bien réelles. De plus, il existe des centaines de milliers d'hommes et de femmes qui pratiquent déjà ce métier avec succès. En rencontrant plusieurs de ces personnes, vos clients potentiels sauront que tout cela est vrai.

La soirée d'information rassure les nouveaux qu'ils n'auront pas à travailler tout seuls. Croyez-moi, c'est une des hantises les plus profondes chez tous les clients potentiels et tous les nouveaux distributeurs. Quand ils verront tous ces gens qui réussissent et tous les nouveaux qui s'impliquent, ils n'auront pas seulement la conviction qu'ils peuvent réussir, mais ils auront aussi hâte de commencer.

Les gens qui se joignent au marketing de réseau sont habituellement aux prises avec deux désirs conflictuels : d'abord, ils veulent être les premiers à faire partie de l'organisation ; ensuite, ils veulent être certains que cette entreprise rapporte, donc que d'autres ont déjà prouvé sa rentabilité. Une soirée d'information offre l'enthousiasme explosif de la nouvelle entreprise et la sécurité d'une entreprise bien établie. C'est le fruit d'un effort collectif de réseau, et tous les distributeurs et les cadres d'une région travaillent ensemble pour la mettre sur pied. Comme elle bénéficie à tout le monde, elle encourage la coopération plutôt que la compétition ; il n'est plus question de groupes ou de lignées mais d'une grande famille.

Voici quelques ingrédients nécessaires à une soirée d'information réussie :

- Un site de choix. D'abord et avant tout, une telle soirée doit se tenir dans un hôtel ou une salle de conférence et, à l'occasion, une salle paroissiale. Elle ne doit pas se tenir dans une maison privée, un garage ou un local vide ; le site doit être imprégné de professionnalisme et de succès, c'est la clé du succès. Souvenez-vous que nous sommes en première classe, l'endroit est connu, chic, se trouve dans un bon quartier et comprend un stationnement bien éclairé.

- **L'inscription.** Installez une table d'inscription. Idéalement, celle-ci se trouve à l'extérieur de la salle de conférence. C'est l'endroit où vous accueillez officiellement vos invités. Installez-y les personnes les plus amicales et les plus cordiales de votre réseau. Choisissez les hommes et les femmes au plus beau sourire et à la personnalité la plus chaleureuse. Souvenez-vous des premières impressions.

- **Parlez à tout le monde.** Durant cette soirée, faites votre possible pour parler à tous les invités : demandez-leur ce qui les amène ici, quels produits ils ont essayés et ce qu'ils en pensent, ce qu'ils espèrent retirer de cette entreprise. Tout cela mettra les invités à l'aise et vous apprendra une ou deux nouvelles histoires.

- **Les sons.** C'est une bonne idée de mettre de la musique à une soirée d'information ; cela ajoute de l'ambiance et de la vie à vos activités. Choisissez de la musique joyeuse et rythmée, évitez la musique exotique ou bizarre. Trouvez-en une qui donne aux gens le goût d'entrer dans la pièce. Ne la faites pas jouer trop fort, juste assez pour que les gens aient à parler un peu plus fort que d'habitude.

- **Les produits.** À votre soirée d'information, faites un étalage des produits dans un coin de la pièce. Vous pouvez réussir quelque chose de beau à peu de frais. Des blocs de bois et des boîtes recouvertes de tissu vont permettre de créer plusieurs niveaux. Vous pouvez utiliser des cadres ou des présentoirs pour afficher de la documentation, des lettres de clients satisfaits, des graphiques, etc. Vous pouvez incorporer des accessoires à votre étalage. Par exemple, pour les produits alimentaires, vous pouvez inclure certains ingrédients comme des tiges de blé ou des fruits frais. Pour des produits amaigrissants, vous pouvez inclure des photos «avant» et «après», une mesure, un pèse-personne, etc. Mettez-y tout votre cœur afin qu'ils attirent l'attention, vous en serez bien récompensé.

- Des chaises. Ayez-en le moins possible. Demandez aux gens de confirmer leur présence à l'avance et demandez-leur combien d'invités seront avec eux. Installez moins de chaises que le nombre de personnes attendues. Assurez-vous d'avoir des chaises de réserve à l'arrière de la salle, et donnez à un distributeur la responsabilité d'en installer d'autres au fur et à mesure que la salle se remplit. Des chaises vides créent l'illusion qu'il y a peu de gens à la réunion même s'il y en a un grand nombre. Par contre, ajouter des chaises donne l'impression qu'il y a beaucoup de monde et que c'est un événement couru.

- D'abord, commencez et terminez à l'heure, c'est très professionnel, ça donne le ton à vos distributeurs pour qu'ils respectent leur entente de temps et cela démontre un respect pour les invités qui sont à l'heure. La durée de votre réunion ne devrait pas dépasser 45 minutes, 60 minutes tout au plus. La tête peut assimiler seulement pendant une certaine période de temps. Par contre, vous pouvez mettre à profit le temps disponible avant et après la réunion. Avant, parlez aux invités pour leur donner un avant-goût. Dites-leur que les distributeurs expérimentés seront disponibles après la réunion pour répondre à leurs questions et pour parler de leur entreprise. C'est l'heure aussi où les gens peuvent faire plus ample connaissance, compléter leur convention de distributeur, acheter les produits ou s'inscrire à une formation.

- L'animateur. Choisissez cette personne avec soin, celle qui a beaucoup d'énergie, d'enthousiasme et d'entregent; que les gens aimeront d'emblée. Il n'est pas nécessaire que ce soit le plus gros distributeur du réseau. En fait, il est préférable que ce soit un distributeur relativement nouveau pour que les invités puissent s'identifier à lui plus facilement. Les distributeurs vedettes peuvent intimider plutôt qu'inspirer. L'animateur se présente et souhaite la bienvenue à tout le monde. Il enchaîne tout de suite avec une présentation très enthousiaste du marketing de réseau, dit à tous que cette industrie est merveilleuse, la plus avant-gardiste du XXIe siècle et qu'on peut en devenir membre aujourd'hui. Il aborde les trois points clés suivants : la compagnie, les produits et l'occasion d'affaires. L'animateur parle d'abord de la compagnie comme telle.

- Il donne un aperçu de sa philosophie et de sa croissance tout en évitant les détails.
- Il utilise des histoires lorsque c'est possible.
- Il parle d'expansion.
- Il mentionne le nombre de nouveaux distributeurs.
- Il décrit une compagnie puissante, bien gérée, en pleine croissance et qui réussit.
- Il parle ensuite des produits ou services.
- Il aborde le sujet brièvement, en relatant sa propre expérience tout en évitant les détails techniques.
- Il raconte l'histoire d'une ou deux personnes qu'il connaît.
- Il montre les produits dans la mesure du possible.
- Il parle avec entrain des produits qui donnent réellement de bons résultats.
- Il parle ensuite de l'occasion d'affaires.
- Il expose le matériel du nouveau distributeur.
- Il parle des avantages offerts aux nouveaux distributeurs, c'est-à-dire la possibilité d'acheter au prix de gros.
- Il parle d'investissement à peu de frais.
- Il expose brièvement le plan de mise en marché, du niveau inférieur jusqu'au niveau supérieur, mais en se contentant des grandes lignes car ces plans sont habituellement complexes et s'expliquent difficilement en quelques minutes.

Vos invités ont maintenant une idée positive de la compagnie, des produits et de l'occasion d'affaires, mais ils se posent d'importantes questions. Cinq questions exactement. Les voici :

1. Est-ce que cette entreprise est simple ?
2. Est-ce que je peux m'y amuser ?
3. Est-ce que j'y gagnerai de l'argent ?
4. Est-ce que j'aurai de l'aide ?
5. Est-ce que c'est le temps idéal pour m'impliquer ?

LES TÉMOIGNAGES

Par la suite, l'animateur dit: «Maintenant que je vous ai parlé de la compagnie, des produits, de l'occasion d'affaires, je voudrais laisser la parole à de nouveaux distributeurs, des gens qui vous ressemblent et qui se sont joints à cette industrie il y a quelques semaines ou quelques mois seulement. Ils vont vous dire comment ça c'est passé pour eux. Je les invite maintenant à venir vous parler.»

À partir de ce moment, l'animateur ne fait que diriger le trafic. Les nouveaux distributeurs montent sur scène, racontent leur histoire de réussite en une minute ou deux et retournent s'asseoir avec un grand sourire. Soit dit en passant, les distributeurs ont appris à répondre aux cinq questions en racontant leur histoire. Choisissez des distributeurs de tous les genres et qui abordent leur entreprise de façon différente. Ce qui est important, c'est qu'ils répondent aux cinq questions en racontant leur histoire. C'est la vérité qui inspire les gens. De toute façon, cette industrie est tellement remplie de bonnes histoires de réussite personnelle que vous n'aurez jamais à les inventer.

Je vous suggère d'enseigner à vos nouveaux distributeurs comment inclure ces questions dans leur histoire avant qu'ils viennent parler; c'est essentiel qu'ils le fassent. Voici un exemple:

«Bonjour, je m'appelle Marc et je suis très content d'être ici. Je me suis joint à cette entreprise il y a deux mois. J'ai d'abord essayé les produits qui m'ont fait un tel effet. Je me sentais tellement bien que j'ai décidé de me faire parrainer par Rolande qui m'a donné un fier coup de main. Elle m'a montré comment ça fonctionne, comment remplir ma convention de distributeur et ma première commande. Elle m'a accompagné à mes premières présentations où j'ai fait deux ventes et parrainé un distributeur. Je suis très content puisque c'est la première fois que je vends quoi que ce soit de toute ma vie. J'ai beaucoup de plaisir. Je consacre huit heures par semaine à mon entreprise et, avec les revenus du mois dernier, j'ai pu faire le paiement de ma voiture et me payer le téléphone cellulaire dont je rêvais depuis plus d'un an. Tout le monde est très gentil et je suis très heureux. Je vous encourage à vous joindre à nous. Si je suis capable de réussir, vous l'êtes aussi.»

Marc quitte la scène et tout le monde applaudit. N'oubliez pas d'applaudir, même si vous avez entendu son histoire plusieurs fois déjà. Accordez-leur toujours la reconnaissance qu'ils méritent, car c'est important pour eux et encore plus pour vos invités. Même s'il n'y a aucun invité cette fois-ci, vous vous assurerez, en applaudissant, de l'enthousiasme toujours grandissant de Marc. Peut-être que la prochaine fois y aura-t-il plusieurs invités.

«Moi aussi, je suis capable»: voilà un point très simple mais très important. Vous désirez que vos invités pensent: «Si lui ou elle peut faire ça, je sais que moi aussi je suis capable.» Si quelques-uns de vos distributeurs le disent à voix haute, tant mieux. Regardons ce qui se passe du côté des invités. Marc leur a dit que son entreprise est simple et facile à comprendre; il a fait deux ventes et a parrainé un distributeur dès la première semaine. Les invités en viennent à la conclusion qu'ils auront l'aide dont ils ont besoin parce que Marc leur a décrit ce que Rolande a fait pour lui. Ils savent que Marc gagne de l'argent parce qu'il leur a mentionné clairement «paiement de voiture» et «téléphone cellulaire».

Reste la dernière question: Est-ce le temps idéal pour m'impliquer? Quand Marc a dit: «Je vous encourage à vous joindre à nous. Si je suis capable de réussir, vous l'êtes aussi.» Ils ont compris qu'ils peuvent devenir membres n'importe quand. Si plusieurs des histoires de réussite viennent de gens qui sont dans l'industrie depuis seulement quelques semaines ou quelques mois, les invités sauront que le temps idéal pour s'impliquer est maintenant. Lorsque les 45 minutes se sont écoulées, l'animateur dit: «Très bien, merci à tous. Ceci met un terme à notre rencontre, mais nous vous invitons à rester avec nous pour discuter un peu.»

COMMENT CLORE LA RENCONTRE

L'animateur annonce la date de la prochaine soirée, les événements spéciaux et n'oublie pas de mentionner la date de la prochaine formation du nouveau distributeur. Il encourage les gens à y participer en leur disant que c'est une très bonne façon de commencer. S'ils ne peuvent pas y participer, il les encourage à prendre rendez-vous pour une session de formation individuelle avec leur parrain ou marraine. L'animateur conclut en disant : «Merci d'être venus, nous apprécions beaucoup votre présence. Avant de partir, assurez-vous que nous ayons répondu à toutes vos questions. Bonsoir.» La musique reprend.

Si vous avez amené un distributeur potentiel, donnez-lui la convention de distributeur et aidez-le à la remplir. Profitez-en pour présenter votre nouveau distributeur à d'autres chevronnés qui ont déjà beaucoup de succès; ainsi, votre nouvel associé sera assuré de faire un bon choix. J'aime tenir des sessions de formation de nouveaux distributeurs le vendredi; la soirée d'information étant le lundi, il n'y a donc que quatre jours entre les deux rencontres.

La synergie d'un grand rassemblement. La synergie est un terme mathématique qui exprime que le tout est plus grand que la somme de ses parties. Les grands rassemblements ont un avantage sur les petites réunions; si tous ces gens ont en commun l'enthousiasme pour les produits, l'engagement envers la compagnie et une attention sincère les uns envers les autres, quel genre d'énergie se dégagera dans la salle à la fin de la réunion? Une énergie très puissante, en effet. La synergie est le secret du pouvoir gigantesque du marketing de réseau; elle explique comment un réseau de 1 000 personnes peut produire les résultats obtenus normalement par un demi-million de personnes. Enfin, on peut mettre la puissance de la synergie au service de tous les aspects du marketing de réseau et de la soirée d'information.

LA FORMATION

René vient de laisser toute initiative à son nouveau distributeur qui devra se débrouiller seul. Erreur monumentale. En effet, il nous arrive d'agir de la même manière, pour les raisons suivantes.

- Nous sommes tellement contents d'avoir fait signer un nouveau distributeur que nous ne pensons à rien d'autre qu'à rentrer chez nous pour sabler le champagne.
- Nous craignons que si nous prions Monsieur Nouveau de prendre des engagements concrets, il pourrait revenir sur sa décision et peut-être même abandonner l'affaire.
- Nous souffrons de complexes d'infériorité et avons des tendances suicidaires, c'est pourquoi nous avons pris la décision de ne rien exiger des autres et de nous rendre la vie facile.

De ces trois raisons, la dernière est la cause la plus fréquente d'un échec. Quelle est donc la démarche la plus logique à suivre pour obtenir l'engagement d'un nouveau distributeur? Faut-il tout exiger au moment de la conclusion du contrat, lorsque l'enthousiasme est à son comble ou vaudrait-il mieux attendre que notre nouvelle recrue se soit refroidie? La meilleure solution consiste évidemment à agir pendant que la personne est encore chaude. Si nous remettons tout cela à plus tard, nous devrons tout recommencer avant d'obtenir quoi que ce soit de sa part. Nous avons intérêt à faire notre démarche tout de suite afin de ne pas gaspiller notre temps avec une personne qui n'a pas l'intention de s'engager réellement. Une chose est claire: nous avons tout à gagner et rien à perdre en exigeant des

211

engagements à la fin de notre présentation. En effet, pourquoi attendre si cela correspond à une perte de temps pour nous comme pour le nouveau distributeur? N'ayons pas peur d'y aller franchement.

La peur de perdre est plus forte que le désir de gagner. Nous voulons tous changer les gens, mais il serait plus utile de travailler avec eux en les acceptant tels qu'ils sont. Ce serait un miracle si l'on pouvait réellement faire changer quelqu'un. À preuve, il y a environ 100 millions de couples mariés aux États-Unis et, dans chacun d'eux, les époux essaient mutuellement de changer l'autre; toutefois, dans la majorité des cas, il a été démontré que les gens ne changent pas. C'est peut-être la nature humaine qui fait que les gens s'obstinent à ne pas changer. Puisque nous savons que nous ne pouvons changer les gens, ne croyez-vous pas qu'il vaudrait mieux travailler avec eux en les prenant tels qu'ils sont?

Alors, comment s'y prendre pour motiver les gens? Faut-il employer les astuces que l'on apprend dans les livres de développement personnel? Il est vrai que la plupart des méthodes servent à changer une attitude, mais nous voulons changer leurs priorités, nous voulons leur ouvrir les yeux pour qu'ils aient une vue globale alors qu'ils s'obstinent à voir le petit côté des choses. Pour arriver au but visé, nous devrions simplement les aider à changer leurs habitudes. Prenons les gens tels qu'ils sont et motivons-les en leur disant que la peur de perdre est plus forte que le désir de gagner.

Chaque distributeur dans le marketing de réseau a dû se poser cette question un jour ou l'autre: Que faire pour augmenter le volume mensuel de mon groupe? ou Que dois-je faire pour recevoir des commissions et des chèques plus gros à la fin du mois? Si nous examinons les options qui se présentent à nous, nous arrivons à la conclusion qu'il existe deux manières d'y parvenir.

Plan d'action numéro un: formez vos distributeurs et motivez-les. La plupart des distributeurs font appel à ce plan d'action, pour plusieurs raisons. La logique nous apprend qu'une formation adéquate aiderait nos distributeurs à augmenter leur chiffre d'affaires. Toutes les connaissances du monde ne servent absolument à rien si nos distributeurs ne sont pas suffisamment motivés pour aller sur le terrain, surmonter leurs peurs, bref, agir. La solution : oublier et mettre de côté toutes les séances d'information au profit d'une bonne réunion de motivation. Si nous arrivons à motiver réellement notre équipe, les résultats suivront automatiquement. Après tout, nous avons vu suffisamment de gens qui n'avaient aucune connaissance préalable de la vente et du parrainage monter de grandes organisations parce qu'ils étaient suffisamment motivés pour le faire.

Plan d'action numéro deux : recrutez. Le syndrome de la vache à lait : le problème le plus répandu chez les leaders du marketing de réseau est qu'ils croient qu'en travaillant plus fort ils obtiendront plus de lait, mais la meilleure solution pour avoir plus de lait est d'avoir plus de vaches. Les statistiques des 20 dernières années montrent que le meilleur moyen d'augmenter le volume de son groupe est de l'élargir. «Traire» les distributeurs pour qu'ils fournissent quelques malheureuses gouttes supplémentaires ne permettra jamais d'augmenter massivement le volume d'un groupe. C'est là qu'intervient le plan d'action numéro deux. Il est possible d'obtenir des résultats dix fois supérieurs en se concentrant sur le recrutement de nouveaux distributeurs. Pourquoi les leaders ne passent-ils pas leur temps à chercher de nouveaux distributeurs ? Parce qu'ils ont peur de se faire rejeter. Il est bien plus simple de former son groupe et de se faire dire qu'on est intelligent et qu'on a du charisme. Malheureusement, un tel comportement n'est pas suffisant pour faire prospérer votre affaire. Vous n'en retirerez tout au plus qu'un bien-être personnel. Si vous êtes entré dans le marketing de réseau pour des raisons sentimentales, cela vous suffira peut-être, mais si votre but est d'augmenter vos revenus en accroissant votre volume, ces interminables réunions vous apparaîtront comme autant de temps perdu pour vous comme pour vos distributeurs.

Un autre facteur important à retenir est que les nouveaux distributeurs fraîchement parrainés débordent d'enthousiasme. Vous voulez apporter un vent frais dans votre groupe ? Parrainez de nouveaux distributeurs, car leur enthousiasme contaminera tout le réseau. Le secret consiste à trouver le moyen d'allumer le feu de cette campagne de parrainage plutôt que de traîner lamentablement en ajoutant un ou deux distributeurs par mois. Notre objectif est de créer une série d'explosions et de provoquer un mouvement continu de parrainage de masse que rien ne pourra freiner.

En somme, ne gaspillez pas votre temps par des excès de formation et de camaraderie avec vos distributeurs puisque les augmentations de volume s'obtiennent avec un nombre croissant de distributeurs et non en essayant d'obtenir davantage de vos distributeurs actuels. Pour augmenter le débit, procurez-vous davantage de nouveaux distributeurs.

LES 10 ÉTAPES DE LA FORMATION

Ceux qui réussissent dans le marketing de réseau sont liés d'une manière ou d'une autre à une seule cause : la formation. L'un de vos interlocuteurs va sans doute vous demander : «Mais que dois-je leur enseigner au juste?» La réponse est qu'il faut leur enseigner ce que cet ouvrage enseigne : à copier. Combien parmi eux resteront dans le réseau? Avec la formation, le pourcentage est très élevé.

Pour atteindre la réussite, il vous suffit de suivre les dix étapes décrites ici[18]. Chaque étape est importante et, même si elles sont toutes très simples, il n'y en a aucune que l'on peut se permettre d'omettre. Même si vous ne comprenez pas pourquoi vous devez agir de telle ou telle façon à ce moment-ci, soyez assuré que toutes les étapes sont indispensables à la bonne marche de votre entreprise. Le fait d'en éliminer ne serait-ce qu'une seule risquerait de ralentir votre cheminement vers la réussite ; il est donc primordial de terminer ces dix étapes le plus tôt possible.

Étape 1 : Commencez à utiliser les produits. Servez-vous-en chaque jour et vous deviendrez le produit du produit. Comme

---

18. Vous trouverez à l'annexe 4, à la page 282, un résumé des dix étapes qui vous mèneront à la réussite.

vous constatez une différence très marquée, vous comprenez le bien-fondé de les commander chaque mois. La clé pour tirer profit de vos commandes et de celles des membres de votre organisation, c'est de devenir un consommateur proactif. Pour y arriver, il suffit simplement de réorienter vos dépenses. Vous utilisez sans doute du shampooing, du revitalisant et du savon tous les jours, du moins je l'espère. Où les achetez-vous ? Au lieu de vous les procurer dans un établissement de détail, réorientez vos dépenses en les achetant ailleurs. Une étude américaine récente indiquait que 66 % des consommateurs achètent des suppléments nutritionnels. Pensez à tous ces gens qui se joignent à votre organisation et qui peuvent réorienter leurs dépenses en achetant dans leur commerce. En étant vous-même un consommateur proactif et en apprenant aux membres de votre organisation à le devenir, tout le monde peut contribuer à tirer profit de ses achats. Avec le temps, grâce à la duplication, la consommation proactive finira par produire un revenu résiduel substantiel.

Étape 2 : Inscrivez-vous à la livraison automatique. Le principal avantage de la livraison automatique est le suivant : vous économisez de l'argent (environ 35 %).

Étape 3 : Étudiez le système. Il est important d'étudier tout le système de développement d'entreprise parce que certaines personnes voudront s'emparer de vos rêves et refroidir vos ardeurs. En étudiant le système dès la première semaine, vous pourrez apprendre aux personnes que vous recrutez à faire la même chose. Il est aussi recommandé de revoir le système au moins une fois tous les 30 jours pendant la première année. Répéter, c'est la meilleure façon d'apprendre. Si vous êtes comme moi, vous voudrez en apprendre le plus possible, le plus vite possible. J'ai constaté que plus j'écoutais les principes de base, plus je menais mon entreprise avec naturel et assurance.

Étape 4 : Écrivez et lisez vos objectifs tous les jours. Un des dénominateurs communs chez les gens qui réussissent, c'est qu'ils notent leurs objectifs et les lisent à haute voix au moins une fois par jour. Quand on écrit ses objectifs, en réalité, on se convainc soi-même qu'on peut les atteindre. C'est un fait bien établi que les gens qui écrivent leurs résolutions du Nouvel An atteignent plus facilement leurs objectifs que ceux qui ne le font pas. Une étude menée aux États-Unis visait à déterminer les différences entre les millionnaires et les milliardaires. On en a découvert plusieurs, mais la principale est que les millionnaires lisent leurs objectifs une fois par jour, alors que les milliardaires le font deux fois. Affichez la feuille contenant vos objectifs dans un endroit où vous pourrez la lire au moins une fois par jour, et assurez-vous d'en remettre une copie à votre parrain. Rappelez-vous aussi que les objectifs sont des cibles ; si vous les ratez, rajustez votre tir et visez de nouveau. Sans aucune cible, le progrès demeure hors de notre portée.

Étape 5 : Dressez une liste de 100 noms et ne cessez jamais d'en ajouter. La clé pour dresser votre liste de noms, c'est de ne pas avoir d'idées préconçues ou de préjugés envers qui que ce soit. Vous ne savez jamais si l'enseignant de votre enfant, votre voisin ou votre ancien patron ne produiront pas les meilleurs résultats dans votre entreprise. Ce ne sont pas toujours les gens que vous connaissez, mais les personnes que ces gens-là connaissent et qui pourraient être intéressées. Évitez de juger les gens à l'avance. Je connais des personnes qui ont dressé des listes de 1 000 noms. La chose pourra vous surprendre, mais les psychosociologues ont démontré que nous connaissons 2 000 personnes assez bien pour les appeler par leur prénom. La difficulté de dresser une liste, c'est d'avoir à se rappeler les noms enfouis dans notre mémoire. C'est pourquoi il faut absolument utiliser des moyens pour éveiller notre mémoire et nous souvenir de ces noms. Par exemple, si je vous demande dans les prochaines minutes de dresser une liste de 50 acteurs et actrices populaires, vous n'y arriverez probablement pas. Par contre, si je vous donne une liste de 500 noms, vous réussirez rapidement à y cocher 50 noms de célébrités de cinéma que vous connaissez.

L'aide-mémoire que vous trouverez en annexe 8 (page 286) pourra vous aider à rédiger votre liste. Vous constaterez également que plusieurs moyens peuvent vous aider à l'établir. Sortez votre carnet d'adresses, votre liste de cartes de Noël, celle des réunions de famille, de mariage, les anciens albums scolaires et de photos. Il peut être amusant de raviver vos souvenirs ; même si vous n'avez pas communiqué avec ces gens depuis des années, vous avez une belle occasion de renouer des liens. Vous pouvez vous-même penser à d'autres aide-mémoire.

Voici quelques conseils pour inscrire une bonne quantité de noms sur votre liste. Rappelez-vous qu'il n'y a plus de frontière géographique puisque vous pouvez bâtir votre entreprise en vous servant du téléphone. Gardez un carnet à votre portée pour y inscrire les noms qui vous viennent spontanément à l'esprit ; si vous ne les notez pas, vous risquez de les oublier. De plus, votre liste est réutilisable puisque les gens qui vous ont dit non ne sont tout simplement pas prêts maintenant, il faut donc garder le contact jusqu'au moment opportun pour eux. En somme, il faut bien comprendre que la confection d'une liste de noms est indispensable à votre réussite. Elle est votre principal atout pour lancer votre entreprise et vous servira de carburant. Assurez-vous de ne pas démarrer avec un réservoir vide.

Étape 6 : Établissez des contacts. La clé des communications efficaces, c'est la messagerie vocale. Si votre téléphone est déjà doté d'un service de messagerie vocale, il y a de fortes chances pour que le système de votre compagnie soit incompatible. Vous devez vous abonner à un système spécial de messagerie vocale auquel vous accéderez grâce à un numéro personnel qui vous sera fourni. Vérifiez votre système de boîte vocale au moins une fois par jour, car on y enregistre des messages importants afin que vous soyez à jour. Ces messages portent entre autres sur les améliorations apportées aux produits, les nouvelles caractéristiques du service en ligne, les événements à venir, des témoignages sur les produits et des conseils.

La messagerie vocale est un outil précieux pour communiquer avec votre lignée descendante. Par exemple, votre organisation regroupe des centaines de personnes et vous désirez planifier une importante téléconférence ou réunion de formation. Allez-vous prendre le temps d'appeler quelques centaines de membres de votre lignée descendante pour les en avertir ? Par contre, en utilisant la messagerie vocale et en appuyant sur un seul bouton, vous envoyez un seul et même message à toute votre organisation.

Étape 7 : Achetez et étudiez les outils. Toutes les entreprises et toutes les professions se servent de certains outils pour assurer leur succès. Il nous faut des outils pour réussir, surtout au début. Nos outils, ce sont des cassettes vidéo et audio ainsi que des brochures. Rappelez-vous que les outils sont déductibles d'impôt à titre de dépenses reliées au travail. Aussi, pensez-vous qu'un menuisier s'achète un nouveau tournevis ou un marteau chaque fois qu'il doit s'en servir ? Bien sûr que non, c'est la même chose pour nos outils. Inscrivez dans un carnet les noms de ceux à qui vous les confiez et à quel moment, de cette façon vous pourrez les réutiliser souvent. Avouez que c'est facile de leur remettre les outils et de leur demander leur avis. Préparez donc dix trousses d'information qui vous permettront de recruter six personnes. Nous apprenons à tous nos nouveaux membres à acheter des outils en quantité suffisante pour pouvoir remettre au moins dix trousses d'information.

Quand on pense au pouvoir de la duplication à long terme, avez-vous une idée du nombre de trousses d'information qui se rendront chez des clients potentiels de votre organisation ? Des centaines, sinon des milliers. Vous vous demandez sans doute quels sont les meilleurs outils à vous procurer. Nous avons accès à quantité d'outils remarquables à prix raisonnables. Vous devriez avoir une de ces cassettes avec vous en tout temps, car vous ne savez jamais à quel moment vous allez rencontrer un client potentiel.

Étape 8 : Installez le service de conférence à trois. Appelez simplement votre compagnie locale de téléphone et demandez l'ajout de ce service. Lorsque votre client potentiel aura lu les documents d'information ou aura participé à une présentation, vous organiserez une conférence à trois à laquelle participeront en même temps votre client ou distributeur potentiel et un membre de votre lignée ascendante. C'est ce qu'on appelle le recours à un expert. Vous pouvez écouter ce que dit le représentant de votre lignée ascendante et, de cette façon, vous serez bientôt prêt à tenir vous-même des conférences à trois avec les gens que vous recrutez. J'aime aussi me servir de la conférence à trois pour partager des messages d'intérêt enregistrés dans ma messagerie vocale. Une fois le service de conférence à trois installé, faites plusieurs tests pour apprendre à l'utiliser correctement.

Étape 9 : Mettez votre entreprise sur pied. L'un des plus grands avantages de cette entreprise, c'est que vous l'exploitez à domicile et qu'elle offre de la souplesse. C'est aussi l'un de ses plus grands désavantages. En d'autres mots, quand on est à la maison, il est facile de se laisser distraire et de ne pas travailler. Il est important de consacrer à votre entreprise un espace bien à elle dans votre foyer. Vous avez besoin d'un endroit à l'abri des distractions où vous pourrez vous concentrer, où vous afficherez vos objectifs, où vous rangerez votre liste de noms, votre système de développement d'entreprise et vos outils. Il vous faut aussi commander vos cartes professionnelles.

Étape 10 : Lisez, réfléchissez et devenez riche. Dans une nouvelle entreprise, le plus grand défi à relever pour la plupart des gens est d'avoir le bon état d'esprit et de le conserver. Les gens sont portés naturellement à croire que la richesse et la création d'entreprise sont pour les autres, pas pour eux. C'est absolument faux. Chacun d'entre nous possède ce qu'il faut pour obtenir ce qu'il désire dans la vie s'il le veut réellement.

Votre objectif devrait être de consacrer au moins 30 minutes tous les jours à lire ou à écouter de l'information positive dans des documents imprimés ou audiovisuels.

Une des lacunes de notre entreprise était le manque de formation adéquate. La tâche première d'un parrain et d'un éducateur en marketing de réseau est la même qu'un parent : enseigner à ses enfants. Par ailleurs, malgré l'importance du comment, le pourquoi doit toujours avoir préséance. On dit que la maîtrise d'un domaine dépend de 10 % du comment et de 90 % du pourquoi. Quand le pourquoi est en place, le comment suit de lui-même.

Selon certaines études, une personne dotée d'une intelligence supérieure à la moyenne retient approximativement 15 % de ce qu'on lui enseigne au cours de la première heure. Au cours de la deuxième heure, cette moyenne baisse à 10 %, pour atteindre 3 % après deux heures d'écoute. Les gens ne peuvent rester concentrés sur la même matière durant plus d'une heure sans atteindre un point de saturation ; alors l'esprit doit se reposer avant de se remettre au travail. Notre propre système de formation consiste à changer de sujet après 15 minutes.

Nous sommes convaincus que débiter une interminable série de faits et d'idées à nos recrues durant leur première séance d'information se traduit par une perte de temps. Pourquoi tenter d'enseigner des connaissances importantes alors qu'il est scientifiquement prouvé que la plupart des gens oublieront presque tout ce que vous leur avez appris ?

Le marketing de réseau privilégie le travail d'équipe et non la supervision. En dirigeant les autres, le distributeur perd un temps précieux qu'il pourrait consacrer à faire de la recherche et à recruter de nouveaux partenaires. Rappelez-vous, le sang nouveau constitue l'élément vital de toute organisation et parrainer constamment de nouveaux associés revitalisera toute votre entreprise. Si vous abandonnez le recrutement avant que votre entreprise vous rapporte suffisamment pour vivre confortablement, vous perdrez rapidement du terrain. Pis encore, puisque votre rôle consiste à prêcher par l'exemple, vos leaders vous imiteront et tous consacreront alors leur temps à diriger leur équipe plutôt qu'à faire de la recherche et à recruter. Soutenir une organisation est un travail d'équipe qui correspond à la définition même du marketing de réseau. Un tel travail implique que vous devez appuyer tout associé qui vous demande de l'aider à conclure une entente avec un client potentiel sérieux et encourager celui dont le moral est au plus bas.

Dès le départ, il faut enseigner à tous les nouveaux distributeurs, particulièrement à ceux provenant du milieu des affaires traditionnelles, que seuls l'utilisation des produits, la prospection et le recrutement mènent au succès. Les réunions et les notes de service sont une perte de temps. Remplacez les systèmes sophistiqués par des témoignages personnels. Les anciens cadres se butent souvent au fait que notre industrie a été conçue afin de permettre à quiconque de participer et qu'en faire une société ou un club privé détruit l'essence même du marketing de réseau.

De nombreux parrains professionnels présentent le marketing de réseau comme un moyen de s'assurer une retraite en or. Leur technique est motivante et facile à reconstituer. Les gens voudraient avoir la récompense avant d'avoir fourni l'effort. Un proverbe dit : « Si vous ne savez pas où vous voulez aller, n'importe quelle route vous y mènera. » Le problème principal des nouveaux distributeurs est qu'ils ne savent pas où ils vont ni comment s'y prendre pour y arriver. Et les choses se gâchent réellement si le parrain lui-même ne sait pas comment les y amener.

LES SÉANCES DE FORMATION PERSONNELLE

Nous conseillons à nos associés d'établir deux blocs de formation de 50 minutes. Profitez de cette étape pour expliquer les produits que comprend la trousse de démarrage et pour enseigner comment les utiliser. Expliquez ensuite comment bâtir une base de dix clients. Puis, distribuez la documentation de votre compagnie et tout autre article ou brochure à vos clients.

La seconde moitié de la formation devrait porter sur le plan de rémunération et sur les objectifs que vos recrues doivent se fixer. Il vous faudra aussi aborder le sujet de la liste chaude de 100 noms et expliquer l'importance de rentabiliser des relations privilégiées avec leurs amis et les membres de leur famille. À la fin des deux heures, assignez quatre devoirs à vos recrues :

1.   Essayez immédiatement les produits ;
2.   Trouvez dix clients sérieux parmi vos amis et les membres de votre famille ;
3.   Écrivez vos buts à l'aide de la documentation que je vous ai fournie ;
4.   Commencez à dresser votre liste chaude en vous servant de l'aide-mémoire (voir l'annexe 9, page 288).

Que penser de ces recrues qui rentrent à la maison et essaient immédiatement les produits, mettent par écrit leurs buts, dressent une liste de plusieurs centaines de noms, trouvent dix clients intéressés aux produits, puis vous rappellent pour vous annoncer qu'ils sont prêts à se lancer ? Ces gens sont la preuve que vos prières ont été exaucées. Vous devez alors les inviter à une séance de formation personnelle. Dès lors, votre travail ne consistera plus qu'à rencontrer un grand nombre de gens et vous commencerez à vous forger des amitiés d'affaires.

Durant ces séances personnelles, aidez vos recrues à établir le plan d'action qui leur convient, discutez avec elles de la meilleure façon de sélectionner et de prendre contact avec les gens avec qui elles désirent s'associer dans les affaires et, surtout, fixez une date pour leur première conférence maison. Les séances de formation personnelle devraient durer entre une et deux heures. L'objectif consiste à enseigner à vos recrues comment prendre contact avec leurs 25 meilleurs clients potentiels, leur présenter la vidéo de la compagnie et fixer des rendez-vous à ceux qui sont intéressés. Il s'agit de la dernière étape avant qu'ils s'attaquent à leur liste chaude.

Ceux qui désirent recruter un grand nombre de distributeurs et bâtir une organisation internationale doivent d'abord s'appliquer à enseigner à tous comment devenir indépendants et prospères. Évitez de tomber dans le piège en soulignant constamment les erreurs de vos associés, car ce genre de commentaire s'avère très peu constructif. Suggérez-leur plutôt ce qu'ils devraient faire ou comment ils devraient s'y prendre.

Formez vos gens à devenir des leaders et enseignez-leur à faire de même avec leurs associés. Offrez à tous la chance de découvrir leurs talents. Cependant, n'oubliez jamais que d'autres clients potentiels attendent. Ceux qui sont incapables de devenir des leaders deviendront davantage dépendants et fréquenteront des réunions ouvertes à tous. Alors, encouragez vos membres à devenir indépendants, puisque cette qualité est essentielle au développement personnel et nécessaire à la croissance de l'entreprise de chacun.

Un système de formation efficace devrait être assez simple pour convenir à la personne la moins expérimentée de votre groupe et être un processus où vous conduirez vos associés et leur enseignerez à faire de même plus tard. Concentrez-vous sur votre premier niveau plutôt que d'en ajouter d'autres. Cependant, soutenez tous ceux de votre organisation qui réclament de l'aide comme s'ils appartenaient à votre premier niveau. Que vos nouveaux distributeurs habitent votre ville ou viennent d'une autre région, encouragez-les à prendre contact avec un leader de vos échelons supérieurs.

Il arrive qu'un nouveau distributeur se décourage rapidement si vous ne lui avez pas bien fait comprendre l'importance de la longueur d'avance. En effet, comme les athlètes, il ne doit pas commencer à compter son temps de course tant qu'il n'est pas bien entraîné, autrement dit, tant que sa formation n'est pas terminée, quelle que soit sa durée. Il est fréquent aussi qu'il regarde courir ceux qui sont dans le peloton de tête et pense qu'il ne les rattrapera jamais. Dès lors, il se décourage. On court toujours plus vite lorsqu'on tente de distancer le peloton que lorsqu'on tente de le rattraper. Comme il n'y a pas de ligne d'arrivée dans une course de marketing de réseau, tout le monde peut gagner.

Les vrais perdants sont ceux qui abandonnent. Pour être un bon coureur, il faut s'entraîner. Lorsque vous formez quelqu'un, dites-lui de considérer cet ouvrage de marketing de réseau comme un entraînement. Ce n'est qu'au cours du mois suivant qu'aura lieu le véritable lancement. Un des grands atouts de ce livre que vous partagez avec vos futurs distributeurs est que vous vous motivez vous-même en redécouvrant les avantages du marketing de réseau et de la méthode $5 \times 5 = 25 \times 5 = 125$. Lorsque vous parrainez vos cinq premiers distributeurs, c'est comme si vous creusiez les fondations à la pelle. Mais lorsque vous commencez à parrainer vos 25 distributeurs, c'est-à-dire que vous descendez au deuxième palier, vous avez besoin d'un bulldozer. Avant d'arriver au troisième palier, comme vous atteignez la roche mère, la tâche devient vraiment difficile, il vous faut une pelle mécanique. En d'autres termes, quand vous distinguez les 125 distributeurs du troisième palier, cela signifie que vous pouvez commencer à construire. Si vous êtes dans le réseau depuis quelques mois déjà et que rien ne s'est encore produit, ne vous découragez pas, c'est que les fondations ne sont pas encore posées.

Il y a peu de gens qui se joignent à notre industrie en croyant que vendre leurs produits suffira à les rendre riches.

Dans le marketing de réseau, tous doivent faire leur part en distribuant les produits et en offrant les services.

La vie d'un distributeur prospère est préférable à la vie de n'importe quelle personne travaillant dans le monde des affaires traditionnelles. Notre point est le suivant : le marketing de réseau semble trop beau pour être vrai, il n'est donc pas nécessaire d'en exagérer les avantages. Cette industrie est la seule du monde où un col bleu à la retraite peut récolter davantage en un mois qu'un cardiologue en une année entière.

Ça ne ressemble en rien à une loterie et il n'existe pas de recette miracle pour s'enrichir facilement. La réussite en marketing de réseau exige beaucoup de travail et de persévérance. Le revenu sera directement proportionnel au nombre de distributeurs que vous aurez recrutés.

LE DISTRIBUTEUR ÉLOIGNÉ

Supposons que vous reconnaissez qu'un système de formation doit être simple et facile à imiter et que vous avez récemment recruté un client potentiel habitant une autre région :

- commencez par lui télécopier un court résumé de votre système ;
- demandez à votre nouvel associé de le lire attentivement et offrez-lui de répondre à toutes ses questions le lendemain ou le surlendemain ;
- rappelez cette personne au moment convenu et répondez à chacune de ses questions ;
- expliquez-lui l'origine de votre système et ce qui le rend crédible ;
- dans le but de régler à l'avance un éventuel problème, demandez-lui s'il voit des inconvénients à votre système ;
- avant de terminer la conversation, soulignez à quel point vous tenez à ce système et que, s'il s'en écarte, il perdra votre soutien.

Vos associés éloignés devront par la suite commander leurs trousses de départ directement de la compagnie plutôt que de l'acheter de vous, comme nous le faisons pour les distributeurs locaux. Encouragez-les à se procurer, si un tel ouvrage existe, un manuel écrit par un leader, contenant moins de 40 pages et qui explique simplement le fonctionnement de notre industrie. Le système proposé devrait être facilement imitable et se résumer en une page, de façon que les gens provenant de divers milieux puissent l'apprendre, le mettre en œuvre et l'enseigner.

Prenez de nouveau contact avec votre associé éloigné quand il aura essayé les produits et lu son manuel. Abordez cette fois-ci les aspects de votre système que vous considérez comme cruciaux. Nous vous recommandons également de communiquer par téléphone, hebdomadairement, avec tous vos associés éloignés sérieux. Insistez pour que ce soit eux qui vous appellent en utilisant les mots magiques: «Tu n'as qu'à m'appeler.»

Durant ces conversations hebdomadaires, discutez des méthodes qu'ils emploient pour prendre contact avec les gens. Revoyez avec eux le nombre de clients potentiels contactés, de colis, de présentations audiovisuelles distribuées, de rendez-vous fixés, de gens rencontrés et, finalement, de distributeurs parrainés. Surtout, prodiguez-leur des encouragements, particulièrement lorsque ça ne va pas bien. Quoi que vous fassiez, comportez-vous en mentor et donnez l'exemple. Aidez-les à conclure des ententes avec leurs clients potentiels sérieux à l'aide de critiques constructives. Suggérez à vos nouveaux associés les moyens de se développer un plan personnel.

Le succès dans un marché étranger dépend de plusieurs facteurs:
- la loyauté;
- la communication entre le parrain et son associé;
- la disponibilité du matériel de formation correctement traduit et proposant un système simple et éprouvé;
- l'autonomie et l'esprit d'entreprise des membres de tout nouveau groupe.

Un marché froid et étranger peut se révéler extrêmement difficile, particulièrement pour les distributeurs durant leur première année. Nous déconseillons généralement aux débutants de se lancer dans le recrutement international, à moins d'être originaires du pays en question ou d'y avoir de la famille et de bons amis. Même les vétérans éprouvent de sérieuses difficultés à recruter à l'étranger. Par contre, établir une branche solide de votre organisation dans un marché étranger peut devenir l'une des opérations les plus lucratives de votre carrière.

Recrutez et formez vous-même vos associés, ne les confiez pas à d'autres. Lorsqu'un membre de votre organisation vous appelle et vous demande si vous connaissez un leader au Michigan, au Texas ou en Floride avec lequel il pourrait mettre sa nouvelle recrue en contact, répondez non. Dans cette industrie, vous ne pouvez vous contenter de recruter et de diriger un client vers un autre leader. Par contre, lorsque cette recrue habite une autre région, vous devez fournir à votre associé le matériel de formation adéquat et le soutien jusqu'à ce que la recrue soit autonome et expérimentée. Une fois bien établi, il pourra bénéficier d'un soutien additionnel en assistant aux réunions d'autres leaders.

Souvenez-vous de ceci : chaque fois que nous enverrons un distributeur crédible à une rencontre avec un autre groupe, il s'assoira inévitablement aux côtés d'un insensé. Si vous décidez de mettre en contact un de vos associés avec une autre organisation, assurez-vous d'abord de la qualité du contenu de la formation offerte. Ne succombez pas à la paresse en envoyant vos clients potentiels n'importe où. N'espérez pas qu'un leader n'ayant aucun intérêt à voir prospérer vos échelons inférieurs accordera à vos associés autant d'attention que vous-même. Même le leader le plus extraordinaire ne s'objectera pas à laisser vos associés assister à ses rencontres, mais il fera probablement très peu d'efforts supplémentaires pour leur venir en aide puisque la plupart parviennent déjà difficilement à bâtir et à soutenir leur propre réseau. La responsabilité première d'un distributeur consiste à former et à soutenir les gens de sa propre organisation. Mettre des distributeurs en contact avec d'autres leaders revient à leur fournir un soutien médiocre durant l'étape cruciale de la mise sur pied de leur entreprise. Alors, formez vos gens vous-même.

Lorsque vous initiez un client potentiel éloigné au marketing de réseau, il vous suffit d'y participer le plus souvent possible. Sachez cependant que le recrutement à distance entraîne des dépenses beaucoup plus importantes que le recrutement local : de nombreux appels interurbains et l'envoi de paquets par la poste. Ne vous risquez que si vous pouvez vous le permettre.

Le succès dépendra de vos contacts personnels et de votre leadership. La plupart des compagnies importantes, ainsi que de nombreux leaders, possèdent leur site Internet, leur système de télécopie automatique et d'autres moyens technologiques pour recruter et pour former. Consultez-les et servez-vous-en pour vous procurer le meilleur matériel de soutien possible. La technologie rend le succès à l'étranger de plus en plus probable.

Supposons qu'un client potentiel étranger se joint à vous et se lance en affaires, là commence le vrai travail. Vous devez former cette recrue selon votre système tout en lui enseignant à faire de même. Si un leader de votre compagnie offre un livre, un manuel, une cassette audio, une vidéo de formation déjà traduite dans la langue du pays, envoyez-la-lui sans tarder.

Les conférences téléphoniques peuvent aussi se révéler utiles au moment de se bâtir dans un marché étranger. Quoi que vous fassiez, gardez le contrôle de votre nouveau groupe. Soulignez à vos associés l'importance d'employer ce système s'ils veulent faire partie de votre équipe et bénéficier de votre soutien. Promettez-leur que vous les avertirez chaque fois qu'un leader de leur échelon supérieur se rendra dans leur pays. Tirez profit du soutien de vos échelons supérieurs, mais comptez seulement sur vous-même pour recruter et pour former vos recrues.

Poursuivez leur formation en leur demandant de se procurer un petit manuel et en discutant avec eux des points importants qui s'y trouvent au téléphone, en leur suggérant un ou deux outils pour la motivation, en leur fournissant du soutien hebdomadairement, en tenant avec eux une séance de formation personnelle au téléphone durant laquelle vous discuterez des meilleures stratégies à employer, en leur recommandant de se procurer un matériel de formation complet quand ils auront démontré leur réel désir de se bâtir une entreprise, en les aidant à conclure des ententes, en étant disponible et en leur offrant du soutien chaque fois qu'ils vous appelleront.

Sélectionnez soigneusement les gens avec lesquels vous croyez souhaitable de prendre contact. Au cours de votre premier appel, communiquez-leur votre enthousiasme et votre désir de travailler avec eux. Envoyez ensuite à ces clients potentiels une cassette audio, un colis de présentation multimédia qui explique le plus simplement possible l'enthousiasme que vous ressentez à propos de cette industrie, de ses produits et de votre organisation. Faites parvenir votre documentation seulement à ceux que vous êtes en mesure de recruter et de soutenir. Vous devrez avoir avec eux au moins deux conversations interurbaines d'une heure. Racontez-leur, au cours du premier appel, comment et pourquoi vous vous êtes joint à cette industrie. Convenez d'un moment pour qu'ils vous appellent quand ils auront reçu votre envoi et après en avoir pris connaissance. Amener quelqu'un à regarder votre vidéo ou à écouter votre cassette audio peut se révéler un réel défi. C'est d'ailleurs pourquoi nous n'employons cette méthode qu'avec les clients potentiels éloignés sérieux et ceux de notre région incapables d'assister à nos réunions. Ne vous inquiétez pas, votre ratio de recrutement à distance sera toujours plus bas que celui de vos réunions.

LA DUPLICATION

Un des aspects fondamentaux du marketing de réseau est la duplication. C'est grâce à elle que votre entreprise peut prendre de l'expansion et jouir d'un succès de longue durée. Il y a toutefois une mise en garde : la duplication s'opère dans les deux sens, le positif et le négatif. Je vais donc vous enseigner à utiliser la duplication de façon positive afin de créer une entreprise de marketing de réseau réellement extraordinaire.

Selon le dictionnaire, la duplication est une opération par laquelle on double une quantité ou un volume. Avez-vous déjà entendu parler du doublement en marketing de réseau ? Ce concept s'applique à la croissance de votre entreprise : vous êtes une seule personne, vous vous doublez et vous devenez deux, les deux doublent et deviennent quatre, ces quatre doublent et deviennent huit, etc. Voilà la merveilleuse possibilité de croissance du marketing de réseau. Pourquoi est-ce que tout le monde ne se double pas ? Parce que ce n'est pas tout le monde qui sait que la clé du succès se trouve dans le mot « duplication ». La duplication est la clé d'une entreprise toujours grandissante et la formation est la clé de la duplication. Voilà pourquoi cet ouvrage enseigne aux éducateurs.

La jacinthe d'eau se reproduit par duplication ; tous les jours, elle se dédouble, une devient deux, deux deviennent quatre. Si les conditions le permettent, même dans une grande rivière ou un grand lac, la jacinthe recouvrira complètement la surface de l'eau en 30 jours. Voici où je veux en venir. Le vingt-neuvième jour, une journée avant que le lac soit complètement recouvert, seulement la moitié de la surface du lac est recouverte de fleurs. Souvenez-vous comment tout ce processus a commencé : avec une petite fleur pas plus grande que votre main. Voilà le pouvoir du marketing de réseau.

Au début, il est difficile d'imaginer l'ampleur que pourra prendre votre réseau. Éventuellement, quand deux deviennent quatre et quatre deviennent huit, ça n'a pas l'air grand-chose sur une vaste étendue d'eau, mais il faut regarder un peu plus loin : 1 000 personnes, puis 2 000 personnes, puis 4 000 personnes, etc. Souvenez-vous que juste avant que les fleurs envahissent entièrement le lac, ce dernier n'est qu'à moitié recouvert de plantes. Impressionnant, n'est-ce pas ?

Le succès grâce à la duplication. Si vous n'aimez pas le résultat, changez votre approche. De nos jours, nous avons besoin de deux choses : d'abord, les riches doivent découvrir comment vivent les pauvres ; puis, les pauvres doivent apprendre comment travaillent les riches. Si vous persistez à faire ce que vous avez toujours fait, vous obtiendrez ce que vous avez toujours obtenu. Aujourd'hui, 95 % des gens n'avancent pas dans la vie, ils ne font que survivre.

À titre d'exemple, examinons la situation d'un Nord-Américain de 65 ans. Sur 100 personnes à cet âge, une seule personne sera riche, quatre seront à l'aise, cinq seront obligées de travailler, 36 seront décédées et 54 seront pauvres. Imaginez, un instant, la clé du succès financier. Supposons que vous avez l'occasion de faire partie des gens riches ou à l'aise, en profiteriez-vous? J'espère sincèrement que votre réponse est oui, car tel est le but de cet ouvrage. Il s'agit ici de vous faire découvrir que le système couramment adopté par plusieurs personnes est conçu pour créer un revenu temporaire et non le vrai succès financier puisqu'il est basé sur une croissance linéaire consistant à échanger du temps contre de l'argent. La clé du vrai succès financier réside dans l'effet de levier que les gens riches copient depuis des siècles: la croissance exponentielle.

Vous découvrirez comment des gens ordinaires peuvent accéder au succès financier en imitant un système simple et facile à reproduire. Nous avons tous imité quelqu'un ou quelque chose dans notre vie, mais la seule chose que nous n'ayons pas appris à imiter c'est le système menant au vrai succès financier. Nous sommes les génies de la duplication. Imiter est une faculté que nous possédons tous, peu importe notre lieu de résidence et nos talents.

Je vous pose la question: Pourquoi n'avons-nous pas découvert une façon de reproduire un système engendrant la réussite financière? L'imitation affecte pratiquement tous les aspects de notre vie, de nos habitudes les plus anodines aux décisions les plus importantes. Par exemple, nous passons une bonne partie de notre vie au travail. Vous êtes-vous déjà demandé comment vous avez appris à effectuer vos tâches ou à taper une lettre à l'ordinateur, comment vous êtes arrivé à choisir une tenue vestimentaire adéquate pour le bureau? Par imitation, n'est-ce pas? Les psychologues appellent cela l'effet du modèle et du miroir, moi j'appelle cela être un imitateur professionnel.

Dès notre naissance, nous faisons notre chemin dans la vie en imitant. L'imitation est naturelle; il n'est pas nécessaire de toujours créer à partir de rien. Des scientifiques ont démontré que les singes arrivent à communiquer avec les humains en imitant certains de leurs gestes. Si les singes peuvent y arriver, les humains doivent bien en être capables. Le concept de l'emploi appris par imitation a fonctionné durant plusieurs générations, la plupart des gens étant heureux d'imiter leur famille et leurs amis et d'avoir un emploi conventionnel de neuf à cinq.

Mais il faut réfléchir avant d'imiter. Le cerveau est comme un parachute, il ne fonctionne que lorsqu'il est ouvert. Le vrai succès financier est synonyme de liberté. Contrairement au revenu temporaire, le revenu résiduel génère un salaire même si vous n'êtes pas au travail. Grâce à l'effet de levier (le vrai succès financier), le revenu résiduel, contrairement au revenu d'emploi, n'est pas restreint par le piège temps-argent. La seule façon d'atteindre le succès financier, c'est d'optimiser votre temps, votre argent et vos efforts pour que 10 heures de travail équivalent à 100 et même à 1 000 heures de paie.

Voici la principale différence entre la création d'un revenu et la création du succès financier. La création d'un revenu équivaut à un salaire temporaire; si vous perdez votre travail, vous n'aurez plus de revenu. Par contre, la création du succès financier est permanente car elle vous libère du piège temps-argent en mettant votre argent et votre temps à profit. Riches ou pauvres, nous disposons tous du même nombre d'heures dans une journée, une semaine et un mois. La clé du succès financier ne consiste pas à créer plus de temps mais à profiter pleinement du temps dont nous disposons déjà. Il existe maintenant un système simple, facile à reproduire et accessible à tous pour optimiser temps et effort.

La clé de la réussite financière repose sur la croissance exponentielle. Nous devons commencer dès maintenant à copier des systèmes qui tirent profit de l'effet de levier. La plupart des travailleurs souscrivent au plan 40-40-40. Ils travaillent 40 heures par semaine pendant 40 ans, puis prennent leur retraite et reçoivent un repas au restaurant et une montre de 40 $. Ce plan est maintenant désuet.

LA CONTRAINTE TEMPS-ARGENT ET L'EFFET DE LEVIER

Comment se libérer de la contrainte temps-argent? En trois mots: effet de levier. Je préfère recevoir 1 % de l'effort de 100 hommes que de recevoir 100 % de mes propres efforts. L'effet de levier: travailler intelligemment et non avec acharnement. Voilà sa puissance: il augmente la productivité en maximisant le temps, l'effort et même, dans certains cas, l'argent.

Comment certaines entreprises bénéficient-elles de l'effet de levier? Si Henry Ford avait construit son modèle «T» de ses propres mains, il aurait empoché 100 % des profits, mais il savait qu'en travaillant seul il n'aurait pu construire que deux véhicules par année. Il était assez intelligent pour rentabiliser son temps et son talent en enseignant à ses employés comment copier son système. En profitant de l'effet de levier, Henry Ford a construit des milliers d'automobiles et est devenu l'un des hommes les plus riches des temps modernes.

Aujourd'hui, devenir millionnaire est une question de choix et non le fruit du hasard. Pour y parvenir, il suffit de suivre les trois étapes suivantes:

1. comprendre comment s'amassent les fortunes;
2. imiter les systèmes éprouvés qui permettent d'y parvenir;
3. faire preuve de persévérance à long terme.

Rien de plus. Il suffit de trois choses pour faire de l'individu moyen un millionnaire. Il s'agit en fait d'apprendre et d'imiter des stratégies éprouvées de création de fortunes.

Êtes-vous victime du piège temps-argent? Une heure de salaire pour une heure de travail, un mois de salaire pour un mois de travail, une année de salaire pour une année de travail. Ce système vous est-il familier? Un tel système rend illusoires deux concepts: la sécurité d'emploi et l'emploi rêvé.

Quatre-vingt-dix-neuf pour cent des gens vivent d'un chèque de paie alors que seulement 1 % de la population vit d'un revenu résiduel et ininterrompu. Selon un sondage sur les salaires, le travailleur moyen aux États-Unis gagne 28 500 $. Soustrayons de ce montant 20 % pour différentes taxes et nous obtenons un salaire net de 22 500 $. Force est d'admettre que ce revenu est nettement insuffisant pour subvenir aux besoins essentiels d'une famille de quatre personnes. Par conséquent, la majorité des gens manquent désespérément d'argent.

Voici des faits peu réconfortants mais bien réels. Le taux d'endettement des consommateurs a atteint un niveau sans précédent. À titre indicatif, aux États-Unis, l'endettement de chaque foyer a plus que quadruplé au cours des 17 dernières années.

Pour chaque dollar gagné par une famille moyenne, 95 cents sont affectés au remboursement des dettes. Le nombre de femmes forcées de se trouver un emploi pour aider à subvenir aux besoins familiaux a plus que doublé au cours des 20 dernières années, passant de 19 % à 46 %. De plus en plus de gens négocient une deuxième hypothèque et même une troisième, utilisant leur actif le plus précieux pour régler des factures. Le nombre de faillites personnelles, 1,4 million en l'an 2000, ne cesse de progresser bien que l'économie soit en plein essor. Qu'est-ce qui ne va pas ?

Bien que les revenus des professionnels soient plus élevés que ceux des travailleurs moyens, ils dépensent davantage. En vérité, les médecins et les avocats qui jouissent de revenus annuels de plus de 100 000 $ dépensent leur argent à soutenir leur style de vie extravagant.

La persévérance et la discipline peuvent transformer de petits efforts importants en dividendes. Votre avenir n'est pas le fruit du hasard, il dépend de vos choix.

Gratifiez-vous d'abord, comme le font les riches. La méthode clé pour appliquer l'effet de levier à votre argent est de vous payer en premier sous forme de contributions mensuelles régulières dans votre compte pour investissements. Par la suite, vous soumettez les montants investis à la puissance de la capitalisation.

Vous n'avez pas d'argent, alors comment profiter de l'effet de levier ? Un tel plan existe avec un capital de départ réduit, puisque l'effet de levier n'est pas appliqué à votre argent mais bien à votre temps. Les rêves de demain exigent des sacrifices aujourd'hui. Si vous réserviez deux heures par jour ouvrable et trois heures les samedi et dimanche, vous ajouteriez 16 heures de travail productif par semaine à votre horaire.

2 heures × 5 jours = 10 heures par semaine ;
3 heures × samedi et dimanche = 6 heures par semaine ;
temps additionnel total = 16 heures par semaine.

Nous sommes choyés de vivre à une époque où presque tous peuvent appliquer l'effet de levier à leur temps. Les choses n'ont pas toujours été ainsi. Au début du XXᵉ siècle, cette possibilité était réservée aux riches. En 1890, la majorité des gens travaillait dix heures par jour, trop préoccupés par leur survie. Ces gens n'avaient pas le temps de penser à l'effet de levier. Par contre, jamais au cours de l'histoire n'avons-nous vu autant de gens disposer d'autant de temps libre. Et le temps est le grand niveleur, il permet aux petits de jouer avec les plus grands puisque tous disposent du même temps. Un peu de temps et beaucoup de détermination permettent à tous d'y appliquer l'effet de levier.

L'outil à effet de levier le plus merveilleux de l'histoire est Internet. Il transforme la façon de vivre, de travailler et de s'amuser. En d'autres mots, Internet c'est l'avenir et l'avenir, c'est tout de suite. Je vais vous expliquer comment vous pouvez tirer avantage du plus formidable des outils pour vous construire, en l'espace de deux à cinq ans, un revenu résiduel. D'ici cinq ans, toutes les compagnies se trouveront sur le Web ou ne seront plus. Internet est rapide, ne coûte que quelques sous par jour, est toujours branché et accessible, s'adapte à une variété d'applications et interconnecte toute la planète. D'ici un an, ce nombre atteindra plus d'un milliard de dollars en biens et services par le commerce électronique. Il ne s'agit pas d'un battage publicitaire, mais d'une révolution mondiale. Selon les experts, les sites de commerce électronique doivent faire face à trois défis majeurs: augmenter l'achalandage, augmenter le chiffre d'affaires, fidéliser la clientèle. D'un autre côté, les gens sont à la recherche et ont besoin plus que jamais de contacts humains et chaleureux pour compenser la froideur de l'environnement technologique.

En appliquant l'effet de levier à votre temps et à vos relations, vous êtes en mesure d'assurer la loyauté de vos clients. Dès que le partenariat est établi, vous vous transformez en entraîneur; vous enseignez à votre partenaire comment affilier ses amis et ses connaissances. Pendant ce temps, vous trouvez un deuxième partenaire. Ainsi, après deux mois, vous comptez deux partenaires affiliés et votre premier partenaire en compte un.

La capitalisation électronique : deuxième mois. Vous, votre premier partenaire, son premier partenaire, votre deuxième partenaire ; votre réseau compte maintenant quatre personnes. Bien sûr, vous trouver plus d'un nouveau partenaire par mois élargira votre réseau plus rapidement. Douze mois plus tard, vous serez associé à 12 partenaires et, supposons que ceux-ci ont fait de même, votre réseau pourrait compter 4 960 partenaires affiliés, propriétaires d'entreprises indépendantes. C'est là toute la magie de la capitalisation.

Mais ce n'est pas tout, l'entreprise de commerce électronique vous paie un pourcentage du volume des ventes de votre réseau. Si 4 000 personnes achètent en moyenne pour 100 $ de produits par mois, le volume total des ventes mensuelles atteint les 400 000 $. Si on vous remet 5 % de redevances et 6 % de primes, vous aurez 44 000 $ par mois. Saisissez-vous maintenant pourquoi j'appelle cela la capitalisation ? Parce que cela allie la croissance exponentielle de la capitalisation à la commodité et à la portée du commerce, tout cela en appliquant l'effet de levier au facteur temps et non à l'argent. Aucune habileté particulière n'est requise. Vous êtes en mesure d'appliquer l'effet de levier à votre temps et à vos relations afin de construire votre propre commerce.

La situation financière. Les gens qui portent une montre Rolex ou des vêtements exclusifs peuvent donner l'impression d'être financièrement indépendants, mais plusieurs d'entre eux se noient dans un océan de dettes.

Ray Kroc, cofondateur de McDonald's, n'a pas inventé le franchisage, mais il l'a perfectionné. Il avait compris que la clé de la réussite dans ce domaine était la duplication. Lorsque quelqu'un achetait une franchise, il n'avait qu'à suivre les instructions ; c'était le rêve de tout imitateur. La duplication : la clé d'un franchisage réussi.

L'optimisation du temps et de l'argent grâce à l'effet de levier par la duplication fonctionne-t-elle ? Pour répondre à cette question, il suffit de regarder la façon dont s'est développé le franchisage dans les 50 dernières années. Lorsque Ray Kroc a amorcé la duplication de son projet, la majorité des gens croyaient que le franchisage était une activité commerciale frauduleuse. Le Congrès des États-Unis a même tenté d'arrêter son expansion. Ironiquement, la perception du franchisage a pris un virage à 180 degrés depuis ses débuts. En effet, certains experts estiment que de 34 % à 60 % des biens et services en Amérique sont distribués par le biais du franchisage. La beauté du succès phénoménal d'un franchisage réside dans le concept de la duplication. Cependant, il y a un aspect négatif au franchisage : les frais de démarrage. Peu de gens ont 1 000 000 $ à débourser pour se lancer en affaires. De plus, on doit détenir plusieurs franchises pour devenir vraiment riche avec ce système.

Un nouveau type de franchise, le système de duplication par excellence : la croissance exponentielle. Aujourd'hui, on peut aussi être payé 1 000 fois plus pour un travail exécuté une seule fois au lieu d'être payé une fois pour un travail exécuté 1 000 fois. Le temps c'est de l'argent, alors la véritable question est la suivante : Comment peut-on atteindre la sécurité financière par le biais de la croissance exponentielle sans investir des milliers de dollars ou sans attendre toute une vie pour que son petit pécule double et finisse par devenir une petite fortune ? La réponse à cette question repose sur un concept de duplication qui combine le franchisage et la croissance exponentielle : le marketing de réseau, qui est le système de duplication par excellence.

L'avantage du marketing de réseau sur le franchisage : il prend le meilleur de la franchise, le concept d'un système de duplication, et laisse tomber le reste. Ainsi, le marketing de réseau atteint un nouveau sommet. Certains experts affirment même qu'il s'agit de la prochaine étape de l'évolution de la libre entreprise.

N'arrêtez pas de parrainer des distributeurs de premier niveau ; votre entreprise va ainsi continuer à prendre de l'expansion en largeur et en profondeur. Cet équilibre est vital. C'est un procédé pratique qui a fait ses preuves pour atteindre une autonomie personnelle et financière. Que vous travailliez à temps partiel ou à temps plein, le but est de vous dupliquer afin que les autres gagnent de l'argent pour vous-même si vous n'êtes plus impliqué quotidiennement dans votre entreprise.

Lorsque votre système de duplication est en place, vous offrez un soutien aux gens de votre réseau et vous continuez à parrainer et à entraîner de nouveaux distributeurs qui, eux, feront la même chose ainsi que leurs distributeurs, et ainsi de suite. C'est le point le plus important de ce chapitre et de ce livre, le point clé de tous les aspects de votre entreprise de marketing de réseau. Si vous enseignez à vos distributeurs à tout faire, leur capacité de vous copier et d'enseigner à d'autres à faire de même est assurée. Donc, le succès grandissant de leur entreprise durable est assuré.

À ce moment précis, la formation et l'enseignement apporteront deux choses dans cette entreprise : ils vous démontreront clairement tous les avantages et ils mettront toutes les chances de votre côté pour que vous gagniez encore et encore.

Point important : si un de vos distributeurs résiste à s'engager, à mettre le temps et l'argent qu'il faut ou à apprendre comment faire, vous devriez peut-être examiner s'il est sérieux. Votre temps est précieux, investissez-le dans des personnes qui l'apprécient.

La duplication s'opère dans les deux sens. Vous pouvez dupliquer toutes les bonnes choses ou toutes les mauvaises. Un distributeur qui s'empresse de faire signer des nouveaux distributeurs pour ensuite les laisser à eux-mêmes, sans soutien, sans formation, se dupliqueront parfaitement, c'est-à-dire que son réseau sera composé de gens comme lui qui feront signer des nouveaux distributeurs pour ensuite les abandonner. Par contre, un parrain qui prend la responsabilité des gens qu'il amène dans son entreprise, qui les éduque et les soutient, se dupliquera toujours autant que le précédent. Que ce soit positivement ou négativement, comment choisissez-vous de vous dupliquer ?

La duplication, le pouvoir de votre exemple. La duplication positive en marketing de réseau se fait en donnant l'exemple, en vous présentant comme modèle à imiter. Souvenez-vous de la définition de la duplication : une opération par laquelle on double une quantité ou un volume. Bien entendu, je ne vous dis pas de fabriquer de clones, il est évident que chaque personne a son propre caractère, des valeurs, des buts et des talents uniques. D'ailleurs, un des aspects merveilleux du marketing de réseau est qu'il permet à chacun d'exprimer sa vraie nature. Je vous suggère plutôt de présenter votre entreprise comme un système que les gens peuvent imiter pour créer leur propre succès. L'idée est de construire un système prêt à démarrer. Les gens n'auront qu'à s'installer, à tourner la clé, à démarrer et à réussir.

Les gens n'ont qu'un seul but dans la vie : faire de l'argent. Voici donc les trois façons d'y parvenir.

1. Vous pouvez vous trouver un boulot – c'est ce que font la plupart des gens. Il existe des boulots intéressants et satisfaisants, mais en vérité, la plupart sont ennuyants et vous font travailler fort. Ils servent uniquement à payer vos comptes.

2. L'argent peut travailler pour vous : voilà un très bon moyen de faire de l'argent. En investissant dans l'immobilier les 500 000 $ ou 750 000 $ que vous avez en banque, vous pourrez générer entre 5 000 $ et 10 000 $ de revenu par mois. Malheureusement, la plupart des gens ne possèdent pas une telle somme à investir. Un jour vous l'aurez, mais pour l'instant, quelle est l'autre possibilité ?

3. Vous pouvez faire travailler les autres pour vous, voilà la bonne solution. Vous pouvez utiliser les principes éprouvés du succès en les enseignant aux autres qui feront la même chose, et ainsi de suite. Cette façon de gagner de l'argent est employée par la majorité des gens riches dans le monde. Cela s'appelle aussi le «revenu résiduel». Comme disait le premier milliardaire américain, le regretté Jean-Paul Getty : «Je préfère profiter de 1 % des efforts de 100 personnes que de 100 % de mes propres efforts.» Vous avez le choix : quelle est la meilleure façon pour vous de gagner de l'argent ? Voilà, c'est le troisième choix et je vais vous expliquer à l'instant comment y parvenir.

Pour parvenir à vos fins, vous devez apprendre à vous dupliquer et à faire travailler les gens pour vous et pour eux-mêmes. Enseignez aux gens à pêcher ou à voler comme un aigle. Vous connaissez le dicton : «En donnant un poisson à un homme je le nourris pour une journée, en lui enseignant à pêcher, je le nourris pour toute sa vie. » C'est ça que nous voulons faire. Mettez tout de suite une chose au clair avec vos nouveaux distributeurs : vous leur enseignez à mettre sur pied des entreprises indépendantes, pas des entreprises dépendantes. Encore une fois, la nature nous montre comment procéder.

Créez des associés indépendants le plus rapidement possible et vous verrez que, par ce procédé, vous pourrez devenir un distributeur étoile dans cette industrie. Mais je veux que vous deveniez un fabricant d'étoiles, pour cela, vous devez faire deux choses : vous devez enseigner à vos distributeurs à se lancer en affaires et à faire de même.

Enseigner à se lancer en affaires. D'abord, assoyez-vous avec votre nouveau distributeur tout de suite après sa formation de nouveau distributeur ; réservez avec lui du temps, de trois ou quatre heures, soit un soir de semaine ou un samedi après-midi. Ce temps lui servira à rencontrer un client potentiel, chez lui ou ailleurs. Ainsi, votre distributeur devrait avoir à son agenda un rendez-vous pour chaque heure réservée à la rencontre de clients potentiels. Votre responsabilité consiste à l'aider à prendre ses premiers rendez-vous à partir de sa liste de clients potentiels et à l'accompagner dans ses premières présentations. Votre distributeur vous présentera alors à son client potentiel comme l'expert qui enseigne à son nouvel associé à faire des présentations. Étant donné que vous avez un rendez-vous par heure, vous devez garder un bon rythme.

Quand un des clients potentiels de votre distributeur aura commencé à utiliser le produit, il est temps de réviser avec lui le système de suivi et la boîte de fiches. Assurez-vous qu'il rappelle son nouveau client régulièrement. Montrez-lui comment faire et offrez-lui votre appui. Après les trois à six premières présentations, votre distributeur pourra faire ses présentations tout seul grâce aux éléments appris dans la formation du nouveau distributeur et au manuel de présentation fourni par votre compagnie. Il détient l'information et l'expérience pour réussir dans sa nouvelle entreprise. Voyez-vous le pouvoir du programme de formation ? Durant la quatrième, cinquième ou sixième présentation, vous êtes un observateur et vous n'intervenez que si c'est nécessaire. En peu de temps, vous aurez un associé fiable et autonome qui sait comment faire.

Il existe trois raisons pour lesquelles cette approche est la meilleure : c'est très rapide, vous n'attendez pas que les clients potentiels viennent à vous et, en une journée, votre nouveau distributeur s'est lancé dans une nouvelle carrière qui lui apportera le succès. En rencontrant des clients potentiels en tant qu'équipe, vous augmentez de beaucoup les chances de succès de votre nouveau distributeur à se trouver de nouveaux clients et distributeurs. Non seulement vous avez enseigné à votre nouveau distributeur comment se dupliquer, mais vous lui avez aussi montré concrètement. Il y a de bonnes chances pour que, dans quelques jours, votre nouveau distributeur soit en train de faire la même chose avec un client potentiel que vous avez rencontré avec lui.

La croissance exponentielle d'une organisation de marketing de réseau repose sur la capacité de son leader à enseigner, à des gens de partout dans le monde, un système de recrutement et de formation facile à imiter. Le secret du succès consiste à devenir le plus tôt possible le leader de sa propre organisation, sans dépendre de qui que ce soit.

Nous devons toujours nous rappeler que nous travaillons dans le domaine de la vente, donc nous sommes payés en fonction du volume. Il est donc logique d'enseigner un système de distribution que tous parviennent facilement à comprendre et à imiter. Et mettre en pratique ce principe vous mènera loin dans cette industrie. Une réunion efficace repose sur la duplication.

La réussite exige de partager vos connaissances avec vos associés puis de leur enseigner à faire de même. Rappelez constamment à vos nouveaux associés que même s'ils sont toujours des étudiants, ils devront très rapidement se transformer en enseignants. Votre système devrait permettre à vos nouveaux distributeurs d'animer leurs propres séances de formation dès la semaine suivante, simplement en reproduisant ce que vous leur avez appris. Soulignez l'importance de suivre votre système à la lettre.

Personne ne devrait perdre d'innombrables heures dans une salle de cours à écouter un universitaire qui ne s'est jamais réellement frotté au monde des affaires et qui débite des théories commerciales complexes. Les gens apprennent beaucoup mieux lorsqu'ils participent et tirent des leçons de leurs erreurs. Avec nos distributeurs, nous tentons de couper aussi rapidement que possible le cordon et de les laisser travailler à leur propre rythme. Nous devons constamment motiver nos associés en leur démontrant à quel point notre méthode est facile à reproduire.

Notre industrie est basée sur la duplication; par exemple, les distributeurs à temps partiel attireront les clients potentiels à temps partiel. Si, en tant que leader, il vous semble que le travail à temps partiel vous suffit, il en sera de même pour tous ceux que vous recruterez. Si vous travaillez avec acharnement, les membres de votre organisation vous imiteront également. Avez-vous déjà rencontré quelqu'un qui soit devenu millionnaire durant son temps libre? La prospérité exige qu'on y consacre beaucoup de temps. Le moment pour se joindre à cette industrie n'a jamais été plus favorable. Si vous croyez en vous-même, en votre organisation et en votre compagnie, il ne vous reste qu'à partager avec le monde entier votre découverte. C'est ce qu'ont fait plusieurs personnes enthousiastes qui ont consacré entre 60 et 70 heures par semaine à leur entreprise et qui, quelques années plus tard, ont atteint leur indépendance financière.

Retenez trois mots clés ou «trois P» qui démontrent que tous les programmes de marketing de réseau fonctionnent: présentation, participation, promotion. La première chose à faire dans le marketing de réseau est de présenter votre entreprise à un futur distributeur. Ensuite, il faut l'encourager à participer à la constitution du réseau. Enfin, lorsqu'il aura décidé d'y participer et cherchera à s'investir dans le programme, il aura une promotion régulière.

D'abord, présentez-lui le marketing de réseau en lui exposant les diverses méthodes qui existent: la vente au détail, la vente directe dans le domaine de la distribution et le calcul de $3 \times 3 = 9$. Ensuite, invitez-le à participer au réseau en lui proposant les voyages ou les STS (séminaire d'entraînement au succès). La démarche la plus efficace consiste à collaborer avec les meilleurs éléments parmi vos distributeurs afin qu'ils étendent leur réseau sur plusieurs paliers. On peut obtenir tout ce que l'on désire simplement en aidant les autres à obtenir ce qu'ils désirent. Faites comprendre à vos distributeurs que vous ne les appelez pas pour contrôler leur travail mais pour les soutenir.

Rappelez-vous que nous offrons une carte routière pour trouver la voie vers une meilleure santé et une liberté financière. Certaines personnes voudront utiliser votre carte routière, tandis que d'autres voudront prendre une autre direction. Écoutez votre distributeur potentiel, déterminez ses besoins et, s'il est prêt, proposez-lui une solution. La duplication permet la croissance de votre entreprise. Sans cet élément efficace, rien ne bouge.

À quoi sert la duplication? Les gens vous disent: deux personnes trouveront deux personnes qui, à leur tour, en trouveront deux autres, et ainsi de suite. Progressez et vous verrez votre organisation agir de la même façon. L'énergie positive est contagieuse, alors donnez l'exemple aux gens et ils reproduiront ce que vous faites.

Passez à l'action, parrainez et apprenez à d'autres personnes à faire comme vous. Surtout, ne dupliquez pas les gens qui plongent dans la paperasse ou qui se cachent derrière leur écran d'ordinateur.

Vous voulez une équipe qui passe à l'action sur tous les fronts? Tout réside dans l'action, et soyez clair sur ce que vous voulez produire. Tout est une question de duplication pour vous et pour votre équipe. Au stade de démarrage, votre objectif consiste à établir des assises solides pour votre entreprise. Vous recherchez des gens qui veulent apporter des changements positifs à leur vie. Pour y parvenir, vous devez passer à l'action, alors donnez l'exemple. Établissez les besoins des gens, écoutez-les attentivement, proposez-leur des solutions, présentez-leur le programme, soyez un consommateur proactif et apprenez-leur à suivre vos traces.

Ne soyez pas offensé si de nouvelles recrues terminent leur formation et se mettent immédiatement au travail sans vous appeler tous les jours en vous demandant de faire le travail à leur place, car tous possèdent le potentiel d'accomplir de grandes choses dans cette industrie. Cependant, ceux qui se fient à leur échelon supérieur pour le moindre petit détail sont habituellement ceux qui échouent. Ce qui distingue notre industrie des affaires traditionnelles est notre rémunération en fonction de notre productivité. Si le rendement de vos associés ne répond pas à vos attentes, enseignez-leur à visualiser leurs buts et concentrez votre énergie sur ceux qui y parviennent.

Ce que nous représentons, c'est la gestion d'une entreprise, et cette entreprise œuvre dans le domaine de la santé et de la lutte contre le vieillissement. Si vous voulez accroître le volume de votre organisation, alors allez-y et apprenez à votre organisation à agir comme vous le faites. Expliquez à vos membres pourquoi ils doivent s'inscrire à la livraison automatique. Apprenez-leur à utiliser efficacement le programme avantage à escompte en remplaçant les produits d'autres entreprises utilisés actuellement par ceux qu'ils achèteront de la vôtre. Plus les membres de votre organisation mettront ces principes en pratique, plus ce sera avantageux pour tout le monde. Le volume de votre entreprise prendra ainsi de l'ampleur, tout comme le montant de vos chèques aussi. L'autre avantage à utiliser les produits est que vous apprenez à mieux connaître leur qualité. Alors, en tout temps, vous pouvez les présenter en ajoutant votre expérience personnelle, ce qui accroît votre crédibilité auprès de vos clients.

Il est tellement important de mener par l'exemple. Les gens vous regardent agir et ils imitent ce que vous faites. Nous sommes dans le domaine de la santé alors, je vous en prie, n'arrivez pas à une présentation sans sentir bon et sans avoir l'haleine fraîche. Si vous invitez un client potentiel à venir prendre un café au restaurant, n'allez surtout pas commander des beignes. Rappelez-vous que les gens sont avant tout visuels. Si vous ne participez pas aux présentations ou si vous y arrivez sans invités, les gens de votre groupe vous imiteront et ça, c'est contraire à la croissance de votre entreprise. S'il n'y a pas de

243

présentation dans votre localité, prenez les choses en main et organisez-les.

L'ORGANISATION D'UNE RÉUNION DE FORMATION

Préparez le terrain. J'ai une suggestion à vous faire. Dès que votre client potentiel décide de devenir distributeur, dites-lui de se procurer cet ouvrage. Le premier geste en tant que parrain est de demander à votre nouvel associé d'écouter votre introduction et de lire les premières parties de ce livre avant d'entreprendre avec lui le programme de formation comme tel. Souvenez-vous de l'importance des systèmes de croyances, ils constituent le contexte qui teint le contenu de votre programme de formation ainsi que votre relation avec votre nouveau distributeur. Cette lecture lui expliquera pourquoi il s'intéresse à cette entreprise, l'aidera à tomber amoureux avec le marketing de réseau et à reconnaître que c'est le véhicule idéal qui lui permettra d'obtenir tout ce qu'il veut dans la vie. De plus, elle l'aidera à établir ses buts et ses objectifs en plus de nourrir sa passion avec les cinq carburants : la visualisation, une foi inébranlable, l'éducation, la connaissance ainsi qu'un environnement de soutien.

Quand votre nouveau distributeur aura saisi le lien qui existe entre ses buts et la possibilité qu'offre le marketing de réseau pour les réaliser, plus rien ne pourra l'arrêter. Il sera prêt à s'asseoir avec vous pour apprendre comment faire. Le temps que vous passerez ensemble sera d'autant plus productif et lucratif. Si possible, rencontrez-le ou parlez-lui au téléphone pour revoir ses buts et objectifs avant qu'il fasse la formation officielle ; vous apprendrez ainsi à le connaître, vous aurez une meilleure relation avec lui et vous saurez ce qui est important dans sa vie. Tout cela vous permettra de mieux le conseiller dans sa démarche.

Vos éducateurs doivent être des modèles à suivre, des gens enthousiastes et vifs de qui l'on peut apprendre. Si votre entreprise se concentre sur l'éducation de nouveaux éducateurs, elle grandira de façon exponentielle. Les nouveaux distributeurs enseigneront aux nouveaux distributeurs, les éducateurs enseigneront aux éducateurs et les éducateurs d'éducateurs se dirigeront vers les postes de direction : ça, c'est du marketing de réseau efficace !

La formation du nouveau distributeur devrait se dérouler à la maison, pour autant que l'environnement soit propice à une session professionnelle de travail d'une durée de deux heures en avant-midi et tout l'après-midi. Il ne doit y avoir aucun enfant ni aucun animal. Demandez à quelques-uns de vos distributeurs ayant quelques mois d'expérience d'assister à la formation. Ils pourront poser des questions, trouver des réponses, participer au *brainstorming*, partager des histoires et faire part de ce qui fonctionne le mieux selon leur expérience. Chacun d'eux peut donner une section de formation ; c'est une bonne façon de les préparer à la donner au complet éventuellement.

Préparer le matériel que vous voulez donner à vos nouveaux distributeurs : la documentation et les différentes feuilles de travail[19]. S'ils doivent prendre des notes, fournissez-leur un résumé de ces notes puisqu'ils ne peuvent écouter, comprendre et participer en même temps. Dans cette séance de formation, vous leur direz évidemment beaucoup de choses, mais essayez d'en montrer le plus possible à l'aide d'exercices pratiques.

Les exercices amusants sont le *brainstorming* et le jeu de rôles. Quand je demande aux participants de remplir le questionnaire d'évaluation à la fin de mes ateliers, que croyez-vous qu'ils répondent à la question suivante : Qu'avez-vous préféré dans cet atelier ? Quatre-vingts pour cent répondent : « Jouer des rôles. » Les feuilles de travail permettent aussi aux distributeurs de s'impliquer dans la formation. Jouer des rôles est efficace pour apprendre à répondre aux objections ou aux questions les plus fréquentes. Les exercices écrits sont aussi efficaces : plutôt que de donner la liste des bénéfices à vos distributeurs, permettez-leur de les découvrir eux-mêmes. Cette forme d'apprentissage est beaucoup plus efficace, et ce, pour trois raisons : parce qu'ils l'auront fait eux-mêmes, posséderont la matière, auront travaillé en groupe. Leur mémoire sera dix fois meilleure

---

19. Vous trouverez des modèles de feuilles de travail aux annexes 5, 6 et 7 aux pages 283 à 285.

puisque, si vous leur donnez une liste, ils devront l'apprendre par cœur; s'ils génèrent une liste, ils s'en souviendront.

Je vous donne ici une liste abrégée du matériel dont vous aurez besoin pour chaque section: tableaux à feuilles volantes, chevalet, crayons, feutres de couleurs vives, produits pour l'étalage, feuilles de travail sur les bienfaits des produits[20], feuilles de travail sur les questions fréquentes[21]. En bref, soyez votre meilleur client. La première feuille à remettre à vos distributeurs est celle contenant les bienfaits des produits et services.

Faites une session de *brainstorming*. Demandez à vos nouveaux distributeurs ainsi qu'à ceux qui ont un peu d'expérience d'énumérer les bienfaits qui leur passent par la tête. Inscrivez sur une grande feuille, à la vue de tout le monde, tous les bienfaits que vos distributeurs mentionnent, donnez-leur le temps de les inscrire aussi sur leur feuille de travail.

Qui est plus susceptible d'utiliser mes produits ou mes services? Cette section se trouve sur la feuille de travail des bienfaits. Lorsque vous rassemblez des personnes de différents milieux, elles ont des idées surprenantes quant aux personnes qui seraient susceptibles de rechercher les bienfaits de vos produits et services. Je donne cet atelier depuis des années et je reste encore surpris du nombre d'idées qui en ressortent, ainsi que la façon dont celles-ci enrichissent la liste de distributeurs potentiels.

Les questions fréquentes. Inscrivez les questions les plus fréquentes sur une grande feuille à la vue de tous. Ensuite, faites une session de *brainstorming* sur les façons d'y répondre. Les distributeurs expérimentés peuvent ici être d'un grand secours. Demandez à votre groupe de pratiquer ces réponses entre eux afin qu'ils les possèdent bien. Vous pouvez les faire pratiquer deux à la fois, devant les autres, ou bien en petits groupes. En marketing de réseau, plus encore que dans une entreprise conventionnelle, la compagnie est d'une importance capitale; consacrez quelques moments à sa philosophie et à ses employés.

---

20. Voir l'annexe 7, à la page 285, pour le modèle de feuille de travail sur les bienfaits des produits.
21. Voir l'annexe 6, à la page 284, pour le modèle de feuille de travail sur les questions fréquentes.

La prospection. Préparez la feuille de travail sur la liste des clients potentiels[22] et distribuez-la à vos nouveaux distributeurs. Montrez-leur comment la remplir en prenant soin de bien inclure les numéros de téléphone. Quand vos nouveaux distributeurs s'inscrivent à votre formation, faites-leur penser d'apporter leurs carnets d'adresses, celui pour les amis et celui pour les affaires. Encouragez-les à faire une longue liste de clients potentiels, sans faire de jugement. Montrez-leur comment assigner une priorité pour chaque nom écrit : les gens qui sont pleins d'énergie, les gens qui aiment les gens, les gens positifs, les gens qui réussissent. Expliquez-leur que vous assignez une priorité à chaque client potentiel afin d'appeler en premier ceux qui sont les plus susceptibles de dire oui.

Prendre rendez-vous par téléphone. Montrez-leur comment prendre rendez-vous par téléphone. Souvenez-vous des cinq points : Est-ce le bon moment ? Complimentez votre client potentiel sans obligation, atteignez le but fixé, suggérez-leur de travailler avec des clients potentiels de la région, utilisez la garantie de satisfaction ou argent remis, ainsi que d'autres matériels de promotion.

La présentation. Montrez-leur le manuel de présentation utilisé par votre compagnie. Montrez-leur que celui-ci les guide dans leur présentation, étape par étape. C'est le temps idéal pour fixer une date afin d'élaborer leur propre manuel de présentation.

Les objections. Ce sujet comporte souvent une charge émotive. Faites-leur d'abord comprendre que les objections sont des opportunités cachées de croissance. Montrez-leur comment transformer ces obstacles en ouvertures en utilisant les six étapes suivantes.

1. Écoutez comme jamais auparavant ;
2. Jouez au détective ;
3. Reconnaissez la validité de l'objection ;
4. Répondez par l'approche du ressent-ressenti ;

---

22. Voir les annexes 8 et 9, aux pages 286 à 288, pour la liste de 100 noms sur les clients potentiels.

5. Assurez-vous de bien vous faire comprendre ;
6. Offrez le choix.

Ces six étapes sont extrêmement efficaces pour approfondir votre relation avec votre client potentiel et pour l'aider à prendre la bonne décision.

Le suivi. Montrez-leur comment utiliser le système de fiches expliqué précédemment. Montrez-leur votre boîte et décrivez chaque étape du suivi.

Les réunions ouvertes au public. Planifiez régulièrement des rencontres afin que tout le monde ait la chance d'y amener ses clients et ses distributeurs potentiels intéressés pour leur donner une vision globale de l'industrie et pour leur permettre de s'inscrire s'ils le veulent. Comme vous le savez, il est important de planifier une formation du nouveau distributeur après ces rencontres afin de toujours recommencer le cycle. Dans la mesure du possible, procurez à tout le monde un calendrier des événements à venir. En étant fidèle au rythme de la soirée d'information suivie par la formation, vous construirez rapidement un réseau solide. Essayez-le et vous verrez.

La formation du nouveau distributeur est l'occasion tout indiquée pour décrire le but de la soirée d'information et pour donner une chance aux nouveaux distributeurs de s'impliquer. Ceux-ci peuvent contribuer à la prochaine soirée d'information en se préparant à partager leur histoire. C'est l'aspect le plus important de la soirée. Et vous pouvez les entraîner à répondre aux cinq questions clés que tout le monde se pose. Voici à nouveaux ces cinq questions :

1. Est-ce que cette entreprise est simple ?
2. Est-ce que je peux m'y amuser ?
3. Est-ce que j'y gagnerai de l'argent ?
4. Est-ce que j'aurai de l'aide ?
5. Est-ce que c'est le temps idéal pour m'impliquer ?

Qui est le plus qualifié pour animer une formation du nouveau distributeur ? Tout le monde, et tout le monde devrait le faire. Souvenez-vous que le marketing de réseau nous donne une liberté personnelle et professionnelle qu'aucune autre industrie ne permet. C'est nous qui sommes réellement impliqués dans la libre entreprise. Pour les Chinois, il y a le yin et le yang ; chaque chose a deux faces. Le devant et le revers : plus grand est le devant, plus grand est le revers. Le devant de notre entreprise extraordinaire est la liberté, le revers est la responsabilité – et le parrain se trouve au cœur de la responsabilité. Chaque parrain ou marraine est un éducateur, et chacun peut donner une excellente formation aux nouveaux distributeurs. C'est facile et plaisant. Plus vous donnerez de formation, plus vous saurez que je dis vrai. Quand vous aurez vu ce que la formation fait pour les gens, quand vous verrez qu'elle propulse vos nouveaux distributeurs dans l'accomplissement de leurs rêves et plus, vous en serez mordu. Croyez-moi, j'en sais quelque chose.

Le système de marketing de réseau vous offre la compétence de nombreuses personnes qualifiées. Ces gens ne sont pas dotés de compétences, d'expériences ou de talents inhabituels, ils diffèrent très peu de vous au départ. Écoutez-les. Souvenez-vous de ceci : «Il est préférable de perdre en compagnie d'un sage que de gagner en compagnie d'un idiot.» Et surtout, souvenez-vous qu'il y a trois façons d'apprendre : de ses propres erreurs, des erreurs des autres ou du succès des autres.

LA MÉTHODOLOGIE

Pour réussir en marketing de réseau, il faut se constituer une équipe. Comment s'y prendre ? Comment organiser une équipe solide, qui appuie mes objectifs et ceux de mon organisation ? Eh bien, dans l'équipe, chacun est responsable de l'engagement qu'il prend et de sa réussite, et chacun doit être orienté vers les mêmes objectifs. Il n'y a pas de place pour le «je» dans le travail d'équipe, tous les membres travaillent ensemble et dans la même direction en établissant des ponts de confiance, de soutien et de respect mutuel. Ils manifestent un engagement à travailler ensemble en fonction d'une vision commune, et tout cela équivaut à un immense succès pour vous et votre équipe.

LA GESTION DU TEMPS

Dans les société modernes comme la nôtre, on voit souvent à quel point les gens sont en conflit avec le temps. Vous n'avez pas besoin d'aller plus loin que votre miroir pour en avoir l'exemple. Trop de temps, sûrement pas, manque de temps, alors là, oui.

Imaginez que votre vie soit pleinement épanouie dans tous les domaines: votre mariage est sans heurt, vos enfants sont parfaits, vous avez beaucoup de bons amis et vos parents, que vous adorez, sont en parfaite santé. Tout va pour le mieux dans le meilleur des mondes. Mais vous apprenez une chose épouvantable: vous êtes atteint d'une maladie incurable et il ne vous reste qu'une semaine à vivre. Ça, c'est une mauvaise nouvelle. Cependant, vous êtes la personne la plus riche du monde puisque vous valez 100 milliards de dollars et il existe un scientifique complètement dérangé qui peut vous sauver grâce à son remède miracle. Celui-ci vous guérira instantanément et vous accordera au moins dix années supplémentaires, peut-être plus.

Et voici qu'entrent en scène les 100 milliards de dollars. Le savant fou est prêt à vous vendre le remède à une condition: vous lui remettez toutes vos possessions terrestres: votre manoir, vos nombreux yachts, votre entreprise, vos investissements et votre compte bancaire. Tout, absolument tout, sauf votre vie. Vous avez une minute pour décider entre la Bourse et la vie, votre argent et plus de temps sur terre. Il vous tend un contrat en béton qui lui transfère tous vos biens. Le temps s'écoule. Tic-tac, tic-tac, tic-tac. En signant le contrat, il ne vous restera plus que votre talent, votre savoir, votre famille et dix ans de vie en parfaite santé. Signeriez-vous ce contrat qui accorde à ce savant fou toutes vos possessions terrestres en échange d'un peu plus de temps sur terre? Tic-tac, tic-tac, tic-tac. Cinq secondes, quatre, trois, deux, une. Que voulez-vous vraiment? Plus d'argent ou plus de temps? Pour vous, je ne sais pas, mais moi je le signerais à deux mains.

La valeur de l'argent ne souffre pas la comparaison face à la valeur du temps. Ce dernier est de loin le plus précieux. Chacun d'entre nous a reçu dans la vie 1 440 minutes par jour, pas une de plus et c'est à nous de choisir entre les gaspiller ou les chérir. Que recherchent les riches, les commodités ou les aubaines? Les riches ont toujours su que le temps avait plus de valeur que l'argent. Ils prennent à cœur l'expression «le temps c'est de l'argent». Ils dépensent donc de l'argent pour gagner du temps plutôt que de faire l'inverse.

Les gens de la classe moyenne possèdent des machines à laver et des sécheuses chez eux. Pourquoi? Pour gagner du temps. Voilà pourquoi le secteur des services continue de progresser : parce que de plus en plus de gens dépensent de l'argent pour gagner du temps.

Reparlons de la gestion du temps. Il y a 24 heures dans une journée, comment en tirer le meilleur parti? Vos actions sont-elles conséquentes? Les activités qui remplissent vos journées servent-elles les objectifs visés en bout de ligne? Évitez de consacrer trop de temps à des choses futiles. Concentrez-vous sur les démarches positives dont nous avons parlé plus tôt. Quand vous restez fidèle à vos objectifs, vos actions vous mènent naturellement dans la bonne direction.

La seule voie vers le succès, c'est l'intérieur de soi. Lorsque nous nous réveillons le matin, ne disposons-nous pas d'une journée de 24 heures? Nous devons décider comment nous passerons ce temps. Puisez du temps dans des secteurs improductifs de votre vie, éteignez la télévision et vivez pleinement. Le temps doit devenir votre atout le plus important, sinon il deviendra votre pire ennemi.

Un sondage publié récemment dans les journaux démontre qu'une famille regarde la télévision, en moyenne, entre 40 et 70 heures par semaine. Avez-vous déjà gagné de l'argent en regardant la télévision? N'auriez-vous pas intérêt à l'éteindre? Le téléviseur est l'un des plus grands voleurs de temps et de réussite qui soit. Nous devons confier à d'autres certaines tâches. J'ai appris il y a longtemps que si l'on ne prend pas sa vie et son temps en main, quelqu'un d'autre le fera. En mettant un terme à tout ce qui nous fait perdre du temps, nous aurons plus de temps de qualité à consacrer à la famille, de même qu'au travail et à la carrière. Je n'accorde à personne d'autre que moi le droit de gérer et d'utiliser mon temps.

Faites dès aujourd'hui quelque chose qui améliorera votre vie et celle de votre famille. La gestion de notre personne et de notre temps est souvent ce qui mine nos efforts. Apprenez à faire appel aux autres. Confiez à ces personnes certaines tâches qui sont improductives pour vous. Votre temps ne vaut-il pas plus que 5 $ ou 6 $ l'heure ? Dressez la liste de ce que vous avez à faire ; c'est comme si vous faisiez parvenir un message à votre pouvoir divin.

Nous ne disposons que d'une certaine somme d'énergie à dépenser durant la semaine. Si nous voulons consacrer une partie de cette énergie à la mise sur pied de notre programme de marketing de réseau, comment pourrons-nous y arriver si nous nous fatiguons à effectuer des tâches que nous pourrions confier à d'autres pour quelques dollars l'heure ? Nous disposons d'assez de temps si nous l'utilisons à bon escient.

Dressez chaque jour la liste de ce que vous comptez faire, notez tout ce que vous voulez accomplir et déterminez vos priorités. Quelles sont les choses les plus importantes que vous désirez accomplir ? Attaquez-vous à votre liste. Ce qui est fascinant, c'est qu'en consignant ces éléments par écrit, vous ordonnerez à votre subconscient de les exécuter. Prenez des notes, établissez chaque jour une nouvelle liste. Le soir, revoyez-la, passez en revue ce que vous avez accompli, rayez-les de votre liste, puis félicitez-vous pour tout ce que vous avez fait. Ce qui restera deviendra la priorité du lendemain.

Un bureau encombré est souvent le signe d'un esprit encombré. Organisez donc votre espace de travail réservé au marketing de réseau. Répartissez votre travail, soyez logique et ordonnez le tout de façon à ne pas perdre votre temps à chercher. On perd tellement de temps à chercher l'information pour les autres. De plus, la plupart du temps, nous ne trouvons rien et cela nous contrarie. Soyez toujours organisé, que ce soit dans l'auto, à la maison ou au bureau.

Envisagez aussi de vous accorder chaque jour des moments de tranquillité, qu'ils soient nombreux ou pas, consacrés à la lecture. Quand vous êtes calme, que vous fermez les yeux en essayant de ne penser à rien, de grandes idées peuvent surgir. Il importe également de filtrer les appels téléphoniques que vous recevrez dans la journée. Apprenez à les gérer. Pourquoi vous obligez-vous à répondre aux gens qui ont tout leur temps et qui veulent simplement converser? Ils vous font perdre votre temps. Apprenez à maîtriser la situation et à écourter les appels. Ne perdez pas votre temps au téléphone.

À quel moment effectuez-vous votre travail le plus efficacement? Les gens qui réussissent vraiment, qu'il s'agisse de parrainage ou de vente, sont toujours ponctuels. Promettez-vous de toujours respecter vos rendez-vous. Être en retard à un rendez-vous signifie que vous n'êtes pas assez discipliné pour être ponctuel, et les gens se disent que si vous les faites attendre, cela suppose que vous ne respectez pas leur temps. La ponctualité est extrêmement importante pour qui veut réussir et acquérir une réputation d'intégrité.

Vous devez connaître vos heures les plus productives de la journée. Canalisez vos efforts en fonction de cette donnée. Vous devez cependant réaliser que vous pouvez en faire plus au cours de cette période. Votre niveau d'énergie, d'enthousiasme et de motivation étant alors plus élevé à ce moment-là, vous êtes plus efficace à tous les égards. Alors, consacrez ce temps à votre plan de marketing de réseau. Tout le monde possède ce métabolisme intérieur, mais il diffère selon chacun.

Surveillez vos minutes et les heures se changeront d'elles-mêmes. La gestion de votre temps et de vous-même, voilà une des plus grandes clés de la réussite. Pourquoi ne pas vous organiser? Si vous voulez réussir, vous devez considérer votre temps comme un bien précieux, car une fois la journée terminée, vous ne pouvez revenir en arrière. Mettez chaque minute à profit.

Un réseau est formé d'autres distributeurs qui fonctionnent selon le même code de déontologie et qui sont partenaires entre eux, mais où chaque distributeur représente un commerce indépendant et autonome. Donc, dans le marketing de réseau, il n'y a ni surveillant, ni employé, ni gérant, ni cadre autour de vous. Vous êtes votre propre patron.

Chaque membre du réseau bénéficie des mêmes avantages: un siège social avec ses produits, son plan de marketing, son système de soutien, d'éducation et de sécurité. Les membres commencent tous au même niveau qui ne requiert ni investissement, ni expérience, ni connaissances particulières. Chacun a donc les mêmes chances de gagner autant d'argent qu'il en est capable. En plus des deux sources de revenus mentionnés pour les distributeurs, il existe d'autres primes et récompenses : revenu de détail, revenu de groupe, redevances, primes et vacances. Chaque société les établit à l'intérieur de son propre système.

Ce qui distingue si radicalement le marketing de réseau de la distribution traditionnelle est la relation entre les professionnels de la vente et les clients. Dans le système conventionnel, le client va d'un magasin à l'autre jusqu'à ce qu'il trouve ce qu'il cherche alors que dans le marketing de réseau, le distributeur doit trouver les clients. Le marketing de réseau utilise la méthode du marketing direct, c'est-à-dire la vente par des vendeurs individuels de produits et services aux domiciles et aux lieux de travail des clients. Dans ce scénario, le client connaît le dernier maillon de la chaîne de production qu'est le vendeur. Au lieu de perdre du temps à aller dans différents magasins, il reçoit un service compétent où et quand il le désire. De plus, le vendeur passe plus de temps à expliquer en détail les caractéristiques des produits et leurs usages, il fait la démonstration des produits et peut les comparer à d'autres. L'établissement de bonnes relations avec la clientèle est un élément de succès des plus importants dans le marché actuel.

Le temps deviendra votre objectif primordial quand vous présenterez aux gens votre occasion d'affaires. Ici encore, en donnant en exemple à vos clients potentiels la façon dont vous réussissez à gérer votre temps, vous accroîtrez votre crédibilité auprès d'eux. En apprenant les principes de gestion du temps, le fonctionnement de la duplication et du travail d'équipe, les gens finissent par croire en leurs capacités de réussir. Savez-vous à quel moment vous devez présenter cette entreprise ? Au bon moment. Et quand est le bon moment ? Sachez écouter, encore et encore, ne cessez jamais d'écouter, ayez l'oreille fine, et vous saurez à quel moment il vous faut présenter l'occasion d'affaires.

Plusieurs ont atteint le sommet en une période de temps relativement courte (équipe mondiale, croissance globale, équipe des millionnaires et équipe du président) et ont bâti des organisations d'envergure mondiale. Ils vont vous enseigner d'excellentes démarches à entreprendre pour lancer votre entreprise en plus de vous proposer des techniques et des stratégies très efficaces qui vous propulseront au sommet. J'aimerais insister sur le fait que les antécédents, les obstacles traditionnels comme l'âge, la formation scolaire et l'expérience de travail ont peu d'importance.

Réussir exige de conserver un système assez longtemps pour lui permettre de fonctionner. De nombreux distributeurs souffrent de l'absence de structure dans le marketing de réseau ; cherchez donc une entreprise qui vous donnera cet élément.

Plusieurs mois de travail sont nécessaires pour devenir compétent et savoir comment bien employer une stratégie en marketing de réseau. Beaucoup de gens ont besoin d'un plan d'action détaillé, d'un horaire précis et d'un quota de vente quotidien ; ainsi, ils maintiennent leur concentration et se sentent encadrés par ces contraintes. Après avoir établi vos objectifs spécifiques, vous devrez apprendre à utiliser un agenda pour vous aider à rester sur la bonne voie.

L'ORGANISATION

Une organisation prospère typique se compose de différentes personnes avec différents objectifs. De plus, elle comprend majoritairement des clients qui commandent fidèlement les produits ou qui font appel à vos services tous les mois. On devrait également retrouver des distributeurs au détail qui se créent un revenu en offrant les produits ou les services. Viennent ensuite les distributeurs à temps partiel qui travaillent à bâtir leur entreprise dans le but de se créer un revenu qui remplacera celui de leur présent emploi. Finalement, on trouve ceux qui se lancent à temps plein, qui travaillent d'arrache-pied et qui établissent des records dans notre industrie. Soyez toujours à la recherche de bâtisseurs sérieux, mais accueillez tous ceux qui désirent se joindre à votre organisation.

Voici des idées pour monter une organisation solide et rentable :

- Travaillez en équipe avec les distributeurs de premier niveau, donc des leaders, jusqu'à ce que le groupe compte au moins 15 personnes.
- Aidez les distributeurs de premier niveau à découvrir les cinq à huit bons éléments avec lesquels ils pourront à leur tour travailler en équipe. Au début, puisque nos distributeurs de premier niveau ne sont pas forcément en mesure de travailler avec tous leurs nouveaux leaders, il faudra les aider en faisant équipe avec eux.
- Tout en travaillant avec les distributeurs des deuxième et troisième niveaux, continuez à bâtir et à renforcer le réseau en formant et en parrainant des distributeurs en ligne descendante. D'après les statistiques du réseau, chaque distributeur apporte en moyenne un leader, six personnes motivées et neuf moyennement motivées.
- Après avoir stabilisé l'organisation de votre protégé, travaillez avec un autre leader. Pour éviter de faire les choses à moitié, évitez de vous occuper de plusieurs personnes en même temps et efforcez-vous de terminer la tâche que vous avez entamée.

LA PUBLICITÉ

Soyez une publicité ambulante pour vos produits et l'occasion d'affaires. Dans la mesure du possible, transportez vos produits avec vous. Quand vous êtes avec des inconnus, sortez-les, affichez-les, mélangez-les et offrez aux gens d'y goûter ou d'y toucher.

Les macarons sont des outils merveilleux. Si votre compagnie en fournit, portez-les, surtout s'ils provoquent une réaction. Par exemple, sur le macaron d'une compagnie, on peut lire : «Maigrissez maintenant, demandez-moi comment.» Je connais des distributeurs dont la seule forme de prospection est de se promener dans un centre commercial avec un macaron et de parler aux gens qui viennent leur demander : «Comment?»

Les autocollants sur le pare-choc de votre voiture sont aussi efficaces ; même les affiches dans les glaces de votre voiture peuvent avoir un effet. Je connais un distributeur qui conduit une Mercedes fournie par sa compagnie. Sur deux des glaces de sa voiture, il est inscrit : « J'ai eu cette voiture gratuitement, demandez-moi comment vous procurer la vôtre » suivi de son numéro de téléphone. Il reçoit en moyenne huit appels par semaine.

La porte des possibilités s'ouvre toute grande à vous avec une matière qui peut vous donner le succès en marketing de réseau. Ne laissez aucune lettre quitter votre domicile sans y ajouter un message sur votre produit ou sur votre entreprise. C'est un moyen simple et économique de présenter votre produit ou votre occasion d'affaires à des centaines de personnes.

Procurez-vous un cahier à anneaux dans lequel vous insérerez des photos, de la documentation et des graphiques pour illustrer des faits et des idées. C'est un moyen agréable pour communiquer à vos clients des informations sur vos produits et votre occasion d'affaires. Nous savons qu'une image vaut 1 000 mots, mais nous avons quand même trop souvent à utiliser des mots là où une image serait 1 000 fois plus efficace. De plus, vos clients potentiels se verront mieux en train de montrer des photos que d'avoir à apprendre tous ces mots.

La plus grande question que votre client potentiel se pose est : « Cette compagnie est-elle digne de confiance, professionnelle ? » Imaginez que votre manuel renferme une photo de vous serrant la main des cadres de votre compagnie. Ceci démontrera à votre client potentiel que vous prenez votre travail au sérieux et que votre compagnie vous tient en estime. N'oubliez pas de souligner les bienfaits de vos produits et de vos services.

LES CHEMINS DE LA RÉUSSITE

Voici un résumé des étapes à suivre pour permettre à votre entreprise de partir du bon pied.

1. Commencer à utiliser les produits ;
2. S'inscrire à la livraison automatique ;
3. Étudier le système de développement de l'entreprise ;

4. Remplir le feuillet des objectifs;
5. Dresser une liste de noms;
6. Établir des contacts;
7. Acheter et étudier les outils;
8. Installer le servie de conférence à trois;
9. Mettre l'entreprise sur pied;
10. Lire *Réfléchissez et devenez riche.*

Après avoir franchi une étape, assurez-vous de la cocher. Si vous vous sentez un peu dépassé, c'est normal, après tout cette entreprise est toute nouvelle pour vous. Rappelez-vous comment vous vous sentiez quand vous avez commencé un nouvel emploi au sein d'une nouvelle compagnie. Vous serez plus à l'aise à mesure que vous vous engagerez.

Ne limitez d'aucune façon vos possibilités. Si vous élaborez un plan d'action avec des étapes spécifiques du développement de votre entreprise, celles-ci devraient inclure des aspects de votre vie que vous croyez possibles d'améliorer. Passez tout de suite à l'action. Ne cédez pas à la procrastination, mettez-vous au travail, assurez-vous que les requêtes à vos mentors et associés de vos échelons supérieurs sont claires et précises. Fournissez des critiques constructives et honnêtes aux membres de vos échelons inférieurs tout en tenant compte de leurs objectifs personnels. Vous verrez ensuite votre entreprise croître d'une façon que vous ne pouvez imaginer. La structure à niveaux multiples de notre industrie nous oblige à devenir des coéquipiers. Nous faisons tous partie de la même équipe, parfois comme entraîneurs, parfois comme joueurs.

LA RÉMUNÉRATION

Comment accéder à la richesse par l'achat intelligent? Vous désirez plus d'argent? Raisonnez en commerçant. La revue *Fortune 500* a nommé le nouveau millénaire l'âge du consommateur. Penser en consommateur draine votre argent, diminue vos actifs et estompe vos rêves, tandis que penser en entrepreneur vous pousse à investir votre avoir pour gagner de l'argent et vous bâtir un patrimoine, les clés qui ouvrent les portes de l'aisance. Penser en «clientrepreneur», c'est acheter avec intelligence.

L'illusion la plus partagée du monde est que plus vous travaillez, plus vous gagnez d'argent. Mais en fin de compte, vos revenus ne croîtront que lorsque vous changerez votre façon d'agir. Que se passerait-il si j'accueillais mes clients comme des associés d'affaires plutôt que comme de simples consommateurs? Et si mes nouveaux partenaires pouvaient gagner de l'argent et se bâtir un petit capital tout en achetant ici, je crois bien qu'ils cesseraient d'acheter à un autre commerçant et achèteraient d'eux-mêmes.

Poursuivre son rêve. Aider les autres à gagner de l'argent et à poursuivre leurs propres rêves. Si votre désir est d'avoir plus, vous devez penser comme les commerçants puisqu'ils sont dans les affaires pour produire de la richesse et non pour la consommer. Lorsque vous saisissez la puissance de ce concept, vous êtes en voie d'amasser des richesses pour vous et votre famille.

Un sondage récent a révélé qu'un quinquagénaire moyen ne dispose que de 2 300 $ en épargne. Les experts concluent qu'un revenu de retraite de 50 000 $ n'exige rien de moins que 1 000 000 $ en épargne. L'impact de la pauvreté sur la vie des gens est plus que terrible, il est dévastateur. Être fauché, c'est plus de stress, plus de prises de bec avec son conjoint, plus de malaises physiques, plus de dépressions, plus de colère, plus de soucis et beaucoup plus de contraintes. Si vous désirez vraiment vous en sortir, c'est possible, puisque être fauché est une situation passagère. Souvenez-vous de ceci: «Je me suis apitoyé sur mon sort parce que je n'avais pas de souliers jusqu'au jour où j'ai rencontré un homme qui n'avait pas de pieds[23].»

L'herbe du voisin semble toujours plus verte jusqu'au moment de la faucher. Un principe essentiel au succès: la persévérance. Les distributeurs qui sont restés fidèles à une même compagnie pendant plusieurs années et qui ont régulièrement ajouté de nouvelles branches à leur organisation sont tous devenus riches. Nous ne connaissons personne ayant réussi à bâtir plus d'une organisation à la fois, ça ne fonctionne pas.

---

23. Og Mandino, *Le Mémorandum de Dieu.*

Atteindre le sommet du plan de rémunération d'une compagnie exige que vous y consacriez toute votre attention et toute votre énergie. C'est en bâtissant lentement mais sûrement une saine organisation que vous vous assurerez des revenus résiduels à long terme. Dans le marketing de réseau comme dans la vie, on récolte ce que l'on sème. Nous encourageons d'ailleurs nos associés à recruter avant tout des gens n'ayant aucune expérience dans le marketing de réseau, puisqu'ils sont plus faciles à former. Ceux qui sont devenus des accrocs du marketing de réseau et qui vont d'une compagnie à l'autre, croient souvent tout connaître et font plus de tort que de bien.

La rémunération en marketing de réseau provient du volume de services achetés par les membres de votre organisation. Les grandes organisations sont mises sur pied par des individus qui recrutent personnellement un grand nombre de distributeurs et qui leur enseignent à les imiter. Ce qui étonne le plus les gens lorsqu'on leur parle de marketing de réseau, c'est que l'on gagne de l'argent non seulement sur le volume des ventes que l'on a effectuées personnellement, mais aussi sur le volume des ventes atteint par le réseau que l'on a construit.

Dans le marketing de réseau, chacun est à la fois professeur et élève. La plupart des employeurs paient leurs employés en deçà de leurs valeurs; donc, la seule façon de recevoir une juste valeur est de devenir son propre patron. Le marketing de réseau en est le meilleur exemple: c'est probablement le seul système commercial dans lequel vous gagnez l'équivalent des efforts que vous y avez mis.

Voici comment fonctionnent les mécanismes du marketing de réseau. On alloue les meilleures rétributions aux gens les plus ambitieux, aux élèves et aux professeurs les plus méritants, aux gens constants et disciplinés et à ceux qui aident les autres à faire de l'argent.

Depuis des siècles, l'activité humaine tourne autour des trois domaines suivants: la fabrication, la distribution et la consommation. Le mot magique qui ouvre les portes à la richesse est «distribution». Les économistes nord-américains prévoient que, dans la prochaine décennie, la moitié de la population des

États-Unis travaillera comme suit : 4 % dans l'agriculture, 16 % dans la fabrication, 80 % dans l'industrie des services. La distribution et le marketing dominent cette dernière catégorie ; cela a été et sera toujours l'endroit où coule le plus d'argent et où il y a de meilleures perspectives financières.

Voici maintenant un scénario avec une caméra cachée. Vous êtes la vedette. Tous les mois, vous courez acheter au magasin du coin des articles tels que du savon, du shampoing et de la pâte dentifrice ; votre consommation annuelle de ces produits est imposante. Vous calculez. Eh oui, en dix ans, vous auriez pu acheter une Toyota Camry. Vous ne seriez pas fâché de recevoir une prime de 10 % du propriétaire du magasin. En fait, vous ne recevez même pas une carte pour les fêtes. Vous n'êtes qu'un client anonyme. Je sais, vous ne connaissez pas personnellement le propriétaire, alors pourquoi travaillez-vous pour lui ?

Ne dites pas que c'est un comportement normal et évident. Rappelez-vous que vous vivez à une époque non conventionnelle où les notions de «normalité» et d'«évidence» sont relatives. C'est une simple question d'habitude. Voilà la puissance de la tradition. Et si on vous offrait de recevoir une prime, celle-ci serait calculée selon le chiffre d'affaires de votre réseau. Vos affaires et votre bonne volonté à faire de la publicité pour les produits que vous achetez méritent bien une récompense. Jusqu'à présent, vous l'avez fait gratuitement, c'est pourquoi vous croyez que c'est trop beau pour être vrai. Je vous assure que c'est vrai. Il n'en tient qu'à vous pour que ce soit beau.

Je vous fais remarquer que chaque produit a un destinataire précis : vous. C'est vous qui devriez dicter les conditions et partager les bénéfices. De la même façon, si vous vendez des produits et que votre réseau multiplie les ventes, vous devriez recevoir des primes additionnelles. Et si on vous demandait maintenant de choisir entre 1 000 000 $ et un sou qui se multiplie tous les jours, je suis persuadé que vous opteriez pour le sou qui se multiplie et qui vous rapportera 5 368 709 $ en 30 jours. Doutez-vous encore de la puissance de la multiplication ?

On ne peut non plus exclure l'argent provenant des ventes, car plusieurs distributeurs s'enrichissent de cette façon; toutefois, vous ne pouvez concentrer tous vos efforts sur ce seul aspect du commerce. Vous devriez multiplier le modèle établi en l'offrant aux gens autour de vous pour qu'ils créent un réseau de distributeurs comme vous. Aidez vos partenaires à construire leurs réseaux qui contribueront au vôtre par le principe de la formule où chacun est gagnant. Si chaque distributeur que vous avez parrainé présente quatre de ses amis au réseau, le mois suivant vous continuerez de vous multiplier. Vous ne connaissez pas ses nouveaux partenaires, et pourtant, chaque partenaire a un chiffre d'affaires de 200 $ par mois pour un total de 6 200 $. Si chaque partenaire direct du deuxième niveau amène deux personnes de plus et si chacune d'entre elles achète (ou vend) pour 200 $, le chiffre d'affaires total de votre réseau sera de 15 800 $. Comme je l'ai déjà souligné, il n'y a aucune limite.

Le marketing de réseau est différent. Même si vous êtes inactif, à moins d'enfreindre les règles et le code de déontologie de la profession, on ne peut vous renvoyer de la société ou reprendre votre réseau. Vous seul pouvez vous retirer d'une structure donnée; vous n'êtes pas un employé, vous possédez votre propre commerce. Et il ne faut pas oublier que les entreprises de marketing de réseau permettent la vente de votre réseau; ces transactions n'affectent toutefois pas les distributeurs des réseaux concernés.

La compagnie la plus importante de notre industrie a mis 40 ans à bâtir un empire de plusieurs milliards de dollars, un distributeur à la fois. Faites comme ceux qui envisagent notre industrie comme une profession et qui touchent de gros montants d'argent. Vous y arriverez naturellement plus rapidement si vous y consacrez toute votre énergie. Vous ne vous enrichirez pas en ne faisant que le minimum comme donner votre liste de clients potentiels à votre parrain en espérant qu'il fasse tout à votre place. Beaucoup de leaders de notre industrie gagnent plus de 50 000 $ par mois; la plupart d'entre eux pourraient se permettre de prendre leur retraite après cinq ans sans nuire à ce revenu. Pour obtenir ces résultats, il faut vous serrer la ceinture et travailler à temps plein; l'autre opinion est de travailler très fort à temps partiel pour remplacer votre revenu actuel et ainsi vous lancer à temps plein.

La plupart des poids lourds en marketing de réseau parrainent au moins 100 distributeurs. Si vous n'êtes dans les affaires que depuis quelques années et que vous parvenez à vivre décemment en travaillant pour une compagnie stable, restez-y. Si un recruteur étrangement zélé tente de vous attirer en faisant miroiter d'énormes chèques ou un plan de rémunération qui semble trop beau pour être vrai, nous espérons que vous aurez la sagesse de ne pas l'écouter.

Peut-être vous êtes-vous joint à un réseau sans connaître exactement la somme de travail qui vous attend. Cependant, il est impossible d'expliquer la joie de gagner un salaire mensuel de 10 000 $ ou de 100 000 $. Il faut en faire l'expérience soi-même. Cessez donc de vous plaindre et mettez-vous au travail. Que ce soit sur 4 ans ou sur 40 ans, nous croyons que les distributeurs devraient se fixer des objectifs pour leur première, leur deuxième, leur cinquième et même pour leur dixième année.

Comment le riche s'enrichit? Les riches ont toujours reconnu la puissance d'acheter au prix de gros. Dans le livre à succès *Mon voisin millionnaire*, l'auteur énumère les stratégies de base utilisées par la plupart des millionnaires qui accroissent leur fortune. Ces stratégies sont si simples et si puissantes que la plupart d'entre nous peuvent en faire usage afin de nous enrichir substantiellement. Les millionnaires comprennent la différence entre investir et dépenser. Ils préfèrent ajouter à leur actif en achetant des actions boursières sûres au lieu de se procurer des biens dont la valeur déprécie.

De plus, les gens riches repoussent au lendemain les petites gratifications à court terme au profit d'une sécurité financière à long terme. En gros, les millionnaires cherchent l'occasion de faire de l'argent tout en dépensant; ils sont des entrepreneurs.

DEVENIR ENTREPRENEUR

Penser en commerçant, c'est penser autrement. Le premier pas pour qui veut penser autrement, c'est d'enlever son costume de consommateur et d'endosser celui d'entrepreneur. Ce simple changement est ce qui sépare les possédants des démunis, les riches des pauvres, les fonceurs des velléitaires. Voilà pourquoi j'affirme: «Si vous voulez plus, pensez en commerçant.» Riche ou pauvre, lequel êtes-vous? Mon principe est étonnamment simple: ne travaillez pas pour gagner de l'argent, laissez l'argent travailler pour vous. La clé de la richesse est de comprendre la différence entre un actif et un passif. Un actif met de l'argent dans vos poches alors qu'un passif en fait sortir. Les riches acquièrent des actifs, les pauvres et les gens de classe moyenne acquièrent des passifs qu'ils considèrent comme des actifs. Si vous continuez de penser en consommateur, de vouloir économiser de l'argent en achetant tout à rabais, les seules choses qui s'en trouveront rabaissées seront vos rêves. Il est temps pour vous aussi de penser tout autrement, soit en commerçant pour vous permettre d'avoir davantage.

La route vers la liberté financière. Le milliardaire Jean-Paul Getty a déjà affirmé: «Vous voulez être riche? Trouvez quelqu'un qui gagne beaucoup d'argent et imitez-le.» Eh bien, les riches sont des entrepreneurs, ils possèdent plus parce qu'ils raisonnent en commerçants; ils pensent comme le fait un propriétaire plutôt qu'un client et ils agissent en conséquence. Donc, si vous voulez ce qu'ont les millionnaires, il vous faudra faire ce qu'ils font, c'est-à-dire adopter l'économie plutôt que la consommation. C'est aussi simple que cela. Une enquête récente concluait que la moitié des Américains avaient moins de 2 500 $ d'économie et, lorsqu'on a demandé aux travailleurs pendant combien de temps ils seraient en mesure d'honorer leurs paiements advenant une perte d'emploi, 54 % d'entre eux ont répondu trois mois ou moins.

Dans l'âge de l'entrepreneur, le consommateur paie moins à court terme; à long terme, c'est l'entrepreneur qui gagne parce qu'il fait croître son actif alors que le consommateur ne fait qu'ajouter à son passif, c'est un cercle vicieux. L'entrepreneur gagne plus d'argent alors que le consommateur en dépense plus. Qu'est-ce qui ne va pas dans ce scénario? Le casino gagne toujours.

À un journaliste qui lui demandait quel jeu de hasard offrait les meilleures chances de gagner, un propriétaire de casino a répondu en esquissant un léger sourire : «Si vous voulez gagner de l'argent au casino, achetez-en un.» Pourquoi? Parce que les règles du jeu sont toujours en faveur de la maison. À la longue, le casino va toujours faire du profit alors que le joueur va épuiser ses ressources. Le conseil avisé de cet homme est valable non seulement pour les joueurs, mais aussi pour les consommateurs en général. Si vous voulez gagner de l'argent au magasin, achetez-en un. Ce sont les entrepreneurs qui s'enrichissent grâce aux consommateurs. Quel rôle préférez-vous, celui qui gagne de l'argent ou celui qui en perd? Réveillez-vous, salariés et travailleurs autonomes!

Le système consommateur	Le système entrepreneur
Dépenses d'argent	Entrées d'argent
Employé	Propriétaire de l'entreprise
Salaire plafonné	Revenus illimités
Dettes croissantes	Liberté financière
Penser anciennes économies	Penser nouvelles économies
Passif accru	Actif accru
Fausses économies à court terme	Richesse à long terme

L'avantage du propriétaire d'entreprise. Les propriétaires d'entreprises jouissent dans la vie d'une foule d'avantages qui restent inaccessibles aux simples consommateurs. Qu'on le veuille ou non, l'argent entraîne des privilèges. En tant que consommateur, demandez-vous ceci : N'aimeriez-vous pas vivre dans l'endroit de vos rêves plutôt que dans celui que vos moyens permettent? Les propriétaires d'entreprises très prospères vivent là où ils désirent et y mènent la grande vie. Pourquoi pas vous?

Ne serait-ce pas superbe de pouvoir vous payer comptant une voiture neuve chaque année au lieu de payer les mensualités d'une voiture de location durant cinq ans? Et que dire d'envoyer vos enfants étudier à l'étranger, dans les universités les mieux cotées? N'aimeriez-vous pas laisser votre emploi actuel et prendre votre retraite à 40 ans? Pourquoi attendre à 65 ans pour vivoter d'une maigre pension?

En vérité, les propriétaires d'entreprises peuvent définir leur style de vie alors que les consommateurs doivent se satisfaire de celui qu'on leur impose. Je vous le demande donc: Que préférez-vous, être un propriétaire d'entreprise prospère ou un consommateur fauché? Voici la condition de base pour obtenir ce qu'ont les propriétaires d'entreprises et vivre leur vie: commencez à penser et à agir comme eux.

Sam Walton, des magasins Wal-Mart, a réussi comme des centaines d'autres hommes et femmes d'affaires légendaires. À vrai dire, vous et moi avons autant de chances de devenir le prochain Superman que nous en avons d'être un autre Sam Walton. Le plan entrepreneur crée sa richesse par l'achat intelligent. Il y a cependant un moyen par lequel 99,9 % des gens peuvent avoir accès à ce qu'ont les propriétaires d'entreprises sans devoir investir des millions de dollars en étudiant, en mettant en pratique et en enseignant un système de création de richesses appelé «entrepreneur».

Les gens ordinaires peuvent se mettre en situation de s'assurer un revenu au-dessus de la moyenne. Être propriétaire de son entreprise est la voie naturelle qu'emprunte le citoyen moyen pour s'assurer une richesse supérieure à la moyenne. Pourquoi? Parce que lorsque nous choisissons d'être notre propre patron, nous utilisons notre ingéniosité et notre adresse de consommateurs comme levier.

Structure du propriétaire d'entreprise	Structure du marketing de réseau
Des employés	Aucun employé
D'énormes frais d'exploitation	Des frais d'exploitation minimes
Des bureaux et un service de distribution	Un centre d'affaires à domicile
Un site de cybercommerce coûteux	Un ordinateur avec accès Internet
Un budget de publicité énorme	Une publicité par le bouche à oreille
Un partage des profits avec les propriétaires et les actionnaires	Aucun partage des profits Redevances et primes

266

Pensez-y, en tant qu'entrepreneur, vous pouvez vous aussi vous enrichir de concert avec eux. Le prix est ce à quoi vous êtes prêt à renoncer pour obtenir ce que vous désirez. Valeur ajoutée : les montres Rolex en sont l'exemple parfait ; elles indiquent l'heure de façon très précise, mais les montres Timex en font tout autant, et vous pouvez acheter 1 000 Timex pour le prix d'une Rolex.

Un intangible nommé image : une Rolex n'affiche pas seulement l'heure, mais aussi votre succès, et ce, à la vue du monde entier. Les amateurs de Rolex paient volontiers des milliers de dollars pour cette valeur ajoutée. Michelin a lancé une des meilleures campagnes publicitaires qui soit ; le message était percutant : « Parce que vous en demandez beaucoup à vos pneus. » La campagne fut phénoménale et fit une très bonne impression sur l'opinion publique. En moins de cinq ans, Michelin avait délogé GoodYear comme premier fabricant de pneus du monde en faisant la promotion de la qualité et des bas prix.

Qu'en est-il de votre santé et de votre sécurité financière ? Voulez-vous vraiment passer le reste de votre vie à courir d'un magasin à l'autre pour économiser quelques dollars ? Si vous aviez le choix, ne préféreriez-vous pas consacrer votre temps à augmenter votre patrimoine et à bâtir votre sécurité financière ? Les gens avisés cherchent vraiment la sécurité financière, et vous ? Une dernière question. Si je vous indiquais une façon de bâtir cette indépendance financière en payant un prix juste et raisonnable pour vos biens et services au lieu de les acheter au plus bas prix, changeriez-vous votre façon de faire ? Les acheteurs réfléchis répondent oui à cette question. Et vous ?

L'art du marketing : présenter son produit sous son meilleur aspect pour que le client désire l'acquérir. Les commerçants sont dans les affaires pour le profit ; plus ils parviennent à nous convaincre qu'ils sont nos amis, plus nous sommes susceptibles de retourner au même magasin et de dépenser de l'argent. Ce n'est pas de l'amitié, c'est du marketing.

Dans le monde des affaires, le service amical est un élément de marketing ayant pour objectif de vendre davantage de produits afin que le magasin fasse du profit. Les commerçants vous mettent à l'aise non pas parce qu'ils se préoccupent de votre personne, mais parce qu'ils veulent avoir votre argent. Ils vous dorlotent de la même manière qu'un casino est aux petits soins avec ses joueurs. Tant qu'il y a de l'argent, le client est roi ; donc pas d'argent, pas de royaume. Rien ne doit vous vexer, les affaires sont les affaires. Ne vous trompez pas, ils sont dans les affaires pour faire de l'argent, pas pour se faire des amis. Se comporter de façon amicale dans ce contexte est ni trompeur ni immoral, mais simplement une décision d'affaires. Pourquoi, croyez-vous, engage-t-on des préposés à l'accueil chez Wal-Mart? Un accueil amical vous fait sentir qu'on a besoin de vous, n'est-ce pas? Vous percevez qu'on vous apprécie et qu'on vous considère comme une personne, pas comme un numéro. Le service amical de Wal-Mart est l'une des raisons pour lesquelles ce détaillant est le plus gros et le plus rentable du monde.

Un bon marketing, c'est comme un rendez-vous galant. Si vous parvenez à obtenir finalement un rendez-vous avec l'objet de vos rêves, vous ferez tous les efforts nécessaires pour paraître au mieux et vous comporter convenablement. Vous vous assurerez d'être poli, attentionné et aimable, de porter votre plus beau costume et de cirer vos chaussures pour l'occasion ; et ce n'est pas tromper les autres que de mettre de l'avant ses plus belles qualités. Se soigner un peu est aussi un truc du métier, qui va de soi pour une première rencontre. Ces procédés qui régissent le jeu des rendez-vous favorisent l'atteinte de vos objectifs : obtenir un deuxième, un troisième ou un quatrième rendez-vous. Les commerçants agissent de même lorsqu'ils élaborent un étalage attrayant ; ils ne vous trompent pas, ils ne font qu'utiliser un des nombreux trucs du métier pour atteindre leurs buts : vous inciter à acheter leurs biens et services encore et encore.

Le commerce a été littéralement promu au rang de science. Les gens se dirigent, pour la plupart, vers la droite en entrant dans le magasin. Ainsi, les décisions d'achats sont prises sur les lieux mêmes ; les clients ont des disponibilités financières, pas d'idées préconçues et cèdent à leurs impulsions. Les techniques de commercialisation n'ont jamais eu autant d'importance.

Selon la revue américaine *Forbes*, le client moyen dépense 50 $ de plus à un entrepôt qu'à un supermarché habituel.

Sachant cela, les commerçants font tout ce qui est en leur pouvoir pour vous ralentir en diffusant une musique douce et tranquille qui vous détend et amortit votre rythme. Un consultant en éclairage s'était fixé comme but de ralentir vos clignements d'yeux de 30 à 14 par minute. Pourquoi? Parce qu'on a observé que moins vous clignez des yeux, plus vous êtes détendu et plus vous marchez lentement. Savez-vous pourquoi les îlots débordent toujours dans les allées de fruits et légumes? Pour retarder votre marche et, vous l'avez deviné, pour vous inciter à acheter davantage. Les recherches ont démontré que, dans les magasins, deux articles sur trois sont achetés de façon impulsive. Dans les *fast-food*, les affiches les plus efficaces sont situées à la hauteur des yeux. Lorsque les clients regardent la caissière, ils voient inévitablement une affiche. Un positionnement intelligent des réclames est un moyen infaillible d'augmenter les ventes.

Et si nous transformions les sorties de fonds du cercle vicieux de la consommation par une entrée nette dans le cercle dynamique du marketing de réseau? Et si nous pouvions réfléchir et agir en commerçant, puis enseigner aux autres à agir pareillement? Si nous faisions toutes ces choses et si nous persuadions suffisamment de gens de se joindre à nous, ne pourrions-nous pas engendrer une révolution qui changerait la façon de vivre et de travailler des gens qui accroîtraient ainsi leurs richesses? Si nous faisions cela, les distributeurs seraient bien plus que des gens sympathiques, ils feraient partie de la famille parce que nous serions en partie propriétaires, et la propriété, mes amis, c'est l'essentiel du marketing de réseau.

Vous, et vous seul, pouvez choisir entre demeurer un simple consommateur ou devenir un distributeur. Choisissez sagement, vous ne le regretterez jamais!

Toute la société et votre parrain mettent à votre disposition un système d'aide très bien organisé. Il existe aussi beaucoup de matériel d'appoint: des livres sur le commerce et sur la pensée positive, des dépliants, des cassettes vidéo et audio. Toutes les réunions en marketing de réseau ne vous donnent pas seulement des connaissances, mais vous font également pénétrer dans le monde du succès, et comme on dit : «Dis-moi qui tu fréquentes, je te dirai qui tu es.»

L'herbe semble toujours plus verte chez le voisin. Peut-on conduire deux bicyclettes à la fois? N'oubliez pas que le secret du marketing de réseau réside dans la multiplication et non dans les ventes individuelles d'un distributeur. De plus, vous devez être crédible en tant que distributeur. Pouvez-vous imaginer un concessionnaire ou un vendeur de Mercedes conduire une Mazda? Donc, utilisez tous vos produits, montrez aux autres à faire la même chose et, en plus de profiter d'un rabais sur vos produits, vous recevrez des redevances ou des primes au lieu de les donner aux marchands. Voilà le concept de la richesse et de la multiplication.

CONCLUSION

Nous sommes convaincus que cette industrie est la façon de l'avenir pour faire des affaires. Vous ne souffrirez pas de dépression si vous apprenez continuellement, si vous vous améliorez sans cesse et si vous fréquentez des gens positifs. Pour avoir du succès en marketing de réseau, il faut être prêt aux changements tant intérieurs qu'extérieurs, car les lâcheurs ne réalisent pas de profits à long terme. Parmi les gens qui restent fidèles à cette industrie pendant au moins 10 ans, plus de 95 % atteignent le niveau le plus élevé de rémunération de leur compagnie. Donc, quoi que vous fassiez, n'abandonnez pas.

Demain, lorsque chacun de nous sera responsable de son entreprise, il n'y aura plus de relation d'autorité ou de hiérarchie entre les individus et les relations seront, de l'avis de tous les futurologues, des relations d'indépendant à indépendant reliés entre eux par réseaux. Lorsqu'on est libre, autonome, que l'on prend soi-même ses propres décisions, on engage sa propre responsabilité. Pour réussir, il faut absolument passer à l'action : passer des heures à déplacer des papiers sur son bureau n'est pas productif, et, comme on peut s'en douter, c'est l'action et non le temps qui va déterminer les résultats.

Le travail de demain demandera plus de souplesse, de rapidité, de réaction et de flexibilité qu'il n'en a jamais demandé. À l'heure où nous allons créer notre propre réseau, où nous allons gérer notre temps, il y aura une plus grande place pour la créativité.

Dans la société de demain, l'individu pleinement responsable de ses actes et de son travail aura grand besoin d'une solide confiance en lui. Il sera important qu'il parvienne aisément à se fixer des objectifs et à les atteindre. Le développement personnel peut apporter une grande aide à beaucoup de travailleurs de demain.

Dans une société de l'information, où les changements sont fréquents et affectent beaucoup la vie professionnelle, il est primordial que chacun apprenne à manier les technologies et à en tirer parti ; le besoin de formation permanente se fait donc sentir plus que jamais. Il faut faire un effort constant pour s'adapter à un monde en continuelle transformation et suivre les innovations technologiques. Si l'on retient en revanche la définition du travail de la société de demain, notre profession est un véritable travail. Après avoir franchi un certain seuil, cette industrie va exploser et atteindre, en quelques années, un développement considérable.

Nous cherchons la réussite financière en dehors de nous. La société de demain, ne laissant plus de place à l'autonomie, à l'individualité ou à la créativité, nous aidera à protéger nos rêves et à les faire grandir, en plus de rendre aux rêves toutes leurs dimensions. Dans la société de demain, afin de devenir autonomes, responsables et libres, il nous faudra créer notre propre entreprise qui nous demandera de l'énergie et du courage pour courir les risques nécessaires, mais qui nous donnera entière satisfaction. Demain, pour travailler, il faudra décider du produit ou du service que nous entendrons offrir au marché, le mettre au point et le faire connaître. Et, le plus important, pour trouver l'idée qui marchera, il faudra nous autoriser à rêver.

Combien de fois avez-vous entendu l'expression : « Cela lui vient naturellement » ou « Il est né vendeur » ? Personne n'utilisera cette expression pour décrire un ingénieur ou un pharmacien, puisque ces personnes font partie de domaines scientifiques. Une science est une compétence ou une technique qui s'acquiert par l'étude systématique fondée sur l'observation, l'expérience et le mesurage. Les distributeurs ayant atteint le sommet du succès ne sont pas nés ainsi ; réussir en marketing de réseau est une science, un art qui s'apprend. La science du marketing de réseau est une compétence qui requiert, comme toute autre science, la pratique, la persévérance et le dévouement.

Le marketing de réseau pourrait devenir le plus grand système d'affaires, puisque son succès repose sur un système de distribution basé sur le contact de personne à personne et est soutenu presque exclusivement par l'enthousiasme de ses membres.

Le marketing de réseau offre une occasion d'affaires des plus dynamiques. Aucune excuse ne tient, vous pouvez atteindre le niveau de succès que vous désirez, alors fixez vos objectifs et poussez pleins gaz.

Choisissez d'être un chef. Il y a trois choses que j'apprécie par-dessus tout : la première est la douceur, la deuxième est la frugalité, la troisième est l'humilité qui empêche de se placer avant les autres. Soyez doux et vous pourrez être audacieux. Soyez frugal et vous pourrez être généreux. Évitez de vous placer au-dessus des autres et vous pourrez devenir un chef parmi les hommes.

Je veux vous féliciter, mais d'abord je veux être certain que vous m'écoutiez réellement. Imaginez que nous sommes tous deux assis face à face, nous nous regardons droit dans les yeux. Je tiens à ce que vous sachiez que vous êtes une personne unique et spéciale. Je le sais parce que vous avez lu attentivement cet ouvrage, et ce choix requiert des qualités que vous n'êtes peut-être pas conscient de posséder. Il est très important pour moi de vous faire comprendre que vous êtes un enseignant engagé et fort et que vous réussissez déjà.

Je veux vous féliciter d'avoir pris le temps de lire cet ouvrage. Vous avez saisi la valeur de l'éducation, de la connaissance, et cela n'est pas donné à tout le monde. Vous êtes ouvert à l'apprentissage, vous posez des questions, vous voulez connaître la vérité : ce sont là des qualités importantes à un bon enseignant. Vous aimez cette industrie parce que vous la comprenez véritablement ; c'est plutôt rare. Vous savez qu'elle est congruente à vos objectifs de vie, que c'est un véhicule parfait qui vous permettra de concrétiser vos désirs et vos buts les plus chers. Vous connaissez votre capacité de transformer la vie des gens. Vous connaissez et acceptez votre obligation de partager avec d'autres les cadeaux que vous avez reçus et vous savez pourquoi et comment équilibrer votre liberté avec autant de responsabilité.

Voyez tout ce que vous savez déjà! Croyez-moi, ce n'est pas avec légèreté que je vous dis que vous êtes quelqu'un de spécial. Je veux vous mettre au défi, oui je sais, je suis toujours en train de vous mettre au défi, mais je vous promets que ce sera le dernier défi de ce livre. Je vous mets donc au défi d'enseigner tellement bien à vos nouveaux distributeurs que chacun d'eux vous surpassera. Si vos distributeurs sont moins bons que vous, vous serez bientôt aux prises avec un réseau de nains; s'ils vous surpassent, vous aurez un réseau de géants. C'est le secret de la plus grande réussite dans cette entreprise et c'est ce que j'ai promis de vous dévoiler.

En voici un autre. Un de mes bons amis m'a fait connaître récemment un vieux classique intitulé *Quelle vie merveilleuse!* avec le comédien Jimmy Stewart. Bien que ce soit un film de Noël très populaire, je ne l'avais jamais vu. C'est l'histoire d'un homme doux et bon qui se nomme George Belley. Sa vie, ses rêves et ses aspirations sont détruits un jour par un geste négligent qui le laisse ruiné. Tout le village et tous ses amis de longue date se retournent contre lui et il doit faire face à une sentence de prison. Il songe au suicide. C'est Noël, il se rend au pont glacé à l'extérieur du village avec sa police d'assurance entre les mains. Comme il dit, il vaut plus cher mort que vivant. Comme il se prépare à sauter, il voit un vieil homme en train de se noyer dans la rivière sous lui et qui appelle au secours. George le sauve.

Pendant que les deux hommes se sèchent, Clarence, le vieil homme, lui apprend qu'il est son ange gardien et qu'il est venu l'aider dans ce moment difficile. George s'en moque, mais Clarence insiste et ajoute qu'il a le pouvoir de lui montrer la valeur de la vie. Il amène alors George dans une autre vie s'il n'était jamais né. Le village est transformé pour le pire et s'appelle maintenant Pointerville, du nom du tyran riche et cruel qui a ruiné la caisse d'épargne de George en lui volant son argent. Là où il y avait des parcs et des boutiques, il y a maintenant le jeu et l'alcool. George rencontre des gens qu'il connaît mais qui sont méconnaissables. Sans la naissance de George Belley, un village complet vit une réalité totalement différente. Sans George, des centaines de personnes sont devenues malheureuses, désespérées et misérables. George choisit donc de vivre.

Ému, je vois George courir vers le village, caresser les arbres, embrasser la terre, bénir sa bonne vieille caisse d'épargne. Il entre chez lui et appelle son épouse Marie. Elle entre dans la pièce, visiblement surprise. Il la prend dans ses bras et lui dit : «Oh Marie! je t'aime tellement!» À ce moment, il semble que le village entier rentre chez lui; tous ceux qui avaient retiré leur argent de sa caisse, dans la panique du moment, le rapportent et l'empilent sur la table. Même le vérificateur de la banque, qui avait réquisitionné l'arrêt de George quelques heures plus tôt, sort 10 $ de sa poche. George regarde sur la table et aperçoit, au milieu de l'argent apporté par ses amis, un exemplaire du livre *Tom Sawyer*. George l'ouvre et y lit l'inscription : «Cher George, aucun homme qui a des amis n'est ruiné.»

Vous aussi avez marqué la vie de beaucoup de gens. Je vous demande de réfléchir à ces contributions et de vous en remercier. Maintenant, pensez à l'avenir et à ce qu'il vous offre. Les possibilités que cette industrie et votre compagnie vous offrent sont des cadeaux très spéciaux et très puissants. J'espère de tout cœur que vous reconnaissez ce pouvoir et que vous l'envisagez comme un moyen de commencer quelque chose de grand et de faire des contributions importantes dans la vie des gens. Et, parce que vous savez comment l'utiliser, vous possédez ce pouvoir et vous pouvez décider de l'exploiter.

Vous devez reconnaître l'engagement que vous avez pris auprès de votre compagnie, de vos produits, de vos services et de votre industrie. Mais avant tout, je veux que vous reconnaissiez votre engagement envers vous-même et que vous actualisiez votre avenir dans le marketing de réseau.

Pour ma part, ma raison d'être se définit clairement : je veux que vous me considériez comme un des ambassadeurs du marketing de réseau à l'échelle mondiale. Ce fut un privilège pour moi de vous servir. Je veux vous remercier de m'avoir permis de faire ce que j'aime plus que tout au monde et d'être un de mes millions d'amis.

Amitiés,

Raymond.

N.B. : Pour des commentaires ou pour de plus amples renseignements, vous pouvez prendre contact avec moi, sans frais, au (418) 835-5960.

ANNEXES

ANNEXE 1
ÉTABLISSEZ VOTRE RÉPUTATION

- Fixez-vous des buts réalisables et établissez des délais raisonnables.
- Tenez vos promesses.
- Nouez des liens d'amitié solides dans votre entourage.
- Trouvez des solutions pour les problèmes immédiats.
- Respectez les qualités de votre patron.
- Protégez votre réputation.
- Contournez les détails insignifiants.
- Ne vous laissez pas influencer par les minutieux et essayez leurs suggestions.
- Reconnaissez les préoccupations des autres.
- Soyez patient.
- Faites preuve d'empathie.
- Restez calme, mais ferme.
- Changez la situation.
- Changez-vous vous-même.
- Si vous devez faire un exposé, préparez-vous, n'essayez pas d'improviser.
- Allez droit au but.
- Éliminez de vos discours le pronom «je».
- Parlez sur le ton de la conversation.
- Oubliez hier, c'est une perte de temps que d'y penser.
- Débarrassez-vous de la paperasse inutile.
- Diminuez les dépenses.
- Souvenez-vous que l'attitude fait toute la différence.
- Choisissez de réussir et prenez-en l'engagement.
- Ayez confiance.
- Acquérez crédibilité et fiabilité.

ANNEXE 2

LES NEUF LEÇONS DE LA RÉUSSITE

1. L'espoir.
2. La persistance.
3. La confiance.
4. L'optimisme.
5. Le respect.
6. La responsabilité.
7. La famille.
8. La liberté.
9. La foi.

ANNEXE 3

LA PROSPECTION

La perception :

C'est la perception qu'ont les gens concernant votre conviction par rapport à l'occasion d'affaires. Les gens voient uniquement ce qu'ils veulent voir ; alors, faites bonne impression.

Le processus de sélection :

Nous devons sélectionner, non pas convaincre. C'est ici que vous devez approcher plusieurs clients et chercher parmi eux ceux qui sont intéressés et qualifiés. N'arrêtez pas de chercher la perle rare, vous finirez par la trouver.

L'enthousiasme :

L'attitude importe plus que tout et impressionne davantage que les connaissances. L'enthousiasme doit naître et demeurer entier.

Les trois types de prospection :
• Le marché connu ;
• Le marché inconnu ;
• La publicité.

Les trois étapes de la prospection :
• L'approche : poser des questions et écouter les réponses ;
• La présentation : inviter les gens à une présentation maison ;
• Le suivi : le suivi assure la fidélité du client.

ANNEXE 4

LES 10 ÉTAPES DE LA RÉUSSITE

1. Utiliser les produits.
2. S'inscrire à la livraison automatique.
3. Étudier le système de développement de l'entreprise.
4. Écrire et lire vos objectifs tous les jours.
5. Dresser une liste de 100 noms.
6. Établir des contacts.
7. Acheter et étudier les outils.
8. Installer le service téléphonique de conférence à trois.
9. Mettre votre entreprise sur pied.
10. Lire *Réfléchissez et devenez riche.*

ANNEXE 5

MODÈLE DE FEUILLE DE TRAVAIL DES OBJECTIFS

1. LES TROIS RAISONS QUI ME MOTIVENT DANS LE MAR-KETING DE RÉSEAU.

    A. _____

    B. _____

    C. _____

2. VOICI MES OBJECTIFS À COURT, À MOYEN ET À LONG TERMES.

	Objectifs	3 mois	1 an	5 ans	10 ans
Automobile					
Motocyclette					
Motorisé					
Voyages					
Meilleure école pour les enfants					
Activités avec la famille					
Piscine ou spa					
Cinéma maison					
Rembourser un emprunt					
Aider mes parents					
Apprendre une langue					
Avoir un chalet					
Vivre six mois ici et vivre six mois à l'étranger					
Prendre une préretraite					
Gagner de 500 $ à 2000 $ par mois					
Autres					

ANNEXE 6

MODÈLE DE FEUILLE DE TRAVAIL
SUR LES QUESTIONS FRÉQUENTES

Note: Souvenez-vous que derrière chaque objection se cache une question.

1. Question: _____

    _____

    Réponse: _____

    _____

2. Question: _____

    _____

    Réponse: _____

    _____

3. Question: _____

    _____

    Réponse: _____

    _____

4. Question: _____

    _____

    Réponse: _____

    _____

5. Question: _____

    _____

    Réponse: _____

    _____

ANNEXE 7
MODÈLE DE FEUILLE DE TRAVAIL
SUR LES BIENFAITS DES PRODUITS

Produits :

_____

_____

_____

Quels bienfaits procureront-ils aux gens ?

_____

_____

_____

_____

_____

_____

_____

À qui s'adressent ces produits ?

_____

_____

_____

_____

_____

_____

_____

ANNEXE 8
MODÈLE D'AIDE-MÉMOIRE POUR LES 100 NOMS

	Nom	Téléphone
Architecte		
Avocat		
Commissaire des ventes		
Dentiste		
Député		
Médecin		
Ministre		
Obstétricien		
Pharmacien		
Préposé à la livraison		
• poste		
• lait		
• pain		
• journal		
• messagerie		
Vétérinaire		

Autres connaissances

Amis militaires		
Coiffeur		
Commis, gérant de magasin		

Compagnon d'activités
de plein air
Compagnon de
voiturage
Conjoint du patron
Enseignant
Enseignant au
secondaire
Garçon d'honneur
Gardien d'enfants
Jardinier
Membres de
l'association
parents-maîtres
Moniteur du centre
d'entraînement
Nettoyeur
Parents des amis
de vos enfants
Témoin (mariage)
Photographe
Acteur
Agriculteur
Bibliothécaire
Caissier de banque
Camionneur
Charpentier
Chiropraticien
Commissaire des
ventes
Conducteur d'autobus
Constructeur
Courtier d'assurances
Designer d'intérieur
Diététiste

Électricien
Entrepreneur
Entrepreneur de
pompes funèbres
Épicier
Esthéticien
Gestionnaire
Golfeur
Hygiéniste dentaire
Infirmier
Infographiste
Ingénieur
Lithographe
Mannequin
Manucure
Marchand de meubles
Mécanicien
Moniteur de natation
Pêcheur
Policier
Pompier
Professeur de danse
Professeur d'arts
Professeur de musique
Programmeur
d'ordinateur
Propriétaire de motel
Rédacteur
Sauveteur
Technicien de
laboratoire
Traiteur
Vendeur de bière

ANNEXE 9

MODÈLE DE LISTE CHAUDE DES 100 NOMS

	Groupes A-B-C	Client ou distributeur	Nom	Téléphone
1.				
2.				
3.				
4.				
5.				
6.				
7.				
8.				
9.				
10.				
11.				
12.				
13.				
14.				
15.				
16.				
17.				
18.				
19.				
20.				
Etc.				

LECTURES SUGGÉRÉES

OUVRAGES DE CROISSANCE PERSONNELLE

LEBOEUF, Jean-Guy. *Arrêtez d'avoir peur et croyez au succès.*

MANDINO, Og. *Le Mémorandum de Dieu.*

SCHWARTZ, David Joseph. *La magie de voir grand : fixez-vous des buts élevés et dépassez-les.*

OUVRAGES FINANCIERS

HANSEN, M. V. et R. G. ALLEN. *Le millionnaire minute.*

HILL, Napoleon. *Réfléchissez et devenez riche.*

MANDINO, Og. *Le plus grand vendeur du monde.*

BIBLIOGRAPHIE

ADDINGTON, Jack E. *Comment se fixer des buts et les atteindre*, Saint-Hubert, Un monde différent ltée, 1987.

DEGARIE, Danielle. *La gestion du temps : une méthode progressive pour garder le cap et s'adapter aux changements*, Saint-Hubert, Un monde différent ltée, 1998.

HANSEN, M. V. et R. G. ALLEN. *Le millionnaire minute*, Varennes, Éditions ADA inc., 2003.

HILL, Napoleon. *Réfléchissez et devenez riche*, Montréal, Le Four, 1980.

LEBOEUF, Jean-Guy. *Arrêtez d'avoir peur et croyez au succès*, Saint-Hubert, Un monde différent, 1992.

MANDINO, Og. *Le plus grand vendeur du monde*, Saint-Hubert, Un monde différent ltée, 1988.

MURPHY, Joseph. *Votre droit absolu à la richesse*, Saint-Hubert, Un monde différent ltée, 1999.

SCHWARTZ, David Joseph. *La magie de voir grand : fixez-vous des buts élevés et dépassez-les*, seizième édition, Saint-Hubert, Un monde différent ltée, 1993.

SMITH, Hyrum W. *Mes valeurs, mon temps, ma vie! Gérer son temps et sa vie selon les 10 lois naturelles de Franklin*, Saint-Hubert, Un monde diférent ltée, 1996.

TABLE DES MATIÈRES